팔순 양띠 교수들

이화사랑 반세기

팔순 양띠 교수들

이화사랑 반세기

안광식
서광선
김재은
김영호
김영일

이화여자대학교출판부

책을 펴내며

"우아한 사고와 감미로운 추억은 가장 깊은 내면에 존재하는 생명이다."

독일의 시성 괴테가 한 말로, 이 책의 필자의 한 분인 독문과 김영호 명예교수가 본문에서 인용한 것입니다. 이 책은 올해 2010년 팔순을 맞이한 양띠 이화여대 교수들이 내어 놓는 '감미로운 추억'들입니다. 우리 다섯 사람의 남자 양띠 교수들이 아름다운 이화 교정을 떠난 지도 15년이 되고 있습니다. 어떤 분은 1959년, 어떤 분은 1960년부터 이화의 강단에 서면서 청춘을 불살랐으니 올해까지 계산하면 무려 50년, 반세기 동안 이화에서 사랑받고 이화에 사랑을 바친 셈이 됩니다. 그래서 우리 책 제목을 '팔순 양띠 교수들 이화사랑 반세기'라고 붙였습니다.

우리 남자 양띠 이화 교수들은 재직할 때부터 시간이 날 때마다, 양띠라는 이유 하나만으로 같이 모여서 식사도 하고 차도 마시는 시간을 가졌습니다. 그러다가 같은 해, 1996년에 앞서거니 뒤서거니 하면서 이화의 낯익은 연구실을 뒤로하고 은퇴식이니 송별회니 하는 '통과의례'를 치르고 집으로 돌아온 이후, 우리는 다시 정기적으로 모여서 이화 이야기꽃을 피워 왔습니다. 그러다가 작년, 2009년 연말에 모여 앉아 2010년이면 우리 양띠 교수들이 모두 팔순이 되는데, 팔순 생일을 어떻게 지낼 것인가 하는 이야기를 나누었습니다. "우리 함께 마누라들 모시고 세계 여행을 떠나자"는 거창한 제안도 있었고, "각자 알아서 하지 뭘 단체행동을 하자고 그래" 하는 신중론도 있었습니다. 어느 날 하루 모여서 "명예교수들의 인문 사회과학 학술 발표회" 같은 걸 하면 생산적이지 않을까 하는 학구파도 나왔지만, 결국 우리 각자 이화 봉직 회고록 같은 걸 내고 동창들과 후학들과 우리 함께 이화에서 동고동락했던 동료 교수님들을 모시고 출판기념회를 하면 좋겠다는 의견의 일치를 보았습니다.

책은 2010년 가을에 내도록 하자 하고 이화여대출판부에 교섭을 한 결과, 쾌히 승낙을 해주어서 진행하기로 했습니다. "꿈도 야무지다"는 시쳇말이 맞았습니다. 새해 벽두부터 회고록을 쓰기로 모두 다 약속을 했는데, 추운 겨울에는 독감에, 늦은 봄에는 입원에, 여름에는 가족 여행에, 이 핑계 저 핑계로 원고 마감 날짜를 지키기가 어려워졌습니다. "팔십 노인들이 무슨 책을 낸다고, 몸도 돌아보지 않고……." 집안과 밖에서 '원성'이 높아만 갔습니다. 올해 9월 학기가 다 되어서는 "아무래도 내년에나 책이 나올지 몰라" 하는 비관론이 나오기 시작했습니다. 그런데 올해가 가기 전에 이 책이 나오게 된 것은 대단한 것이라고 자부하고 싶습니다. 물론 출판부장 최민숙 교수와 정경임 주간이 적극 밀어 주지 않았다면 이 책이 언제 빛을 볼 수 있을지 아무도 모를 일이었습니다. 이 자리를 빌어서 두 분 선생님과 출판부 직원 여러분에게 감사의 말씀을 드리고 싶습니다.

출판부 편집팀이 우리에게 용기를 주면서 하는 말이 "이 책은 우리 이화의 중요한 역사 자료가 될 겁니다. 우리 젊은 후학들이 모르던 이야기, 잊었던 이야기들, 그리고 꼭 알아야 할 이야기들이 많이 있습니다. 야사이기도 하고 비사이기도 한, 숨은 이야기들이라고 할 수 있습니다. 역사적인 가치가 있는 책이 될 겁니다. 아직 건강하실 때 써 주셔야지요. 우리도 빨리 출판하도록 노력하겠습니다"였습니다. 이 말에 힘을 얻고 이 책의 출판 계획이 급진전되어, 이 해를 넘기지 않고 출간하게 된 것입니다.

여기에 '이화사랑 반세기'를 회고하는 다섯 명의 양띠 교수들은 모두 인문·사회과학 분야에서 공부하고 가르친 학자들입니다. 영문과의 김영일 명예교수, 독문과의 김영호 명예교수, 기독교학과의 서광선 명예교수 등은 인문학에 종사하는 사람들이고, 신문방송학과의 안광식 명예교수와 심리학과의 김재은 명예교수는 현재 이화여대의 편성으로 사회과학분야로 분류되어 있습니다. 여기에 글을 실은 팔순 양띠 교수들의 공통점은 1931년 일본이 만주를 침략한 해에 태어났다는 것, 이화여대에서 1996년 같은 해에 정년 퇴임하였다는 것 이외에도 유사한 점이 많다는 것을 이 책을 읽으면서 발견하게 됩니다.

첫째, 우리 다섯 사람 모두 다, 연도는 각각 다르지만 이화여대 교수들이나 보직교수 혹은 총장 등, 대학 당국자들의 초빙으로 이화 강단에 서게 되었다는 점입니다. 그야말로 숙명적으로 이화에 적을 두게 된 사람들입니다. 둘째, 다섯 사람 모두 다 열심히 가르치고, 열심히 일하고, 학교의 어려운 중책을 맡아 일했다는 점입니다. 셋째, 총장실에 불려가 중직을 맡아 달라고 할 때 "아닙니다"라는 말 한마디 못하고 양처럼 묵묵히 "희생, 봉사하라"는 기독교 정신을 따라 일한, '충성파' 교수들입니다. 넷째, 우리 회고록을 보면, 각자 표현은 조금씩 다르지만, 모두 한결같이 "나는, 이화여대에서 행복했다"고 고백하고 있습니다. 이 말은 김재은 교수의 말이지만 다른 교수들도 회고록의 모두나 결론 부분에서 이 말을 진심으로 하고 있습니다. 그래서 모두 이화 봉직 50년을 감사하고 있습니다. 다섯째로 느끼는 필자들의 공통점은 유머 감각입니다. 우리의 글들을 읽어 내려가면서 여기저기에서 튀어나오는 유머를 감지할 수 있을 겁니다. 김재은 교수의 글 속에는 이화에서 있었던 웃지 못할 사건들, 눈물 날 만큼 우스웠던 이야기들을 모은 부분이 있습니다. 이화동산에서가 아니고는 있을 수 없는 이화의 '학원 문화'를 명랑하게 보여주고 있습니다. 그 유머 감각은 직분에 대한 성실성뿐 아니라 개방성과 창의성에서 오는 것임을 느낄 수 있을 것입니다.

그러나 우리는 모두 독특한 개성들이 있는 사람들이었습니다. 이 책에 수록된 우리 다섯 사람의 글들은 하나하나 그 개성들을 잘 나타내고 있습니다. 영문과의 김영일 교수는 진지한 표정으로 그리스도의 복음을 전파하는 전도사 역할이 눈에 뜨입니다. 대학에서 교수하는 것보다 테니스에 더 열중한 거 아닌가 하는 '오해' 아닌 오해를 받을지도 모를 만큼 테니스를 좋아한다는 이야기는 읽기에 즐겁습니다. 독문과의 김영호 교수의 문학 사랑은 그의 글의 처음부터 끝까지 절절하게 기록되어 있습니다. 항상 웃는 모습으로 아무도 하기 싫어하는 구질구질한 일을 해내던 '입시철'을 우리로 하여금 회상하게 합니다. 기독교학과의 서광선 교수는 '일 좋아하는 사람'이란 별명을 얻을 정도로 좋은 일 궂은 일 마다하지 않고 하라는 대로 다 맡아 하면서 성공도 하고 실패의 쓴 잔도 마시고, 사회 활동과 교회 활동 때문에 해직당한 이야기는 '비화'입니다. 심리학과의 김재은 교수는 그가 활동한 심리학과와 한국의 심리학계에서 창의성 계발을 강조해 왔으며, 실질적으로 우리 대학 자체에 구조적으로나 내용면에 있어서 창조적 변화가 있어야 한다고 역설하고 그렇게 하려고 노력한 일은 독자들이 주목해야 할 이야기라고 생각합니다. 언론학 교육과 연구를 개척하는 데 기여한 신문방송학과의 안광식 교수는 1970년대 그 어려운 정치 상황에서 대학의 정론 신문의 주간 교수를 담당하면서 겪은 '고뇌'어린 이야기를 여기 처음으로 공개합니다. 대학 언론계의 '영웅 담론'은 역사적인 담론이라고 할 수 있겠습니다.

"역사란 무엇인가?" "역사는 누구의 것인가?" 하는 질문을 하게 됩니다. 역사는 행동하는 사람의 것이다, 혹은 역사는 행동이다라고 대답하기도 합니다. 그런가 하면 역사는 쓰는 사람의 것이다라거나 역사는 해석하는 사람의 것이다라고 말하기도 합니다. 그래서 요사이 '포스트모더니즘'에서는 결국 "역사는 없다"라고까지 말한다고 합니다. 이 말은 '정사'라는 것이 없다는 것일 수도 있습니다. 역사는 행동하고 그 행동과 삶을 기록하고 이야기하는 사람의 것이라는 결론도 내릴 수 있을 것 같습니다.

이 책에 수록된 '추억'들은 글을 쓴 사람들의 이야기입니다. 역사가 될 수도 있고 아닐 수도 있습니다. 그러나 글 쓴 사람들의 역사임에는 틀림없습니다. 그리고 우리들과 이렇게나 저렇게 엮이면서 이화동산에서 동고동락했던 분들의 역사의 일부분이 될 수도 있고, 이화의 역사가 될 수도 있습니다. 한 가지 분명한 것은 이 책에는 우리 글 쓴 사람 모두의 '감미로운 추억'을 담았으며 한결같이 깊은 사랑과 감사하는 마음을 담았습니다. 우리의 추억이 이화를 사랑하는 이들의 비전과 꿈과 믿음으로 살아남기를 희망합니다. 우리 글 쓴 사람들의 사랑을 담아 이화 공동체에 이 책을 바칩니다.

2010년 12월 15일
신촌 이화여대 후문 앞에서
김영일·김영호·김재은·서광선·안광식 이화여대 명예교수 일동

차 례

이화 봉직 36년의 삶

김영일

1931년 평안북도 강계 출생.

연세대학교 영어영문학과를 졸업하고 동 대학원 영어영문학과에서 석·박사과정(문학박사). 미국 조지피바디대학 대학원 영어영문학과 졸(M.A.).

1960년 4월부터 1996년 8월까지 36년간 이화여자대학교 영어영문학과에서 봉직하면서 이화여자대학교 대학원 학무과장, 언어실험실 실장, 인문과학대학 영어영문학과 과장, 이화여자대학교출판부 부장, 학무처장 역임.

한국영어영문학회 이사, 한국T.S. 엘리엇학회 부회장, 대한감리회 대신교회 장로, 다락방전도협회 사무총장, 대구 영신교육재단 이사장, 중국 연변과학기술대학 석좌교수 역임.

주요 논문으로 「T.S. 엘리엇의 시에 대한 기독교적 조명」

시작하는 말

나는 1960년 4월 1일부터 1996년 8월 27일까지 36년간 이화여자대학교 교수직에 봉직했다. 30세에 시작해서 만 65세까지의 세월이었다. 길다면 긴 세월이었지만 지금 와 돌이켜 보면 감사와 기쁨으로 넘치는 짧은 삶이었다. 왜냐하면 지금 회고의 글을 쓰고 있는 2010년은 이화여자대학교에서 정년 은퇴를 하고 난 지 벌써 14년이란 세월이 흐른 시점이기 때문이다. 30대의 청년이 금년에 팔순을 맞게 되는 노인이 되었지만 그 때 그 시절의 일들은 아직도 생생하기만 하다.

나는 왜 이화여자대학교에 봉직하게 된 일을 감사하게 생각하는가? 우선 50년 전 내가 이화여자대학에 취업했을 때는 석사학위만 가지고도 전임강사로 채용이 가능했다. 내게는 특별한 재주가 있는 것도 아니었기 때문에 요즘의 채용 기준으로 본다면 분명 자격 미달이었다. 그리고 이화여자대학교가 기독교 학교이기 때문에 나는 취업한다는 생각보다는 봉사 정신이라고나 할까, 그런 일념으로 가득차 있었기 때문에 감사한 마음이 더 앞섰던 것 같다.

나는 이화여자대학이 기독교 대학이라는 것이 너무나 좋았다. 왜냐하면 나는 소년 시절에 다니던 평양사범학교를 자퇴하고 1947년 봄에 17세의 어린 나이였지만 단신으로 38선을 넘어 월남을 했는데 그 이유는 내가 믿는 종교의 자유를 얻기 위해서였다. 그것이 기독교였다. 나는 소년 시절부터 나름대로는 생명을 걸고 예수를 믿으려 노력했던 것 같다. 그래서 월남을 한 후에도 미션 학교에서 고등학교와 대학을 마치게 되었다. 나는 하나님께 예배드리는 일, 채플 보는 일에 익숙했었다. 이화여자대학에서 김활란 박사님이 정성스럽게 채플을 인도하시는 것이 그렇게 좋을 수가 없었다.

4·19와 다락방전도협회

나는 김활란 선생님께서 아직 이화여대 총장으로 봉직하고 계실 때 이화여대의 전임강사로 채용이 되었다. 1960년 4월 1일자로 이화여자대학에 부임하자 곧 4·19혁명이 발생했기 때문에 이와 관련된 이야기를 하지 않을 수 없다. 그러니까 50년 전의 이야기이다. 1960년 4월 19일은 화요일이었다. 아주 맑은 날이었는데 그날 오후 6시에 총장공관 뜰에서는 금란전도협회(다락방전도협회 전신)의 발기 총회가 있었다. 이때에 참석했던 회원은 29명이었다. 그중 이화여대 교수들은 김활란·김옥길·김동준·이근섭·김영일·조찬선·박헌경·송옥형·김헌규·한준석·김영덕·장원·정의숙·현영학(무순) 등 14명이었다. 그날 발기 총회에서는 금란전도협회 규약 통과와 임원 선출과 회장단 구성이 있었다. 회장에는 김활란 선생님이 선출되었다. 회의를 끝내고 저녁 식사를 시작할 무렵 거리에서 들려오는 학생 데모의 소식을 접하게 되었고, 계엄령 선포와 통행 금지 소식을 듣게 되었다. 회원들은 서둘러 집으로 돌아갈 수밖에 없었다.

후에 농촌 전도에 나가게 되었을 때 다락방전도협회를 소개하면서, 1960년의 4·19학생 의거가 한국의 민주주의를 촉진시키는 출발점이 되었다면 같은 날 금란전도협회가 발기 총회를 가졌다는 사실은 대한민국의 민족 복음화 운동의 기치를 높이 드는 출발점이 된 것이라는 점을 역설하곤 했다. 그래서 4·19는 대한민국의 정치 발전과, 기독교의 진흥 면에서 기념할 만한 날이다.

이화여자대학교에 봉직하면서 나는 곧 김활란 선생님이 인도하시는 성경반에 부지런히 참여했다. 처음에는 총장공관에서 모였고 후에는 중강당(Emerson Chapel), 옛날 음악대학 101호 실에서 아침 10시에 모였다. 기껏해야 25명 정도가 모이는 작은 모임이었다. 그러나 이것이 모체가 되어서 1960년 4월 19일에 금란전도협회가 창립된 것이다. 1966년부터는 금란전도협회의 명칭이 정식으로 다락방전도협회로 바뀌었다. 김활란 선생님이 하셨던 모든 일들은 기도로 시작해서 처음에는 작은 모임으로 출발하였다가 나중에는 큰 사업으로 발전하곤 했다. 1965년은 우리나라의 개신교 선교 80주년을 기념하는 해인데 이 때를 기념하여 전국복음화운동이 발족되었다. 그 때 표어는 '3천만을 그리스도에게로'였고 전국적으로 복음 전파가 대대적으로 일어났다. 다락방전도협회 30년사에서는 그 때의 일을 다음과 같이 기록하고 있다.

> 1965년 우리나라에 있어서 개신교 선교 80주년을 기념하기 위하여 요원의 불길처럼 일어났던 전국복음화운동의 주동 인물은 김활란 박사였다.

다락방전도협회의 정규 사업으로는 불우 이웃에 대한 봉사나 기독교 문학 강습 등 다양한 활동이 있었지만 특징적인 것은 일 년에 두 번, 여름과 겨울에 자비량(自費糧)으로 나가는 농어촌 전도였다. 이 농어촌 전도 기간 동안에는 빈한한 농촌의 현지 교회를 중심으로 마을의 각 농가를 찾아다니며 축호 전도를 하였다. 김활란 박사도 친히 이 축호 전도에 참여를 했었다. 한번은 비가 내리는 여름날이었는데도 박사님은 축호 전도에 나섰다. 그 시절의 농가에는 소를 기르는 외양간이 대문 옆에 붙어 있었다. 무덥고 비가 오는 날, 땅은 질퍽하고 쇠똥 냄새가 진동하는 가운데 박사님은 한 영혼에게라도 복음을 전하기 위해서 축호 전도를 하였다. 박사님은 큰 일에나 작은 일에나 예수 그리스도를 사랑하고 그분의 명령에 순종하기 위해서 충성을 다하는 모습을 보여주심으로써 주위 사람들이 큰 감동을 받았다. 나도 선생님을 본받는 마음으로, 또 다락방전도협회의 회원된 의무를 다하기 위해 농촌 전도에 참여했다. 부지런히 한다고는 했으나 지금까지 55번 정도밖에 참여하지 못했다. 그러나 농촌 전도에 참여할 때마다 내 힘이 아니라 성령의 도우시는 힘을 경험하곤 했던 일들은 지금도 큰 감명으로 마음속에 간직하고 있다.

김활란 선생님은 워낙 많은 사람들을 돌보시고 사랑하는 분이셨지만 나도 선생님의 배려를 많이 받았던 사람 중 하나라고 생각한다. 아마 선생님은 내가 딸만 다섯을 낳은 가난한 가장(家長)이라서 더 눈여겨보신 것 같기도 하다. 집사람이 다섯 번째 딸을 낳았을 때 선생님은 나를 위로하시느라 선생님 자신도 다섯 번째 딸이었다고 하시면서 기대해 보라는 말씀으로 격려해 주셨다. 선생님은 나의 궁색한 형편을 아셨는지 어느 땐가 한번은 새로 양복을 한 벌 선물해 주셨다. 선생님이 새집(지금 하늬솔 빌딩 자리)에 사셨을 때 정초가 되면 많은 사람들이 새해 인사를 드리러 그 집을 찾았다. 나도 새로 맞춘 양복을 차려입고 선생님께 두 손 모아 엎드려 세배를 드렸는데 궁둥이가 좀 높다는 지적을 하셔서 좌중이 웃음바다가 되었던 기억이 난다. 선생님이 계신 곳이면 언제나 웃음과 기쁨과 활력이 넘쳐나던 시절이었다.

김활란 박사님은 다락방전도협회 초대 회장으로 성심을 다해 10년간(1960~1970) 선생님께서 하늘나라에 입성하시던 날까지 봉사하셨다. 제2대 회장으로는 김옥길 총장님이 선출되셨다. 선생님도 10년간(1970~1980) 다락방전도협회를 위해 헌신적으로 봉사하셨다. 제3대 회장으로는 정의숙 총장님이 선출되셨다. 다락방전도협회의 회장은 이화여자대학교의 총장이 겸임하는 것이 불문율의 전통이었던 것이다. 그것은 이화여자대학교가 기독교 신앙을 기반으로 하는 여성 지도자 양성 교육기관이고 총장님들은 독실한 기독교 신자들이었기 때문에 겸직을 하는 일은 지극히 자연스런 일이었다. 정의숙 회장은 1990년 총장 퇴임 후 이화학당 재단이사장으로 재임 중에도 끊임없는 사랑과 관심으로 다락방전도협회를 섬기며 봉사를 아끼지 않았다.

2006년 4월에는 제4대 회장으로 전재옥 교수가 선출되었다. 전재옥 교수는 이화여자대학교가 1960년대 초에 최초로 배출한 파키스탄 선교사였다. 그는 선교 사역을 마치고 런던대학에서 수학한 후 귀국하여 이화여자대학교 기독교학과 교수로 봉직하면서 다락방전도협회 사무총장으로도 봉사했다. 다락방전도협회의 제4대 회장으로 선출되어 지극정성으로 선교의 일에 헌신했던 전재옥 교수는 2007년 10월에 뇌동맥류 수술을 받은 후 병약해져서 회장직을 수행하기가 어렵게 되었다. 다락방전도협회로서는 어려운 처지에 놓이게 되었다. 김활란 박사님의 신앙과 정신을 살려 가려는 믿음의 동지들은 2008년 8월 12일 다락방전도협

새집에서 김활란 선생님께 세배를 드리고 나서

회 임시 이사회를 소집하고 이 문제를 논의한 끝에 앞으로는 다락방전도협회의 기구를 이화여자대학교 교목실에 소속시키도록 결정하고 같은 날 오후 임시총회를 열어 이 사실을 가결하였다. 그 때 이후로 다락방전도협회의 모든 업무를 교목실에서 주관하여 오늘에 이르고 있다.

2010년 4월 21일(수) 다락방전도협회 창립 50주년 기념 예배가 다락방회관에서 있었다. 이 모든 일들을 교목실의 손운산 목사님이 주관하였다. 50년 전 창립 당시와는 확연히 달라진 사회 환경 속에서 다락방전도협회는 시대에 부응하는 전도 방식을 취하게 되었다. 이 예배 순서에는 다문화 가정을 위한 헌금 순서도 있었다. 다문화 가정의 문제가 50년 전의 사회의 소외 계층을 대신하는 새로운 환경이 되었다. 환경과 시대는 달라졌어도 생명의 주인이신 예수 그리스도를 전해야 하는 사명은 예나 지금이나 변함이 없다. 이 사명을 감당하기 위해 이화여자대학교 교목실이 수축이 된다는 일은 참으로 다행한 일이 아닐 수 없다.

김활란 박사님의 꿈은 다락방전도협회가 이화여자대학교의 울타리를 넘어서 한국의 전 기독교계가 범교단적으로 전도 활동을 성취해 나가는 일이었다. 이제 다락방전도협회는 이화여대 교목실에 소속되었다. 교목실은 다락방전도협회의 정신을 계승하여 다락방전도협회의 활동이 단순히 이화여자대학교 학생들만의 전도 활동뿐 아니라 한국 전체 대학생들의 생명력 있는 전도 운동체로 뻗어 나가게 할 큰 꿈을 지녀야 할 것이다. 손운산 목사는 올해 팔순을 맞는 나에게 다락방전도협회 창립 50주년 기념 예배의 기도 순서를 맡겼다. 그 예배 때 드린 나의 기도문은 다음과 같다.

사랑의 하나님, 우리가 눈을 들어 산을 바라보며 우리의 도움이 어디서 올까를 생각합니다. 우리의 도움은 천지를 지으신 하나님께로부터 옴을 굳게 믿게 하소서. 지금은 우리 민족 모두가 50년 전에 있었던 4·19를 기념하고 그 정신을 이어 받으려는 때입니다. 오늘은 이 저녁 시간에 다락방전도협회가 50년 전 4월 19일, 4·19가 일어났던 같은 날에 창립되었던 일을 기억하고 그 일을 기념하는 예배를 드리고자 이 자리에 모였습니다.

하나님, 사랑의 하나님께서 믿음의 큰 스승이셨던 김활란 박사님을 이 땅에 보내시고 선생님으로 하여금 다락방전도협회를 창립케 하셨음을 감사드립니다. 선생님의 가슴속에는 3천만을 그리스도에게로 인도하리라는 일념으로 가득차 있었음을 우리 모두에게 보여주셨습니다. 선생님은 그 한 가지 흔들릴 수 없는 신념으로 학교를 경영하시고 다락방전도협회를 창설하셨습니다. 전국복음화운동은 그 한 가지 일을 위해서 전개되었고, 농어촌 선교는 그 한 가지 일을 성취하기 위한 구체적인 행동이었습니다.

선생님은 가시고 우리는 아직 이 땅에 남아서 오늘은 다락방전도협회 창립 50주년 기념 예배를 드리게 된 것을 진심으로 감사드립니다. 이 기념 예배를 드리는 것은 선생님이 품으셨던 그 정신을 우리가 이어가기 위함입니다. 선생님이 이 땅을 떠나시고 실로 많은 세월이 흘렀습니다. 사람도 변하고 기구도 변하여 우리는 지금 달라진 세상에 살고 있습니다. 선생님이 품으셨던 그 고귀한 믿음 때문에 조국은 지금 하나님의 크신 은총 속에 경제적 번영을 누리며 각 분야에서 많은 발전을 해왔습니다. 이제는 대한민국이 예능으로, 스포츠로 세계의 정상을 달리며 당당히 국제무대에서 선도적 역할을 담당하게 되었습니다. 그러나 아직은 천안함 침몰 사건에서 보여주듯이, 남북의 대치 상황이나 국론의 분열, 사회의 불안정 등 나라의 기강이 해이하여 앞으로 극복해 나가야 할 난관들이 없지 아니합니다.

그러나 우리들은 하나님의 말씀을 기억합니다. "여호와께서 성(城)을 지키지 아니하시면 파수꾼의 깨어 있음이 허사로다." 우리는 역사의 주권이 하나님께 있음을 믿고 이 시대에 저희에게 맡기신 일들을 인내로써 잘 감당해 나가게 하시며, 우리를 향하신 주님의 뜻을 이루어드리는 귀한 백성이 되게 하옵소서. 오늘 이 시간에 다락방전도협회 창립 50주년 기념 예배를 드리는 우리 모두에게 주의 성령과 능력으로 힘입혀 주시어 다락방전도협회를 향하신 하나님의 귀한 뜻도 잘 이루어드리도록 인도하소서. 새로운 시대에는 새로운 사명과 일들을 맡기시는 줄을 아오니 그 모든 일들을 잘 감당하여 종당 하나님께 영광을 돌려드리는 다락방전도협회가 되게 하옵소서. 이 일을 위해 수고하고 충성하는 교목실의 여러분과 그리스도를 사랑하는 마음으로 다락방을 섬기는 모든 분들에게 언제나 주님의 지혜와 능력과 사랑으로 덧입혀 주옵소서. 이 예배의 시종에 주의 성령이 임재하셔서 예배드리는 우리들에게는 기쁨이요 하나님께는 영광이 되게 하옵소서. 우리를 구원하여 주신 예수 그리스도의 이름 받들어 기도드립니다. 아-멘

김옥길 총장

김활란 박사님은 5·16 군부 쿠데타 후에 들어선 군사정권하에서 제정된 교육특례법에 따라 1961년 9월 30일에 이화여자대학교 총장

직에서 퇴임하시면서 이임사를 통해 오래도록 기억에 남을 말씀을 남기셨다. "노사(老師)는 멈출 줄 모르며 오직 전진만 할 뿐이다." 그리고 또 선생님이 평소에 애송하시던 로버트 브라우닝의 시 한 구절을 인용하시면서 떠나시는 심정을 대신했다. "제일 좋은 것은 아직 앞으로 남아 있습니다. 그것을 위해서 맨처음에 시작이 있었던 것입니다." 선생님은 은퇴 후에도 10년을 더 이 지상에 머무시면서 이화학당 재단이사장의 직에 계셨고 선생님께서 약속하신 대로 이화의 무궁한 발전을 위해 최선을 다하셨다.

같은 날 신·구총장 이·취임식이 있었다. 신임 총장으로는 김옥길 선생님이 임명되었다. 그날은 날씨가 화창하고 주위가 아름다웠을 뿐만 아니라 이임하시는 김활란 박사님이나 새로 취임하시는 김옥길 선생님의 말씀과 분위기가 너무 아름다워 한 폭의 그림과 같았다. 김옥길 선생님께서는 취임사를 통해서 "이화를 이화되게 하는 최대의 특색은 이화는 기독교적 인생관에 투철한 여성 지도자를 길러 내는 데 있다"는 말씀을 하셨다. 그리고 마지막으로 선생님은 "이화를 위하여, 이화는 대한민국을 위하여, 대한민국은 세계를 위하여, 세계는 그리스도를 위하여, 그리스도는 하나님의 영광을 위하여 헌신하고 노력하겠다"는 말씀으로 취임사를 마무리했다. 그 말씀이 아직도 내 마음속에 깊은 인상으로 남아 있다.

김옥길 선생님의 특색은 여러 가지가 있지만 특히 "한번 약속한 것은 자기에게 해로울지라도 지켜야 한다"는 정신이다. 선생님은 약속을 중히 여기셨다. 물결이 잔잔할 때도, 풍랑이 심할 때에도 선생님은 이화라는 배를 지키겠다고 취임사에서 약속하시고 18년간 이화의 총장직에 계시면서 그 약속을 굳게 지켜 이화의 눈부신 발전을 이룩하셨다.

김옥길 선생님은 요한복음 12장 24절 말씀을 사랑하셨다. "한 알의 밀이 땅에 떨어져 죽지 아니하면 한 알 그대로 있고 죽으면 많은 열매를 맺느니라." 선생님은 대강당 채플에서도 학생들에게 이 말씀으로 설교를 하셨고 외기도 쉽다고 하시면서 12의 배수가 24이다라고 말씀하시던 것이 기억난다. 선생님은 선생님이 좋아하시던 성경의 말씀대로 언제나 실천하시면서 산 분이셨다. 또 선생님은 사석에서는 언제나 쾌활하고 소탈하여 격식에 매이지 않으시고 파격적으로 늘 크게 웃으셨다. 그래서 선생님과 함께 있으면 모든 사람이 언제나 즐거워서 크게 웃게 된다.

선생님은 추석 때가 되면 친인척과 가까운 분들을 대동하시고 군자동에 있는 어머님 산소에 성묘를 가셨다. 많은 경우 그 자리에는 목사님이 안 계시기 때문에 다함께 찬송 한 장을 부르고는 나를 지목하여 기도드리는 것으로 예배를 대신했나. 기도가 끝났을 때 인 시켰으면 큰일날 뻔했네라고 하시면서 또 크게 웃으시던 일이 생각난다. 금년이 벌써 선생님 소천하시고 20주년이 된다. 선생님은 평소의 믿음대로 지금은 아버지 집에서 해와 같이 빛나는 삶을 사실 것이다. 가서 만나 뵈면 거기서도 크게 웃으실 것만 같다.

선생님은 1990년 8월 25일(토) 새벽 2시 55분에 대신동 자택에서 김동길 박사님, 김옥영 선생 등 동생분들이 지켜보는 가운데 소천하셨다. 정의숙 총장님과 윤후정 총장님도 끝까지 자리를 지키고 계셨고 나는 이근섭 교수, 김순겸 교수와 함께 그 옆방에서 대기하고 있었다. 8월 26일(일) 아침부터 선생님 자택 마당에서 문상을 받기 시작했다. 나는 당시 학무처장의 직에 있었으므로 줄곧 문상 받는 자리를 지키고 있었다. 문상에는 선생님을 사랑하는 많은 분들, 그리고 정계·재계,

김옥길 선생님 모친 성묘 때

사회 각층의 인사들이 다녀갔다. 한경직 목사님, 김수환 추기경, 정주영 회장 등이 다녀갔던 일이 기억에 남는다. 장례식은 8월 27일(월) 아침 10시에 대강당에서 있었다. 나는 예배에 참석하기 전에 전재옥 교수와 함께 예배를 위해 하나님께 기도드렸다. 이 장례 예배를 통해서 하나님께 영광을 돌려보내며 많은 사람에게 주님의 사랑과 은혜가 전달되는 귀한 예배가 되게 해달라고 기도드렸다. 8월 29일 기독교방송에서는 차범석 씨가 김옥길 선생님의 장례 예배에서 큰 감명을 받았다고 말씀하시는 것을 들을 수 있었다. 모든 장례 절차가 끝난 다음에 있었던 발표에 의하면 다음과 같은 기록이 있다.

- 조문객 2,588명(조문부에 기록된 수)
- 조의금 740명, 9천만 원
- 8.27(월) 10:00 발인, 대강당에서 영결 예배
- 예배에 참석 4,100명
- 하관식 참석 650명
- 승용차 46대
- 조전 75통
- 조화 67개
- 식사 인원 1,840명

장례식이 있은 이후로 매년 8월 25일에는 김옥길 선생님의 추모 예배가 있어 왔다. 2005년 8월 25일 선생님의 15주기 추모일에 김동길 박사님이 추모 예배에 모시는 글을 보면 다음과 같다.

모시는 글

김옥길 선생께서 세상을 떠나신 지 꼭 15년이 되었습니다. 이 날을 무심히 보내고 싶지 않아서 가까운 사람들끼리 다음과 같이 모임을 갖고자 하오니 시간이 되시면 꼭 참석해 주시기 바랍니다.

다 음

일시: 2005년 8월 25일(목) 오전 11시
장소: 김옥길기념관

2005년 7월 30일
동생 김동길 올림

이날 추모 예배에서는 김동길 박사님이 사회를 보시고, 김홍호 목사님께서 설교 말씀을 해주셨고 대표 기도는 내가 했다. 그날 김홍호 목사님의 설교 말씀을 요약해 보면 다음과 같다.

설교의 말씀: '의인의 길'(마13:43)

의인은 어떤 사람인가?

진실된 사람이다. 옥토에 떨어진 씨앗처럼 열매를 많이 맺는 사람이 진실된 사람이다. 옥토는 무엇인가? 사람의 마음이다. 내가 미국서 공부하던 때의 이야기이다. 옥길선생에게 못하겠다고 편지했더니 그대로 돌아오면 이화에는 못 있는다고 해서 죽기내기로 공부하여 학위를 얻어 돌아왔다.

선한 사람이다. 겨자씨처럼 지극히 적은 것인데 심겨지면 후에 큰 나무가 되어서 새들이 와서 깃들이게 되는 사람이다. 한번은 내 반에서 D학점을 받은 학생이 있어서 옥길선생님에게 어떻게 하면 좋으냐고 물어보았더니 원칙대로 하는 것이 학생에게도 유익하다고 했다. 선생님은 공과 사를 구별하셨다.

밭에서 진주를 발견한 사람이다. 가진 것 다 팔아서 그 귀한 것을 사는 사람이다. 그것이 창조적인 삶이다. 선생님은 시간 지키는 일에 엄격하셨다. 내가 교목이었을 때 한 번 채플 시간 때 1분 늦게 시작했다가 선생님에게 혼나고 나서는 좋은 시계를 하나 구해서는 그 후로는 엄격하게 시간을 지켰다.

김옥길 선생님은 진실되고, 선하시고, 창조적인 삶을 살았으므로 의인이 되어 하늘나라에서 해와 같이 빛나고 있다. 우리도 선생님의 본을 받는 삶을 살도록 하자.

김홍호 목사님은 1956년부터 1984년까지 28년간 이화여자대학교에서 봉직하셨다. 그리고 1975년부터 1984년, 은퇴하시는 날까지 9년 동안 이화여대 교목으로 봉사하셨다. 김홍호 목사님은 1921년생이시니까 금년에 우리 나이로 9순이시다. 그런데 2008년 여름에 88세의 나이로 폐암 수술을 받으셨다. 그러나 선생님은 이를 극복하시고 2009년 3월 초하루부터 연경반(硏經班)에서 시편 강의를 하셨다. 시편 강의는 선생님이 평생 하고 싶었던 일이었다. 이 사실이 2009년 7월 2일자 중앙일보의 특종 기사로 보도된 일이 있다. 그 제목은 〈44년째 연경반 강의…… 아흔 살 김홍호 목사에게 듣다〉였다. 나도 그 유명한 김홍호 목사님의 시편 강의에 참석을 하여 시편 1편부터 시편 150편 마지막까지 수강을 한 일이 있다. 연경반은 매주 아침 9시에 이화여대 대학교회 건물 지하에서 모였다. 내가 수강했던 시편 제1편의 강의 내용은 다음과 같았다.

시편 제1편 강의

(2009. 3. 8.)

총 주제-계반녹수 표표강설(溪畔綠樹 飄飄糠屑)

주님을 즐거워하는 나는 시냇가에 심긴 푸른 나무 같고, 악인은 바람에 나는 겨와 같아서 사라져 없어진다.

계반녹수, 계반이란 무엇인가? 계반은 선생님이시다. 내 선생님은 유영모 선생님이시다. 이론과 실습이 같이 가야 진실이 된다.

도(道)란 무엇인가? 지행(知行)이 합해야 도가 된다. 유영모 선생은 노자 강의를 하시면서 기체(氣体), 몸이 가볍다는 것을 강조하셨다. 그래서 걷는 것을 중요하게 생각하셨다. 고행을 매우 중요하게 여기셨다. 노자는 모두 81장인데 1장을 7시간씩 가르치셨다. 정좌로 앉아 가르치셨다. 허심시복(虛心時復), 평상심, 걱정근심 없음, 허심의 상태, 기해단전(氣海丹田), 그리되면 정좌로 앉아도 힘들지 않다. 기체이기 때문이다. 수신을 먼저 해야 한다. 몸을 단련하는 것이다. 건강한 육체 없으면 아무것도 안 된다. 건강이 중요하다. 나는 선생님을 통해서 사는 법을 배웠다. 깨끗한 삶을 살아야 한다. 그런데 인간들이 자연을 더럽게 해서 동물도 병에 걸리는 세상이 되었다. 내가 폐암에 걸린 것은 내 탓은 아니다. 폐암은 아픈 징조가 없다. 내가 폐암 걸릴 줄은 나도 몰랐다.

녹수, 풀이 되면 안 된다. 나무가 되어야 한다. 그래서 예수님도 나는 포도나무라고 말씀하셨다. 나무는 크게 자라야 한다. 그것을 무용지용(無用之用)이라 한다. 시 1편에서 제일 중요한 것은 계반녹수(溪畔綠樹), 일도출생사(一道出生死), 일체무애인(一切無碍人), 이 말은 원효가 좋아한 말이다. 나도 이 말을 좋아한다. 무애인이란 곧 자유인이 되는 것을 의미한다. 출생사는 큰 나무가 되는 일을 뜻한다. 소크라테스는 철인, 왕, 이상세계, 절대자와의 만남을 이야기했는데, 예수님은 하나님의 아들로서 우리의 왕이 되셨다. 성령을 받는다는 것은 기름부음을 받은 사람을 뜻한다. 성령을 받으면 하나님의 말씀을 이해하게 된다. 기독교의 핵심적 개념은 하나님, 그리스도, 교회라고 말할 수 있는데, 하나님은 빛, 그리스도는 힘, 교회는 숨, 말씀이 살아 있는 곳, 곧 이상세계라고 말할 수 있다. 그래서 교회에서 살면 행복한 것이다.

나는 교회에서 도산 안창호, 고당 조만식 선생을 만났다. 교회 생활은 한없이 행복한 생활이다. 왜? 선생님들을 만나는 곳이기 때문이다. 말씀이 살아 있는 교회, 영원한 생명을 느끼는 교회, 롬1:17의 말씀처럼 하나님의 의가 나타나고 하나님의 계시가 나타나는 곳이기 때문이다.

그곳은 믿음으로 들어가는 곳이다. 믿음이란 무엇인가? 내가 믿는 것이 아니라 하나님이 나를 믿어 주는 것을 깨닫는 것이 믿음이다.

천국이 땅에 있는 것이다. 밑힘으로, 믿음으로, 내 힘이 아니고 하나님의 힘으로 살아가는 것이 천국이다. 십자가에 달리는 것도 하나님의 힘으로 하게 되고, 하나님의 힘으로 부활도 하게 되는 것이다.

나는 35살 3월 17일 9시 5분에 하늘의 계시를 받았다. 그때 후로 생각하는 것소자 내 힘이 아니고 하나님의 힘으로 하게 된다. 유영모 선생이 나의 호를 현제(玄齊)라고 지어주셨는데, 계시를 받은 사람이란 뜻이다. 내가 사색을 쓴 것은 하나님의 힘으로 쓴 것이다. 하나님의 힘으로 죄 사함을 받는다. 죄 사함의 과정이 12년 걸렸다. 사색 144호를 냈다. 내가 쓴 것이 아니고 성령의 힘으로 썼다. 글들이 살아 있다. 성경 말씀은 산 말씀이다. 처음엔 200부 내다가 나중에는 2,000부를 내게 되었다. 계속 2,000부가 다 나갔다. 내가 썼으면 죽은 글일 터인데 성령이 쓰셨기 때문에 살아 있는 글이 되었다. 믿음이란 배를 타고 가는 것과 같다. 몰두하는 것이다. 제주도는 내가 두 달 간 수영할 수 있는 곳이었다. 거기 있으면서 나는 수영하는 법을 배웠다. 머리를 물 속에 박으니까 몸이 떴다. 머리를 박는 것, 몰두하는 일이다. 그러면 자유하게 된다. 몸이 붕 뜨게 된다. 유교에서는 중도, 불교에서는 공상, 도교에서는 무, 기독교에서는 영이라고 한다. 자유의 경지에 도달하게 된다. 생멸멸이적멸위락(生滅滅而寂滅爲樂). 적멸위락, 출생사, 물 위에 붕 떠야 얼마든지 갈 수 있다. 시간제단(時間際斷), 이것은 노자의 말이다. 몰두하면 시간이 끊어진다. 출생사, 심신탈락, 이런 것은 부활의 경지이고, 무위지지, 자유에 도달, 이것은 노자의 표현이다. 이런 경지가 영적 경험이고 시편이 되는 경지이다. 교회에서 찬송이 나오게 된다. 몰두, 십자가, 전체의 맥락과 핵심을 알아야 한다. 무극이 태극이다. 이것은 주역의 말이고, 청천백일은 중국식 표현이고. 진공묘유, 이것은 불교적 표현이다. 다 같은 내용을 말하고 있다.

한 학기의 강의가 끝나게 될 무렵 수강생들은 선생님께 대한 진정어린 감사의 뜻을 전달하기 위해 각자가 선생님께 드리는 감사의 편지를 쓰고 그것을 모아서 드리는 것으로 결정하였다. 나는 다음과 같은 편지를 써서 선생님께 드리는 감사의 정을 표했다.

김흥호 목사님께 드리는 감사의 편지

"나는 선한 싸움을 다 싸우고, 달려갈 길을 마치고, 믿음을 지켰습니다. 이제는 나를 위하여 의의 면류관이 마련되어 있으므로, 의로우신 재판장이신 주님께서 그 날에 그것을 나에게 주실 것이며, 나에게만이 아니라 주님께서 나타나시기를 사모하는 모든 사람에게도 주실 것입니다." (딤후4:7~8)

사도바울의 고백을 삶으로 저희들에게 보여주신 선생님께 한없는 감사를 드립니다. 선생님의 삶과 가르침이 아니었더라면 저는 靈의 세계, 빛의 세계, 4차원의 세계, 영원한 생명을 놓치고 안개 속을 많이 헤매었을 것입니다.

Thomas Carlyle의 시

To-Day

So here hath been dawning
  Another blue Day:
Think, wilt thou let it
  Slip useless away?

Out of Eternity
  This new Day is born,
Into Eternity
  At night, will return.
Behold it aforetime
  No eye ever did:
So soon it for ever
  From all eyes is hid.

Here hath been dawning
  Another blue Day:
Think, wilt thou let it
  Slip useless away?

이런 시의 구절들을 실감있게 느껴 깨닫도록 도움을 주신 선생님께 다시 한 번 깊은 감사를 드립니다. 나머지 날들도 사모님과 더불어 더욱 복된 여생이 되시기를 기도드립니다.

김영일 올림

김홍호 목사님은 1978년부터 2007년까지 29년 간 44권의 책을 출판했다. 사색출판사에서는 150여 종에 달하는 『김홍호사상전집』을 출간할 예정으로 있다. 이 사상 전집에는 '기독교', '다석 유영모 사상', '한국 사상', '유교 사상', '불교 사상', '노장 사상', '서양 철학' '수상집' 등이 포함될 예정이라고 한다. 이화여자대학교에는 김홍호 목사님과 같은 분이 오랫동안 교목으로 있으면서 기독교의 핵심적 진리를 심오하고 명쾌하게 해설하시면서 이화 공동체 구성원들에게 신앙의 깊이를 더하도록 인도하신 일은 참으로 복된 일이라고 생각된다.

나는 김옥길 선생님의 15주기 추모 예배 때 기도 순서를 맡았다. 그 때 드린 기도문은 다음과 같다.

> 하나님, 선생님이 가시고 15주기를 맞는 저희들이 선생님의 삶을 기리며 이렇게 주님 앞에 모여 예배를 드립니다. 지금 선생님은 성경의 말씀대로 신령한 몸을 입으시고 주의 성령과 함께 우리 가운데 계심을 믿고 무한 감사를 드립니다. 하나님께서 선생님을 우리에게 보내 주시어 선생님이 이 지상에 계실 때 우리 모두가 언제나 즐겁고 웃음이 가득했던 일들을 기억하며 감사를 드립니다. 선생님은 요한복음 12장 24절, "한 알의 밀이 땅에 떨어져 죽지 아니하면 한 알 그대로 있고 죽으면 많은 열매를 맺느니라" 그 말씀을 즐겨 가르치시고, 그 말씀대로 사시다가 소천하셨습니다. 선생님은 많은 열매를 맺으셨습니다. 선생님은 땅에 떨어져 죽는 일을 사랑으로 실천하시면서 많은 이웃을 섬기셨습니다. 어려운 일을 당하였을 때도 서두르지 않으시고 언제나 정도를 걸으시며 하늘의 뜻을 따르셨습니다.

요즘 우리 사회 각 분야와 나라 전체가 혼돈에 빠져 있습니다. 헤쳐 가야 할 길이 막막하기만 합니다. 이러다간 이 나라가 망하는 길로 들어서지나 않을까, 부질없는 걱정이 앞서기도 합니다. 하나님께서 이 백성을 불쌍히 여기시고 일제의 압제에서 해방시키시고 자유를 주셨습니다. 그러나 우리는 곧 국토가 분단되어 동족상쟁의 쓰라린 경험을 했습니다. 이스라엘 백성은 출애굽을 하여 홍해를 건너고 40년의 광야 생활을 거쳐 가나안 복지를 차지했는데 우리는 그 전쟁을 치르고 55년이 지났는데도 아직 광야의 생활이 끝나지 않았습니다. 그러나 이 광야의 생활은 우리 백성을 단련시키시는 고난의 시기인 것을 깨닫게 하옵소서. 하나님께서는 이 백성이 이대로는 하나님의 영광을 드러내지 못할 것을 아시고, 이 백성을 풀무불로 정화시키시는 것임을 믿게 하옵소서. 그래서 하나님, 우리는 선생님의 삶을 추모하면서, 선생님의 삶처럼 우리의 삶 속에도 살아계신 하나님을 확실히 믿고 이 어두운 세상을 밝게 살 수 있게 되기를 간구합니다. 선생님의 가르침을 따라 진리대로 살기를 갈망하는 저희들의 예배를 하나님께서 흠양하시고 영광을 받으시며 예배드리는 저희 모두에게는 큰 위로와 삶의 용기를 얻는 귀한 시간이 되게 하여 주시옵소서. 이 예배의 한 시간, 우리가 부르는 찬송과, 선포되는 하나님의 말씀과 간절한 기도가 이 짙은 암흑을 뚫는 한줄기 희망의 빛으로 화할 수 있도록 복을 내려 주시옵소서. 부활이요 생명이신 예수 그리스도의 이름으로 기도드립니다. 아-멘

이런 기도를 드리게 된 배경은 그 때가 김대중을 이어 대통령이 된 노무현은 시련에 시련을 거듭하고 있었고, 정치 노선이 좌경화되어 있어 국민의 지지가 낮은 때였다. 나라의 형편이 매우 혼탁한 시절이었

다. 사회의 질서가 문란하고, 노대통령 측근들의 비리가 만연하여 도덕성마저 흔들리고 있던 때였다. 추모 예배가 끝난 다음 사범대학의 정용재 교수는 자기의 심정도 기도의 내용과 같다라는 말씀을 하시던 것이 기억난다.

이화여자대학교의 채플

이화여자대학교에는 각 대학별로 모이는 대강당 채플이 있었고 또 각 과별로 모이는 과 채플이 있었다. 대부분은 교목님들이 과 채플을 인도하지만 하도 과가 많아서 때로는 나 같은 사람도 과 채플을 인도하게 되는 경우가 흔히 있었다. 금년 2월에 영문과의 최 영 교수가 정년 은퇴를 했다. 은퇴에 즈음하여 옛날 은사님들을 모시는 자리가 마련되었다. 아직도 영문과에는 원로 교수 7, 8명이 건재하시다. 최 영 교수는 회고담을 하며 영문과 과 채플과 관련하여 이런 말을 했다. 자기가 영문과 학생 시절에 과 채플에서 인상에 남는 한 가지가 있다고 했다. 한번은 김영일 교수가 과 채플을 인도하면서 하시는 말씀이, "내가 가지고 있는 것은 딸 다섯과 금성라디오 한 대뿐입니다"라고 했다고. 그 말이 40여 년을 지난 지금도 인상에 남아 있다고 했다. 나는 그때 과 채플에서 무슨 설교를 했는지 그 내용을 다 잊어버렸지만 어느 한 학생의 마음에 어떤 말씀이 인상으로 남아 있다는 것은 참으로 신기한 일이다. 구체적인 내용은 아니더라도 전체적인 인상으로 남는다는 것은 귀한 일인 것 같다. 그것이 좋은 인상이라면.

한때는 이화여자대학에서 대강당 채플을 볼 때 학생들이 너무 떠들어서 이런 채플이 무슨 의미가 있는가라고 비판의 눈으로 바라보는 교수들도 있었다. 그러나 그렇지가 않다. 많은 졸업생들이 대학 생활에서 제일 인상에 남는 일은 채플이었다고 고백하는 것을 볼 수 있다. 뿐만 아니라 그 채플의 전통 때문에 졸업 후에 교회 생활을 열심히 하게 되는 사람들도 많이 보게 된다. 계획은 인간이 할지라도 그 일의 열매를 열게 하는 이는 하나님이시다라는 말씀을 기억할 필요가 있다.

한번은 영문과 과 채플에서 말씀을 전하고 나오는데 참석했던 김세영 선생님이 예상 외라는 뜻으로 "프로이신데요"라고 말했던 것이 기억에 남는다. 그런 연유로 선생님이 정년 퇴임하시던 1994년에는 은퇴식에서 기도를 해달라는 부탁을 받기도 했다. 그 이듬해 1995년에는 조정호 선생님의 은퇴식이 있었는데 그 때도 조선생님의 요청으로 기도를 했다. 식이 끝난 다음 참석했던 서강대의 김영곤 교수가 나를 보고, 들어본 기도 중에 제일 멋진 기도였다고 하던 말씀이 기억난다. 어디 멋진 기도가 따로 있겠는가만 아마 선생님 생각에 뜻밖이라고 생각되었기 때문에 멋지다라는 표현을 쓴 것 같다. 이리하여 나는 과 교수들 사이에 과목(科牧)이라는 별명을 얻게 되었다. 그래서 과의 회식이 있을 때마다 나는 식사 기도를 하게 되었고 그러면 모두들 기분이 좋은 것 같았고 나는 주님께 영광이라고 생각하곤 했다.

1960년 초반이라고 기억되는데 영문과의 김연옥 선생님 부친의 소상(小祥)이 있을 때였다. 선생님은 집에서 기념 예배를 드릴 터인데 날더러 예배 순서를 좀 맡아 달라는 것이었다. 학교에는 교목 선생님들이 계시고 한데 하필 아무런 자격이 없는 나에게 그런 부탁을 했을까. 남의 부탁을 거절하는 성격이 못 되어 승락을 하기는 했다. 그리고 그날 저녁 성북동에 있는 김연옥 선생님 댁으로 갔다. 벌써 많은 어른들이 모여 계셨는데 서은숙 이화학당 이사장님도 참석하셨다. 새파랗게 젊은 평교수가 남의 집 귀한 기념일에 예배 인도를 하느라고 진땀 흘렸던 일이 생각난다. 지금 와서 돌이켜보면 그런 귀한 일을 아무런 자격도 갖추지 못한 나에게 부탁을 한 김연옥 선생님이 고맙기도 하고, 나로서는 영광이 아닐 수 없었다.

교목실의 배려로 얼마 동안 한 학기에 한 번씩 대강당 채플에서도 말씀을 전하는 일이 있었다. 사실 평교수로 대강당 채플에서 말씀을 전한다는 것이 쉬운 일이 아니었다. 4천 명이나 되는 학생들 앞에서 불과 15분 동안이기는 하지만 말씀을 하려면 대중 앞에서 받는 압력 같은 것을 느끼며 등에서 식은땀이 나는 것이 보통이다. 그러나 요청이 있으면 언제나 마다하지 않고 응했던 것은 젊은 시절의 무모한 용기였을런지도 모른다. 한번은 현영학 선생님이 채플 때의 내 말씀을 들으시고, "전도사로군"라고 웃으시며 하시던 말씀이 기억에 남는다. 현영학 선생님은 이화여대에서 학무처장, 인문대 학장으로 봉직하시면서 신학자이시기도 했다. 그러한 현선생님이 나의 말씀에 대해 한 마디로 간단히 평하신 뜻은 학문적이 아니라는 말로 들리기도 했다.

현선생님은 테니스를 좋아하셔서 나와 함께 여러 번 singles를 치셨는데, 승부욕이 강하셔서 엎치락뒤치락하며 테니스를 즐기셨는데 몇 년 전에 별세하셔서 지금은 이 세상에 안 계시니 하늘나라에 가서나 만나 뵐 수 있을 것 같다.

한번은 대강당 채플에서 〈처음과 나중〉이라는 제목으로 설교를 하면서 T.S. 엘리엇의 시 한 구절을 인용했다. "In my beginning is my end." 이 구절은 엘리엇의 유명한 사중주(Four Quartets) 중의 "East Coker"라는 시의 첫머리에 나오는 말이다. 그리고 이 시의 마지막은

"In my end is my beginning"으로 끝난다. "나의 시초(始初)에 나의 종말(終末)이 있고 나의 종말에 나의 시초가 있다"라는 다소 철학적인 내용이다. 이 시구는 영국 이스트 코커에 있는 성 미카엘 교회 경내에 안장된 엘리엇의 묘비에 새겨져 있기도 하다. 내가 설교한 말씀의 내용은 인생은 어쩔 수 없이 시간이라는 제한 속에 살아야 하지만 그 시간의 속박을 벗어나서, 다시 말하면 죽음을 초월해서 오늘 속에서 영원을 사는 것이 인생의 목표라는 것이다. 맨 처음 인간은 죽어야 하는 육신의 몸으로 이 세상에 태어나지만 인생을 마칠 때에는 죽지 않는 영적인 몸으로 영원한 생명을 얻는 것이 인생을 사는 의미인 것이다. 이것이 복음의 내용이고, 부활과 생명이신 예수 그리스도를 믿고 날마다 영생을 누리며 기쁨과 소망 속에 하루하루를 살아가는 삶이다. 예수 그리스도는 십자가에서 돌아가셨다가 사흘만에 부활하심으로 자신이 하나님의 아들이시고 영원한 생명이심을 나타내 보이셨다. 그리고 우리 인생들도 그 예수를 믿기만 하면 영원한 생명이 보장되고 있음을 확증해 주셨다.

채플을 끝내고 나오면서 만나게 된 이숙례 교수가 새롭게 엘리엇의 시구를 배웠다고 말하던 것이 기억난다. 이숙례 교수는 오랫동안 이화부속초등학교 교장으로 봉직하시면서 어린이 교육의 모범을 보여주셨던 분이다. 이런 교수님도 채플에 열심히 참석하시고 감명을 받았던 일을 생각하면 이화에서 채플은 대학 생활의 중심적 행사가 아닌가 생각하게 된다.

眞善美 칼럼

이화여자대학교 시청각교육원에서는 1970년 9월 21일 저녁 7시부터 기독교방송 전국 네트워크를 통해서 이화여자대학교 〈진선미 칼럼〉이라는 제목으로 이화여대 교수들의 칼럼을 교수들의 육성으로 방송하기 시작했다. 그 방송 제작은 시청각교육원에서 담당했고 그것을 기독교방송국에 이첩하여 방송케 했다. 방송 시간은 5분에 불과했지만 그 내용은 각기 진·선·미를 지향하는 이화여자대학교의 정체성을 잘 드러내고 있었다. 여기에는 많은 교수들이 참여를 했지만 대학 행정의 책임자인 김옥길 총장도 이에 참여를 했다.

한국 기독교계에서는 1973년 5월 30일부터 5일간 세계적인 부흥사 빌리 그래함 목사를 초청해서 여의도광장에서 대대적인 전도 부흥 집회를 열었다. 그 열기가 대단하여 한 번 집회에 50~60만 명, 많게는 110만 명까지 운집했고 그 집회에서 결신자 수만 3만 7천명에 달했다. 김옥길 총장은 이 때의 감명을 〈진선미 칼럼〉을 통해 두 번 방송을 했는데 그 한 번은 〈이 기상과 이 마음으로〉였다. 그 내용은 다음과 같다.

이 기상과 이 마음으로

총장 김옥길

이번 빌리 그래함 전도 집회에 대해서 어떤 이들은 어째서 외국 사람을 청해다 그런 큰 모임을 하느냐고 시비조로 묻는 경우도 있었고, 어떤 이들은 그 많은 경비를 가난한 동포를 구제하는 데 쓸 것이지 지금 전도 집회가 당장에 시급한 것은 아니지 않느냐고 불평하는 경우도 있었다. 그런 비난이 전혀 근거가 없다는 것은 아니지만 그리스도 안에 동서가 어디 있으며 한국인, 미국인의 구별이 있겠는가? 그런 생각은 그리스도인답지 않은 편협한 생각이라고 믿는다. 독일 사람이면 어떻고 월남 사람이면 어떤가? 힘있게 복음을 전할 수만 있는 하나님의 사자라면 그의 국적이 문제되지는 않을 것이다.

7,000만 원의 대회 경비는 물론 막대한 것이었다. 그러나 보람 있게 쓰여진 돈이었다고 자부한다. 왜 그 돈으로 가난한 사람들을 구제하지 않았느냐? 많건 적건 이번에 돈을 낸 사람들이 가난한 사람들을 구제하라고 그 돈을 낸 것이 아니라 전도 대회에 쓰라고 낸 것이다. 그러면 전도 대회 이외의 목적에는 쓸 수가 없다. 그 사실을 어떻게 할 도리는 없지 않은가?

이 일에 관련해 생각하는 것은 옥합을 깨뜨려 예수의 발에 향유를 붓고 머리털로 닦은 어느 여인의 얘기다. 그 값진 향유를 200데나리온에 팔아 가난한 자들을 구제하는 것이 옳지 않겠느냐고 예수께 대든 사람들이 그 때에도 있었다. 그러나 예수님의 생각은 그렇지가 않았다. 그는 그것이 결코 낭비가 아니라고 잘라서 말씀하셨다. 우리나라의 가난한 살림에서 7,000만 원이 큰 돈이 아닌 것은 아니지만 그리스도의 복음을 전파해서 이 민족의 영원한 살 길을 열어 준다는 높은 차원에서 보면 극히 미미한 액수밖에 되지 않는다. 이번 대회의 참된 성과를 인간의 입장에서만 측정할 수는 없는 일이다. 우리는 하나님이 이 민족을 향해 품으신 뜻이 무엇인지를 알아야 할 것이고 우리 민중이 한시바삐 그 뜻을 헤아릴 수 있어야 이 나라에도 확실한 소망이 있을 것이다.

이번 대회는 시작에 불과한 것이다. "5천만을 그리스도에게로"라는 표어가 모든 한국 크리스천의 삶의 목표가 되어야 한다면, 우리의 일은 이제 막 시작된 것이나 다름 없다. 우리의 5천만 동포를 모두 그리스도인이 되게 하려는 거룩한 야망에 불타는 많은 젊은 크리스천들에게 이번 모임은 큰 힘과 용기를 주었으리고 믿는다.

뜻이 있는 곳에 길이 있는 것이다. 하나님께서는 우리들에게만 이 큰 책임을 맡기시고 그냥 계시는 것이 아니라 부단히 우리를 돕고 격려하고 밀어 주신다. 사실 우리들만의 힘은 보잘것이 없다. 그러나 전능하신 하나님의 품 안에서는 능치 못한 일이 없다. 그 사실을 믿을 때 우리는 비로소 신앙의 올바른 자세를 취하게 되는 것이다.

한국 역사의 새로운 계기가 마련되었다. 모든 교계의 지도자가 다 단합하고 모든 교인이 다 힘을 합해서 삼천리 금수강산에 복음의 동산을 가꾸고 하나님의 노래를 이룩하자. 이 꿈이 얼마나 아름다운 꿈이냐!

이 컬럼의 내용과 그 속을 흐르고 있는 정신으로 미루어 볼 때 김옥길 총장은 이화여자대학의 교육 이념과 꿈과 이상을 포괄적으로 말씀하신 것이라고 생각된다. 나도 몇 번 〈진선미 칼럼〉에 기고한 것이 방송되었는데 1973년 12월에 이화여자대학교출판부에서 발간한 『진선미 칼럼』 책자에는 4편의 글이 실려 있다. 그중 한 편의 글을 다시 복사해 본다.

외로움

영어영문학과 김영일

어느 때부터인지는 모르지만 사람에게는 외로움이란 게 있는 것 같습니다. 외로운 것은 불쾌한 것이고 또 무엇인가 잘못된 일로 생각하여 사람들은 모두 할 수만 있으면 외로움을 외면하고 외롭지 않게 살아보려고 노력합니다. 그래서인지 요즘의 판세는 서로서로의 '만남'이란 것이 문제로 되어 있고 대화없이 살 수 없는 세상이 된 것 같습니다. 이렇게들 대화를 강조하다 보니 마치 외롭게 산다는 것은 무슨 큰 죄나 범한 듯한 느낌입니다. 그러나 과연 그렇기만 할까요?

나는 어떤 날 유명한 화가로부터 다음과 같은 말을 들었습니다. "무더운 여름날 남들은 산으로 강으로 피서를 떠나는데 나만 홀로 화실에 들어앉아 화판을 대하고 앉아야만 한다는 사실은 참 괴로운 일이 아닐 수 없습니다. 만일 화가에게 한 폭의 그림이 완성되는 날의 환희와 기쁨과 만족감마저 없다면 누구도 그림을 그리려는 사람은 없을 것입니다"라고 했습니다. 한 마리의 공작새를 그려 국전에 특선으로 입상한 어느 규수 화가도 그 그림을 완성하기 위하여 몇 달 동안을 홀로 따가운 땡볕을 쪼여가며 카메라와 스케치북을 손에 들고 창경원 동물원에 가서 그 공작새와 하루종일 마주 앉아 있어야만 했던 때를 회상하며 역시 그 시간은 때로 외롭고 괴로운 날들이었다고 말했습니다.

미국의 유명한 여류 시인이었던 에밀리 디킨슨은 일생 동안 한 번도 고향 밖에 나가 본 적이 없었습니다. 외롭다면 그보다 더 외로운 생이 어디 또 있었겠습니까? 그러나 그는 그 외로운 생을 통해서 많은 작품을 남겼고 그것이 오늘날까지 많은 사람들의 심금을 울려 준 것입니다. 예술의 많은 걸작품들은 대부분 다 외로움의 산물이었다는 것은 우주의 수수께끼요 신비인 것 같습니다. 진선미를 자랑하는 오늘의 이화여자대학이 있기까지 그 배후에는 숱한 선배와 스승들의 피와 땀과 외로움이 있었다는 것은 이런 의미에서 주목할 일인 것 같습니다.

인류 역사에서 이 우주의 신비가 가장 결정적으로 드러난 것이 예수님의 부활인 것 같습니다. 부활이 있기까지엔 십자가란 외로운 길이 있었습니다. 한 알의 밀이 썩는 외로움이 있은 다음에야 많은 열매를 맺는다는 말씀은 진리입니다. 참으로 우리에게는 외로울 때가 많습니다. 그러나 문제는 외로움 자체에 있는 것이 아니라 어떻게 하면 이 외로움을 의미있고 풍요한 것으로 승화시키느냐가 문제입니다. 외로움의 해소 방책으로 의미도 없는 대화를 추구하기보다는 스스로 외로움을 간직할 줄을 알아서 우리 서로 대화가 없었을지라도 말 없는 말로 서로를 보다 깊이 이해하는 일이 더 값진 일이라고 생각합니다. 외로움이 있은 다음에야 우리가 웃는 웃음의 의미가 있는 것 같습니다. 이런 의미에서 나는 외로움이야말로 우리 인생을 더 폭넓고 깊은 인생 경험으로 이끌어 가는 길잡이라고 생각합니다.

37년 전에 쓴 글이지만 지금에 와서 다시 읽어 보니 제목은 비록 〈외로움〉이었으나 그 내용은 기독교 신앙을 바탕에 깔고 있지 않았나 생각된다.

이화여대의 테니스

1970년대 초반 나와 정외과의 김순겸 교수는 테니스에 열심을 내고 있었는데 많은 학생들도 참여를 했다. 그 학생들도 이제는 모두 60을 바라보는 나이가 되었을 것이다. 그중 영문과의 남덕자는 영학회의 회장직을 지낸 일도 있고 최명옥은 지금도 테니스를 계속하고 있다

테니스 코트에서. 왼쪽부터 김영일·현영학·김순겸·송준만 교수

테니스반 학생들과 함께

고 한다. 테니스 대회 여성부에서 우승을 했다는 이야기도 들었다.

70년대의 이화 테니스를 말하려면 독문과 강사이시던 이종진 교수를 잊을 수 없다. 이교수는 한때 한국 여자 농구의 스타였던 박신자를 길러낸 코치이기도 했다. 이교수는 좀 늦게 테니스를 배웠는데 타고난 자질 때문인지 단시일 내에 많은 기량을 습득하여 전국 테니스 대회 노동부(老童部)에서 여러 번 우승을 했다. 나와 김순겸 교수는 이종진 교수를 모시고 테니스를 배웠다. 그에게서 테니스의 기량을 배웠을 뿐 아니라 운동 정신도 배웠다고 할 수 있다. 그분에게는 사람을 훈련시키는 특별한 재주가 있었던 것 같다. 나 역시 그분이 아니었다면 그렇게 열심히 테니스를 치지 못했을 것이다.

1971년 10월 24일에는 전국 대학교수 친선 테니스 대회가 처음으로 열렸다. 김종필 씨가 국무총리 직에 있었고 민관식 씨가 문교부 장관 직에 있었던 시절이었다. 민장관은 그 당시 서울 의대 코트에서 서울대 교수들과 자주 테니스를 치곤 했다. 그 대회에 이화여자대학교에서는 나와 김순겸 교수가 파트너가 되어 출전하여 B조에서 준우승을 하게 되었다. B조에는 주로 초보자 선수들이 속해 있었다. 경기는 토너먼트 방식이었다. 민장관은 조성옥 차관(次官)과 파트너가 되어 우리 팀과 겨루게 되었는데 민장관 생각에 이화대학 팀쯤은 만만하게 여겨 이길 자신이 있었던 것 같다. 이화대학은 여자대학이고 김순겸 교수와 나는 테니스를 하는 교수들 중에서 별로 알려지지 않았기 때문이었다. 그런데 예상 외로 우리 팀이 민장관 팀을 이겼던 것이다. 민장관은 테니스를 잘 치는 분이었지만 파트너인 차관이 장관을 모시고 치는 판이라 좀 긴장했던지 실수를 연발했다. 그래서 우리는 그 대회에서 B조 준우승을 하게 되었고 민장관 팀을 이겼다 하여 대학 사회에서 화제가 되기도 했다.

이화여자대학교에서는 1974년 이래로 매년 봄가을로 이화여대 교직원 친선 테니스 대회가 열리곤 했다. 나는 매번 A조 단식에서 3위 내지 준우승을 하곤 했으나 1976년 제6차 대회에서 비로소 A조 단식에서 우승을 했다. 그리고 1981년 제16회 대회에서도 A조 단식에서 우승을 했다. 1996년 10월 12일에는 이화여대 교직원들이 나의 은퇴 기념 테니스 대회를 개최하여 감사패를 만들어 주기도 했다. 감사패의 내용은 "테니스를 통하여 친교와 우정을 돈독히 해주심을 감사드리며 이에 감사패를 드립니다"였고 테니스 회원 일동으로 되어 있다. 사실 이런 감사패는 나의 테니스 파트너인 김순겸 교수가 받아야 마땅하다. 왜냐하면 김순겸 교수는 지금도 한 주일에 한 번은 이화여대 테니스 코트에 나와서 테니스의 초보자들, 교수나 학생들에게 교습을 시키는 일을 자원봉사하고 있기 때문이다. 김순겸 교수도 내년이면 팔순을 맞는 나이임을 감안할 때 이런 일은 참으로 찾아보기 드문 일이고 이화의 봉사 정신의 발현에서 나오는 일임에 틀림이 없다. 훗날 저에게는 더 큰 공로상이 주어지리라고 생각한다. 나는 은퇴 후 2,000년도부터 파주 근처 봉일천이란 곳에 와서 살고 있는데 내가 사는 아파트 단지에는 테니스 코트가 2면이나 있어서 계속 테니스를 즐길 수 있게 되었다. 아파트 단지 내의 테니스 동호인 연말 대회에서도 우승을 하곤 한다. 물론 이제는 singles는 못하고 doubles만 하기는 하지만.

이종진 교수는 1975년에 미국으로 이민을 가게 되었다. 한동안 소식이 없었으나 1995년 20년만에 나에게 크리스마스 카드를 보내 왔다. 미국에서도 계속 테니스를 친다는 소식과 더불어 그 때 후로 매년 크리스마스 카드를 보내 왔다. 2002년 6월 24일에 보내온 편지에는 이런 내용이 적혀 있었다. "데니스를 잘 치는 요점은 힘을 빼는 것입니다. …… 욕심없이 하나님께서 주신 이 천당을 감사하고 또 감사하며 살아갑니다." 이 편지는 선생께서 82세에 쓰신 내용이다. 반평생 테니스를 치시면서 터득한 내용, '공은 힘을 빼고 쳐야 한다'는 진리 같은 내용을 인생살이에도 적용했던 것 같다. 선생은 이 진리를 인생을 살아가는 덕목으로 삼고 노년의 때를 감사에 넘쳐서 모든 허황한 욕심을 버리고 이 세상에 살면서도 마치 천당에 사시는 것처럼 즐겁게 살아가시는 모습을 보여주셨다. 2006년 1월 15일에는 내가 다니는 대신교회로 다음과 같은 편지가 왔다.

김영일 교수께

(2006. 1. 5.)

방금 편지를 받았습니다.

살이 많이 찌셨군요. 작년에 보낸 card가 되돌아왔기에 금년에는 보내지 않았어요. 혹시 이사하셨나 해서. 건강하신 모습을 보고 부럽습니다.

결혼하신 지 벌써 50년 되셨다구요. 나보다 겨우 1년 늦었네요.

뒤의 다섯 여인은 딸들입니까? 그렇다면 다섯 쌍동인가요? 다 나이가 같아 보여요.

웃음짓는 얼굴들에 행복이 넘쳐 보여 복받은 가정이라 다르구나 했습니다.

나는 위의 글씨를 보고, 짐작하시겠지만, 눈도 잘 보이지 않고 손도 떨릴 뿐더러 걸음도 똑바로 못 걷고 서 있기도 힘들어 보조 walker를 주문할 생각입니다. 오늘 아침에는 집사람보고 내 부고장을 써 놓겠다고까지 했습니다.

지난 3월 6일에 신장이 결단났다는 사형선고를 받고 입원도 여러 차례, 죽을 고비도 몇 차례 겪었는지 모를 정도입니다. 지금은 1주에 사흘 3시간 반씩 투석을 받고 있지요. 앞뒤 아래쪽 갈비뼈들이 아파서 몸을 움직이지도, 돌아눕기도 어려워 어젯밤엔 2시간 반밖에 자질 못했습니다. 의사들 어느 누구도 알지 못하는 문제점이 매일같이 심화되어 가고 있어요. 어쨌든 하나님께서 특별히 사랑하시는 증표로 생각하고 더욱 사랑해 주시기를 바라고 있습니다. 건강하실 때 더욱 헌신하여 축복이 더하시기를 빕니다.

李鍾振

나는 2005년 5월 나의 금혼을 기념하여 『당개가던 날』이란 조그만 책자를 한 권 출간했었다. 그 책자를 이종진 교수에게 보내드리며 다음과 같이 편지를 썼다.

존경하는 이종진 교수님

(2006. 1. 16.)

모세가 말하기를 "우리의 연수가 70이요 강건하면 80이라도 그 연수의 자랑은 수고와 슬픔뿐이요 신속히 가니 우리가 날아가나이다"(시 90:10)라고 했지요. 그래도 하나님께서 우리의 연수를 80에 이르도록 인도하여 주셨으니 감사할 뿐입니다. 인생의 모든 일들을 헤아리시는 하나님께서 선생님의 병을 안찰하여 주시고 편케 하여 주시기를 기도합니다. 그래도 이화여대 교정에서 선생님과 함께 열심히 테니스를 연마했던 일 때문에 나는 오늘까지 비교적 건강하게 지내고 있습니다. 지금도 이웃의 80노인과 함께 singles를 쳐보는 때가 있습니다. 나에게서 땀 흘리는 일은 테니스를 칠 때뿐이지요.

보내드리는 책자는 선생님 심심할 때 읽으시고 무슨 위로가 되었으면 하는 마음에서입니다. 오늘 아침에는 식탁에서 선생님의 평안을 위해 기도했습니다. 앞으로도 그러할 것입니다. 그리고 내가 2주에 한 번 가까운 친구들과 함께 하는 심야 기도 시간에 선생님을 위해 중보기도 하겠습니다. 병중에 있을지라도 주님의 위로와 치유와 평안케 하심이 늘 함께하기를 다시 기도드립니다. 선생님, Fighting!

파주에서 김영일 올림

이종진 교수는 나의 편지를 받고 1년 반 남짓 더 이 세상에 사셨다. 2007년 8월 16일 나는 이교수의 아들, 이덕호 씨가 보내온 부고를 받게 되었다. 아드님이 보내온 편지의 내용을 보면 아버님, 이종진 교수는 소천하시기 1년 전에 벌써 손수 부고를 써두었다가 소천하시기 전날 돌아가시는 날짜를 적어 놓으시고 다음날 소천하셨다고 한다. 이종진 교수가 손수 쓰신 육필 부고와 아드님이 만든 인쇄된 부고가 함께 동봉되어 있었다. 손수 쓰신 육필 부고에는 이런 말씀이 적혀 있었다.

부 고

우리의 남편, 아버지, 할아버지인 이종진이 감리교 목사 이석원과 노락결의 아홉째 아들로 1921년 2월 18일에 하나님의 이편 품으로 왔다가 2007년 8월 7일에 다른 품으로 옮겨 갔음을 알려드립니다.

이 부고의 내용에서 미루어보면 이종진 교수는 분명히 저의 말년의 세월을 하나님께 대한 감사에 넘치는 심정으로 보냈던 것을 알 수 있다. 그렇지 않고서야 어떻게 질병을 앓으면서도, 병마의 고통 속에서도 이 세상이 하나님이 허락하신 천국이라고 믿고 이 고난의 세상도 하나님의 품이라고 믿고 감사하는 마음으로 사셨겠는가? 아드님이 동봉한 인쇄된 부고의 내용은 이러했다.

본 부고장은 아버지께서 생전에(2006년도) 친필로 미리 쓰시고 돌아가시기 하루 전날 다시 고치신 것이기에 다음과 같이 알려드립니다.

- 소천 일시: 2007년 8월 8일(수) 오전 6시 20분
- 장례 일시 및 장소: 2007년 8월 11일(토) 오후 7시
  Rose Hills Memorial Park
  Sky Rose Chapel
  3888 Workman Mill Rd.
  Whittier, CA 90601
- 집례: 최성칠 목사님(가나안교회)
- 연락처: (562)883-2298 이덕호

이종진 교수는 테니스에서 배운 Fighting Spirit을 가지고 인생의 삶에서도 믿음의 승리를 거두신 분이라고 생각된다. 근년에는 이화여자대학교 교수들의 테니스 기량이 많이 향상되어 전국 대학교수 친선대회가 열릴 때마다 우승을 놓고 자웅을 겨룬다는 소문을 듣게 되니 즐거운 일이 아닐 수 없다.

에피소드

나는 1960년 4월 이화여자대학교에 부임하면서 교양학부 영어과에 소속하게 되었다. 그 당시는 교양학부라는 것이 대학과는 별도로 따로 있던 때였다. 그래서 주로 교양영어 과목을 수업하게 되었다. 한 학기에 각 과의 학생들 약 500명에게 영어 수업을 했다. 그들 중에 지금의 이배용 총장선생이나 장명수 기자와 같은 학생들이 있었던 걸로 기억이 난다. 특출한 학생들이었다. 그 당시는 교양영어 과목을 자율적으로 등록하게 하는 제도였다. 각 교양영어반에는 인원 제한이 있었기 때문에 자기가 원하는 반에 등록하기 위해서는 아침 일찍부터 와서 줄을 서야만 했다. 등록은 지금 후문 근처에 있는 C관에서 하였다. 그런데 내 반에 등록코자 하는 학생들이 아침 일찍부터 줄을 길게 서고 서로 먼저 등록하려고 북새를 치는 바람에 옷이 다 찢길 정도로 민망한 일도 일어났다. 내가 1996년 정년 퇴임을 하던 날 조정호 선생님이 축사를 하면서 그 때의 일을 언급해서 다들 웃은 일이 있었다. 아마 내 교양영어 시간대가 학생들이 원하는 시간대였을 것이고 또 다른 이유가 있다면 내가 젊은 남자 교수였다는 것도 이유 중 하나였을 것 같기는 하다.

한번은 공강(空講) 시간에 이화 뒷동산에 산책을 갔던 일이 있었다. 지금은 그 근처에 규모가 큰 기숙사가 들어서 있지만 그 당시의 도서관 뒷산 길은 호젓하여 산책하기에 알맞은 곳이었다. 그 시절에는 외부 사람들이 함부로 이화여대 교정에 출입하는 것을 통제하던 때였다. 그리고 산에는 산감(山監)이 있어서 늘 경계를 보고 있었다. 그 산감이 산책하고 있는 나를 검문하게 되었다. 아마 그의 눈에는 내가 연세대 남학생쯤으로 보였던 모양이다. 나는 멋쩍어서 아무 말도 못했고 산감은 나를 끌고 서무실까지 가게 되었다. 그때는 서무실이 C관 지하에 있었다. 나는 그 산감에게 끌려 산에서 서무실까지 가게 되었다. 다행히 서무과장이 나를 알아보고 웬일이냐고 물었다. 자초지종을 알게 된 산감은 아주 미안해하면서 그 후로 교정에서 만나면 깍듯이 인사를 하곤 했다. 자기 직무에 충실했던 산감에게는 아무런 잘못이 없었다. 잘못이 있다면 내가 너무 젊게 보였다는 것뿐이다. 그 당시 나는 벌써 어린 세 딸의 아빠였는데, 교양영어 수강 등록 시의 곤혹도 젊게 보였던 죄 때문이었으리라. 하기야 여자대학에서 젊은 남자 교수가 인기마저 없었더라면 무슨 재미로 교수를 했을까.

대학 YWCA

나는 이화여자대학교에 부임하면서 곧 종교 활동에 열심을 냈다. 그때는 이화여대의 YWCA가 학생회 활동에 버금가는 활발한 활동을 하던 시절이었다. 나는 YWCA의 고문이라는 이름으로 지도교수가 되었다. 그리고 행사의 일환으로 매주 한 번 팔복동산에서 아침 경건회를 인도했다. 팔복동산은 지금 도서관 뒤에 있는 산등성인데 그곳에 가면 모여서 예배 볼 수 있는 아담한 곳이 있다. 아침 고요한 때, 소나무로 둘러싸인 조용한 곳에서 갖는 경건회는 꽤 오랫동안 지속되었는데 그곳에 참석했던 학생 중에 40년이 지난 지금도 연락을 하는 학생이 한 명 있다. 그 학생은 지금 국민연금공단에서 수석 연구원으로 복무하고 있다.

팔복동산에 모였던 학생들

그 경건회 시간에는 성경 말씀도 읽고 또 많은 기도를 드리기도 했다. 나라를 위해, 이화의 영적 성숙과 발전을 위해서 기도드렸다. 얼마 전 팔복동산에 올라가 보았다. 지금은 그곳에 예전에는 없었던 나지막한 나무 둥치로 의자를 빙 둘러 만들어 놓은 것을 볼 수 있다. 지금도 누군가가 팔복동산에 올라 예배하며 기도하고 있는 사람들이 있는 것이 확실하다. 이화여자대학은 작거나 크거나 이렇게 많은 사람들이 모여서 기도하므로 성장 발전해 나간다고 생각된다.

작은 아침 기도 모임은 지금의 본관 3층에 있는 김애다기도실에서도 있었다. 김애다기도실은 1935년에 마련된 것으로 1931년에 작고한 독실한 신자였던 김애다 학생을 기념하여 마련된 기도실이다. 김애다는 많은 기도를 한 학생으로 나라와 이화와 학우들을 위해 늘 기도했다고 한다. 1935년 정동 캠퍼스에서 신촌 캠퍼스로 학교를 옮길 때 김애다 학생은 아펜셀러 교장과 함께 열렬히 기도를 드려 교장선생님에게 힘을 실어 주며 큰 감동을 주었다고 한다. 그리고 5년간의 투병 끝에 작고했을 때 학우들은 그를 기념하여 헌금을 했고 기도실을 마련했다고 한다. 본관 3층의 김애다기도실은 지금은 좀 번잡한 가운데 자리하고 있지만 1960년대 초반에는 아주 조용한 곳이었다. 학생들이 등교하기 전 조용한 아침 시간에 기도실에 앉아 있으면 창문을 통해 아침 햇살이 비쳐 들어오고 봄이 되면 본관 앞마당 개나리꽃 나무 울타리에 참새떼들이 와서 지저귀는 소리가 들려왔다. 참으로 평온하고 절로 아름다운 기도를 드리게 되는 곳이었다. 이화동산 구석구석에 이와 같은 기도처가 있다는 것은 참으로 복된 일이 아닐 수 없다.

1978년 이화여대 YWCA는 창립 56주년을 맞았다. 대학 Y에서는 교내 행사로 '아빠와 함께'라는 좀 특이한 프로그램을 만들고 아빠들을 교정에 초청했다. 보관하고 있는 팸플릿을 찾아보니 나는 다음과 같은 격려사를 쓰고 있었다.

격려사

이화여대 YWCA 지도교수 김영일

분열하는 세대에서,
세대차가 더 심해 간다는 세상에서,
젊은 세대와 기성세대가,
남자와 여자가,
며느리와 시어머니가,

'아빠와 함께' 행사 후 임원들과 함께

나와 이웃이,

분열하며 살아가는 것이 당연한 것이라고 생각하는 세상에서,

그래서 나는 나를 잃고, 너도 잃어버리는 광란의 세대에서,

그 올무를 벗어나와

나를 찾고 이웃을 찾고 하늘 뜻을 찾아보려는 안간힘이요,

발버둥이 어버이 모시는 일로 꾸며졌다고 믿습니다.

하늘 뜻 헤아리는 이화의 젊은 여성들에게

언제나 축복 있기를 빕니다.

이 행사에는 약 300쌍의 아빠와 학생들이 참여하여 성황을 이루었다. 나도 이화여대 미술대학에 재학 중이던 맏딸 수혜와 함께 이 행사에 참여했던 기억이 있다. 아빠에게 있어 딸의 존재는 이 땅에서 그 무엇과도 바꿀 수 없는 하늘의 축복이 아닐 수 없다. 그날은 날씨도 쾌청하여 딸과 더불어 즐겁고 흐뭇한 한때를 보낼 수 있었다. 대학 Y에서 70년대 말 무렵에 벌써 우리 사회의 병폐로 대두되고 있던 '세대차'의 문제를 극복하기 위한 노력을 했었던 일은 가상할 만한 일이었다. 작금에는 IT문화가 급속히 전개되면서 세대차의 문제는 더 이상 방치할 수 없는 중증의 병폐로 사회문제화되고 있다. 이와 같은 병폐와 이 문제가 어디에서 발생하고 있는가에 대한 진단은 그리 어렵지 않게 찾아낼 수 있지만 이에 대한 종합적인 해결책의 창출과 그 실천은 요원한 일인 것같이 느껴지기도 한다.

이화가족 기도회

오늘의 이화가족 기도회는 1985년 9월 동아리 연합회 종교부 주최의 개강 예배에서 드린 한 재학생의 기도의 응답으로 시작되었다. 그 후로 이화를 사랑하는 식구들 — 학생·교수·교직원·동창·학부모들 — 이 이화를 위한 24시간 연속 기도를 드리기도 하고, 각 단과대학에는 교수성서연구 모임이 생겨났고, 이화가족 기도회원들은 각 단위별로 김애다기도실에 모여 기도회를 가지기도 하고, 1995년 1월부터는 매월 1회 연합으로 새벽을 깨우며 이화여대와 이화 출신 선교사들, 그리고 나라를 위한 기도회로 지금까지 계속되고 있다. 참 귀한 일이다.

학무처장 시절

나는 이화여자대학교 봉직 36년 동안에 1969년 가을 학기부터 대학원 학무과장의 보직을 시작으로 언어실험실장, 영어영문학과 과장, 출판부장 등의 보직을 맡게 되었다. 그리고 나의 마지막 보직은 1988년 9월부터 1991년 8월까지 3년간의 학무처장 보직이었다. 지금은 교학처로 그 명칭이 바뀌었지만 당시는 학무처가 대학의 모든 학사를 관장하는 주관부서였다. 나는 학무처장의 보직에 있으면서 경험했던 한두 가지 일을 회상하게 된다.

내가 학무처장에 취임하고 얼마 있지 아니하여 학교내 교직원들이 교직원 노조를 결성했다. 정의숙 총장이 국제회의 관계로 출타 중에 일어난 일이었다. 매우 당황스런 일이었다. 학교로서는 이에 대한 아무런 대비가 없었기 때문이었다. 교직원 노조는 곧 학교에 대해 단체교섭을 요구하게 되었다. 학교 측에서는 학무처장을 교섭위원장으로 하고 학생처장(백재봉)·사무처장(이병림)·기획실장(최병욱) 등을 위원으로 하여 단체교섭에 응하게 했다. 다행히 학생처장인 백재봉 교수가 노동법 전공이어서 많은 도움이 되었다. 당시에는 노태우 대통령이 국민의 요청인 민주화를 수용하여 6·29선언을 공포하였고, 사회 전반적인 분위기가 어떤 형태이건 독재나 권위주의를 배격하고 소위 민주화의 바람이 풍미하던 시기여서 대학 내에도 교직원 노조가 결성되는 일은 어쩔 수 없는 일이기는 했다.

어쨌거나 교직원 노조의 출현으로 이화여대의 전통인 희생과 봉사의 정신이 많이 희석되었다고 느끼게 된다. 어떤 조직이나 단체거나 간에 희생과 봉사 정신으로 봉사하는 구성원이 많을수록 번창하게 된

이화가족 기도 모임 후

다는 것은 자명한 이치이다. 그리고 물론 희생과 봉사의 대가가 정당하게 지불되어야 아름답고 건강한 공동체가 될 수 있음은 재론의 여지가 없을 것이다. 그 당시 본관 옆문의 그 유명한 단풍이 빨갛게 만개했었고 이화여대 교정이 구석구석마다 아름다웠지만 나는 교섭위원장이라는 반갑지 않은 직책을 감당하느라고 그 아름다움을 즐기지 못하고 지냈던 일이 지금도 아쉬움으로 남는다.

나의 학무처장 임기 동안에 전체 교수들이 직접 참여하여 선출하게 되는 신임 총장 선거가 있었다. 이것도 당시의 민주화 운동이라는 시대상의 반영이었던 것으로 생각된다. 시내의 각 대학에서는 교수평의회가 결성되었고 교수평의회에서는 가장 민주적인 방식이라고 생각하여 교수들 중에서 총장 후보가 나오고 교수들이 직접선거를 통해 신임 총장을 다수결로 선출하는 방식을 취하게 되었다. 이런 방식이 계속되다 보니 교수들도 본연의 업무인 교수하는 일을 뒷전으로 하고 총장이 되기 위한 선거전에 몰두하게 되는 폐단이 생겨나게 되었다. 이로 인해 교수들 간에 반목이 생기는 경우도 없지 아니했다. 교육 본연의 자세에서 뒷걸음치는 현상이 나타나게 되었던 것이다.

이화여자대학교에서는 교수평의회가 결성되지 아니했다. 그리고 정의숙 총장이 자진 사의를 표명하였다. 그리하여 학무처 주관으로 신임 총장 선출 준비위원회를 조직하고 1990년 6월 29(금) 오전에 전체 교수회의를 소집하여 민주주의 방식을 통해 신임 총장 후보로 법과대학의 윤후정 교수와 식품영양학과의 김숙희 교수를 선출한 후 두 총장 후보에 대한 전체 교수들의 직접투표가 이루어졌다. 모든 절차는 질서정연하게 이루어졌다. 투표 결과 법과대학의 윤후정 교수가 절대 다수의 찬성표를 얻어 이화여자대학교의 제10대 신임 총장으로 선출되었다. 이화학당 이사회의 인준 절차를 거쳐 1990년 8월 7일(화)에 신·구 총장 이·취임식이 거행되었다. 그 때 이후로 20년의 세월이 흘렀다. 현재는 각 대학들에서도 많은 시행착오의 경험을 거치면서 보다 원숙된 민주주의 방식으로 총장 선출이 가능하게 된 것 같다. 건전한 민주주의의 시행을 꽃피우기 위해서는 적지 않은 세월을 필요로 하는 것 같다.

영문 동창 선교부

영문과에는 영문과 동창들의 모임인 영학회가 조직되어 있다. 2000년부터 그 영학회 안에 영문 동창 선교부가 생겨났다. 영학회 선교부의 중심적인 인물은 1967년 졸업생인 유중근이다. 그는 현재 대한적십자사 여성부 자문위원이기도 하다. 유중근은 재학 시절 메이퀸도 한 일이 있다. 그러던 그가 졸업 후 당시는 불신 집안으로 시집을 가게 되었는데 시아버님이 중환으로 오래 병석에서 고생하시다가 별세하게 된 일을 계기로 예수 믿기를 시작했다. 그리고 성령의 인도하심을 따라 열렬한 기독교 신자가 되었다. 저의 신앙에 대한 열심은 곧 전도하는 일에 열중하게 되었다. 나는 1987년 어느 가을 날 거듭난 유중근을 만나게 되었고 함께 영문과를 위해 기도를 하기 시작했다. 그러한 기도의 열매로 영문과 동창 선교부가 탄생하게 되었다.

동창 선교부 안에는 훌륭한 중창단이 있어서 영문과의 대소 공식 모임이 있을 때마다 은혜로운 찬양을 하고 있다. 영문과의 찬양단의 역사는 꽤 오래되어서 영문과 과 채플이 있을 때마다 찬양을 하곤 했다. 이들은 Little Chorus로 알려져 있다. 이 Little Chorus 멤버들이

Little Chorus 회원들

1996년 나와 김승숙 교수의 합동 정년 은퇴 기념식에서 특별 순서로 4중창을 불러 식을 빛내 주었다. 그들 중 김정매는 동국대학 영문과에서, 권경수는 이화여대 영문과에서 지난해 각각 정년 은퇴를 했고, 고영자는 영학회 고문으로 있으면서 모두 70을 바라보는 나이가 되었다. Little Chorus도 나와 김승숙 교수의 정년 은퇴 기념식에서 노래 부른 것이 마지막이 되었다. 나는 정년 은퇴를 하고도 15년이 지나 금년에 팔순을 맞게 되니 그때의 일들이 주마등같이 아름다운 영상으로 내 머릿속을 스쳐 지나간다. 유중근은 지금도 영학회 임원들과 선교부원들 중심으로 매주 한 번씩 모여 성경 공부를 하고 있다고 한다.

2001년 9월 3일 오전 11시 영문 동창 선교부는 이화여대 대학교회 소예배실에서 선교부 1주년 기념 모임을 가졌다. 주최 측은 나에게 중국 선교 보고를 해달라는 부탁을 했다. 나는 1996년 가을에 이화여자대학교에서 정년 은퇴를 한 후 1999년 초부터 2000년 말까지 2년 동안 중국 길림성 연길에 있는 과학기술대학교에 교수로 재직했던 일이 있다. 10년이 지난 오늘의 중국의 상황은 그때 당시와는 많이 변화되고 발전되었지만 나는 그 당시의 중국 선교의 상황을 다음과 같이 보고했던 기억이 난다.

연변과학기술대학은 1992년 중외(中外) 합작으로 세워진 중국 최초의 중외합작대학이다. 중국은 21세기를 향하여 세계화, 현대화, 미래화로 나가기 위해 교육의 개혁개방을 지향하고 있던 때였다. 과기대의 설립자인 김진경 박사는 과기대의 설립 이념을 이렇게 말하고 있다.

"과기대는 진리, 평화, 사랑의 교육 이념 아래, 뜻을 함께하는 꿈과 비전을 품은 사람들로 전 세계 13개국에서 모여든 300여 명의 교직원이, 정직한 인격과 최고의 지식을 갖춘 전문인 지도자를 배출하기 위해 학생들을 자식같이 사랑하며 성심으로 가르치고 있다. 창의-협력-봉사의 실천 강령을 따라 국제사회의 경쟁력을 지닌 창의형, 쓸모형, 인격형 인재를 양성하여 다가오는 동북아 시대의 주도적인 역할을 감당하며 세계를 향해 뻗어나가고자 하는 것이 우리 대학의 교육의 기본 정신이다."

중국내 전체 조선족 인구는 약 2백만 명 정도이다. 길림성내의 연변조선족자치주는 6개 시와 2개 현으로 구성되어 있고, 이곳에 중국 전체 조선족의 61.5%인 1백 30만 명 정도가 거주하고 있다. 그중 과기대가 설립된 연길시는 전체 연길시 인구 30만 명 중 조선족이 18만 명이다. 이 연길시는 연변자치주의 중심 도시로 각종 학교, 방송국, 문화 시설이 있는 곳이다. 연길시는 백두산으로 가는 길목에 위치하고 있기도 하다.

과기대는 연길시 북산가(北山街)에 교사가 건립되어 있다. 북산가는 원래 공동묘지 터로 시내에서는 약간 떨어진 높은 언덕에 위치하고 있다. 이 죽음의 터에 과기대가 세워져 있음으로 기독교적 상징으로는 십자가 후에 부활이라는 의미를 담고 있기도 하다. 나는 과기대에 부임 후 얼마 동안 연길 시내에 거주하면서 매일 아침 한 30분 정도 언덕을 걸어서 학교로 출근을 하곤 했다. 올라가는 길에는 과수원과 채소밭들이 있었는데 거름 냄새가 고약하여 그 길을 지나 학교에 올라오면 마치 지옥을 거쳐 천당에 이른 듯한 상쾌한 기분이 들기도 했다. 그러나 그 지독한 거름 냄새도 어느 사이 학생들을 사랑하는 마음이 생긴 후로는 오히려 구수한 냄새로 변하고 있었다

지금 세계 선교의 관심이 온통 10/40 창(10/40 windows)에 쏠려 있는데 그중의 주요한 나라가 중국이다. 중국 선교의 중요성이 여기에 있다. 과기대에 봉사하고 있는 교수들은 모두 하나님께서 태평양시대의 주역이

될 한국을 택해서 중국 선교를 맡기셨다는 사명감으로 충일되어 있었다. 교수들의 선교의 열의가 놀라운 결실을 맺고 있었다. 학생들은 믿음 없이 학교에 입학하지만 졸업할 무렵에는 전체 900명 재학생의 80%가 기독교 신자로 변하고 있었다. 열렬하던 공산당원 학생이 변하여 독실한 기독교인이 되는 예가 허다했다. 이들이 졸업하고 사회의 지도층이 될 때 이들은 중국을 변혁시킬 역군이 될 것이다.

중국은 이미 1978년 이래로 등소평(鄧小平)의 실용주의적 사상으로 개혁개방의 방향으로 나가고 있었다. 그 개혁 개방은 유명한 등소평의 백묘흑묘론(白猫黑猫論), 흰 고양이건 검은 고양이건 쥐를 잡는 것이 좋은 고양이다라는 이론이 뒷받침하고 있었고 또 등소평의 실사구시(實事求是) 이론, 눈·귀·손으로 실험과 연구 결과 객관적 사실을 통하여 정확한 판단과 해답을 얻는다는 사상을 기반으로 하고 있었다. 1990년 중국의 주석이었던 장쩌민(江澤民)은 자본가도 공산당에 입당할 수 있도록 허용하는 개방 정책을 쓰게 되었다. 이리하여 모택동의 경직된 공산주의 사상이 서서히 힘을 잃기 시작하고 있었다. 이러한 사상적 공백기에 기독교의 새로운 신앙은 백성들의 허전한 마음을 사로잡기에 알맞은 종교이기도 했다. 학생들의 기독교에로의 대대적인 회심은 어느 정도 이러한 중국 사회의 개혁개방의 분위기의 탓도 있었던 것이 사실이다. 당시는 중국이 아직도 빈곤과 후진성을 면치 못하고 있던 시기였다. 물론 지금도 북경이나 상해와 같은 대도시를 제외하고 농촌으로 들어가면 빈한한 곳이 많은 것이 현실이기도 하다. 하여튼 나는 2년이라는 짧은 기간이었지만 아직은 가난한 연길 땅에서 과기대의 교수직을 겸하여 선교사의 직무를 수행하면서 마치 2,000년 전 기독교 초기 신앙 공동체에서와 같은 분위기 속에서 사랑과 헌신의 신앙 생활을 경험하게 되었던 일을 보고합니다.

맺는 말

나는 내 인생의 황금기와 같은 시절을 이화여자대학교에 봉직하며 지냈던 일을 잠시 회고해 보았다. 36년간이면 그리 짧지 않은 세월이었지만 시종 감사한 마음으로 시작해서 감사한 마음으로 끝마칠 수 있었던 일을 감사하게 된다. 감사한 마음 때문에 늘 즐거울 수 있었다. 김활란 박사님이나 김옥길 선생님과 같은 큰 스승님들의 그늘 밑에서 지낼 수 있었던 일은 참으로 감사하고 즐거운 일이 아닐 수 없었다. 그 어른들이 유산으로 남겨 놓은 이화의 올곧은 교풍(校風)이 창립 124돌을 맞는 오늘의 이화여자대학교 안에 면면이 흐르고 있음을 보게 된다. 대를 이은 정의숙 명예이사장과 윤후정 이사장의 희생 봉사의 공적은 더욱 이화여자대학을 빛내고 있다. 앞으로 얼마일지 모르지만 나의 남은 삶 동안 나는 언제나 이화여자대학교 봉직 36년 동안의 생활을 감사와 즐거운 추억으로 간직할 것이다.

회상(回想)

"우아한 사고와 감미로운 추억은 가장 깊은 내면에 존재하는 생명이다."

_괴테

김영호

1931년 부산 동래 출생.

서울대학교 독문과를 졸업하고 동 대학원에서 독문학석사. 한양대학교에서 독문학박사. 오스트리아의 비엔나대학교 및 독일의 콘스탄츠대학교에서 수학.

1960년 4월부터 1997년 2월까지 36년 11개월간 이화여자대학교 문리대학 독문과 교수로 봉직하면서 독문과 과장, 문리대학 학무과장, 교육대학원 학무과장, 학무처 차장, 학무처 처장 역임.

한국독문학회 임원.

주요 논문으로 「'그림없는 그림책'의 세계—동화의 본질적 세 가지 조건」, 「카프카문학에 대한 해석과 자전적 모티브 연구」, 역서로 『헤세시집』, 『헤세후기시집』

내 고향 동래(東萊)

내가 태어난 곳은 당시 경상남도 동래군 동래읍(현 부산광역시 동래구) 수안동이다. 동래라는 이름의 유래는 확실하지 않다. 옛 변진의 하나인 독로의 지명이 동네로 다시 동래로 변했다고도 하고, 또는 전설 속 신선이 사는 봉래산의 동쪽 내산에 자리하고 있다고 해서 이렇게 불려졌다고도 한다. 원래 동래에는 선사시대부터 주민들이 생활해 왔다. 금정산과 장산이 둘러 있고, 가운데 시내가 흐르며 노한 바나가 옆에 있어 사람이 살기에 편했을 것이다. 발굴된 낙민동 패총과 그 위층에서 출토된 한국 최초로 쇠를 녹여내던 쇠부리 터는 1세기에서 3세기 사이의 초기 철기시대 것이다.

사적에 따르면 동래는 삼국시대에는 거칠산국이란 이름으로 강력한 기마 군단을 소유한 부족국가였다. 1980년 복천동 고분에서 출토된 우리나라 최초의 갑옷, 마구들이 이것을 증명한다. 1세기 후반부터는 신라뿐만 아니라 가야와도 맹렬한 전투를 거듭하였으나 4세기에는 신라에 편입되어 거칠산군이 되었다. 8세기 신라 경덕왕 때 동래군으로 개명되어 오다가 고려시대에 와서는 동래현으로 격하되었다. 그러나 고려 현종 때 왜구를 막기 위하여 성을 쌓게 되어 다시 동래부로 승격했다. 조선조에 이르러 1397년에 동래에는 부산진이 설치되고 1547

년 고을 이름도 동래도호부(都護府)로 승격되었다. 이후 효종 때 울산에 있던 강대한 좌수영이 지금의 수영(水營)으로 이전되어 동래부의 산하에 들게 되었다. 그리고 일제 말기인 1942년 10월 1일 부산부와 합쳐져 오늘에 이르렀다.

이와 같이 동래가 쇠퇴한 결정적 이유는 첫째, 부산이 일제의 중국 대륙 침략에 있어 전진기지로서 지리적 이점이 있으므로 근대 도시화가 가속되었고, 둘째로는 경부선 철도가 원래 동래를 경유하게 되어 있었는데 그 경로가 동래 안에 있던 모 권문세도가의 선산(先山)을 지나게 되어 있어, 그들 일문이 총독부에 강력히 소청한 결과 지금처럼 구포 쪽으로 비껴나게 된 점에 있다.

나는 일제 말기인 1944년 4월에 5년제 '동래공립중학교'에 입학했다. 당시 동래중학교의 규모는 한 반에 60명씩 두 학급이었고 3분의 2가 부산 거주 학생이었다. 나머지 3분의 1은 내 모교인 지금의 내성초등학교의 전신인 복정소학교 출신 15명과 그밖에 경상남도 각 지방 학생들이었다. 내가 입학할 때의 경쟁률은 5대 1이었다. 현재 개교 122년의 역사를 가진 이 학교는 경상남도 유일의 한국인 인문계 중학교로 전국 각 도에 하나와 서울에만 경기, 경복 둘이 있던 공립학교였다. 당시로서는 최고의 시설을 갖추었는데, 2개의 기숙사와 자동차부, 마사(馬事)부, 글라이더부, 수영장, 검도 및 유도장도 갖추고 있었다. 그리고 광주중학교처럼 항일 정신이 투철하여 삼일운동은 물론이고 각종 크고 작은 항일 사건으로 인해 어느 해는 한 학년이 거의 경찰에 체포되어 졸업을 못한 경우도 있어 일본인에게는 눈엣가시와도 같은 존재였다. 당시 부산중학교는 일본인 학교였고, 경남중학교는 일본인과 한국인이 반반이었다.

해방이 되자 북한이 전력을 차단하여 동래-부산 간 전차가 단절되면서 부산 학생들은 통학이 어려워지자 차차 일본인이 빠져나간 부산·경남중학교로 옮겨 가기도 했다. 그러다 보니 부산 출신 신입생도 줄어들고 국고 지원마저 거의 중단되자 기숙사도 문을 닫게 되고 따라서 지방 학생들이 오기 힘들게 되자 명문이었던 동래중학교도 차츰 사양길에 들어서게 되었다. 그래도 막강한 동창회의 노력으로 지금은 과거의 명성을 다시 찾아가고 있다.

옛 동래 읍성(邑城)의 규모는 '동래부순절도(東萊府殉節圖)'(임란 당시 동래의 교전 장면을 그린 숙종 때 그림으로 현재 육군사관학교박물관 소장)에서 볼 수 있듯이 상당히 컸었고, 우리 어머님(살아계시면 113세)의 말씀으로도 지금의 수원성에 버금갈 정도로 웅장했다고 한다. 영조 때 문헌에는 "성 둘레 3.8km, 높이 5.1m, 면적 103,647m^2, 4대문에 대(臺)·치성(雉城)·보루가 30여 개, 문은 옹성과 2중문이있다"라고 쓰여 있다. 지금 완전한 모습인 동래 온천장에 있는 동래산성(山城)을 보면 미루어 짐작할 수 있을 것이다. 참고로 수원성은 둘레 5.7km, 길이 5.5km, 높이 4.9~6.2m, 면적 188,000m^{2}이다. 따라서 동래성은 일본을 마주본 대일 국방·외교·무역을 총괄하는 중요성에서 남도 제일의 성이었다.

그러나 나라가 기울어 일제 치하에 들어서자 동래성과 관아 건물은 철저하게 소멸되고, 어린 시절에는 고작 동래 향교와 서원(書院), 옛 동래 군청 청사로 사용한 관아 건물 중 한 채와 임진왜란 때 장렬하게 전사한 충렬공 송상현(宋象賢)을 기리는 사당 '송공단' 정도가 남아 있는 게 전부였다. 조석으로 북을 쳐 사대 성문의 개폐를 알리는 망루는 현재 동래 온천장 금정산 입구로, 그리고 동래부사청의 대문 '독진

대아문'은 금정산 중턱에 옮겨져 있다. 그런데 송공단의 비석은 나라에 큰일이 있으면 비석 표면에 땀이 흐르듯 물방울이 흘러내린다는 전설이 있다.

중학교 시절

내 고향 동래는 정말 아름답고 낭만적인 곳이라고 느꼈다. 남으로는 대도시 부산이 있고, 북쪽에는 명산 금정산과 동래 온천이 자리하고, 동쪽으로는 원산 송도 해수욕장에 버금가는 수영 해수욕장과 해운대 온천이 있다. 그러나 불행히도 일제 말기에 군용 비행장을 만든다고 산을 깎아 수영 해수욕장을 메워 버렸다. 바다 멀리까지 나가도 깊지 않고 발 아래 조개도 많이 잡히는 송림 우거진 최고의 명사십리 해수욕장이었다. 그때는 광안리 해수욕장도 없었고, 해운대 해수욕장은 오로지 산책이나 하는 곳이었다. 중학교 2학년 때 나는 실제로 비행장 공사에 동원되어 공사 내력을 잘 안다.

원래 이곳 해수욕장 뒤에는 골프장이 있었다. 이곳을 포함하여 주위의 산을 헐어 비행장을 건설했는데, 그때는 거의 인력으로 작업하였다. 그래서 인근 시민들과 중학생인 우리들도 날마다 삽을 들고 토목일을 도왔다. 어느 날 우리가 험한 언덕에서 일할 때 아래 평지에서는 부산중학의 일본인 학생들이 편하게 일하는 것이 보여 같이 일하던 상급생들이 얄미워 삽으로 흙을 퍼부어 분을 푼 일도 있었으며, 중간 휴식 때 간식으로 우리는 감자를 먹는데 그들은 당시에는 귀한 빵을 먹는 것을 보고 통분한 적도 있었다. 그러나 그 오랜 작업이 끝난 후에는 제대로 써보지도 못하고 전쟁이 끝났다. 그 후 6·25가 터지자 미군이 이 시설을 확장할 때 불도저로 순식간에 밀어붙여 큰 수송기가 이착륙

하는 것을 보고 새삼 일본인의 무모함을 통감했다. 미국의 불도저에 맨손으로 맞선 격인 일본인들. 이것이 바로 '당랑거철(螳螂拒轍)'(사마귀가 팔을 벌리고 수레바퀴를 막는다)이 아니고 무엇일까.

중학교 2학년 때 해방이 되었는데, 학교는 엄청난 대혼란에 빠졌다. 공립이라 당시 교사진은 한 명을 제외하고 전부 일본인이었기 때문이다. 그래서 약 한 달가량 휴교를 하였다. 그런데 당시 나는 마사부원이었는데, 당장 말 네 마리의 사료가 급했다. 도의 행정력이 마비되었으니 사료비 지원이 끊어질 수밖에 없었다. 그래서 마사부원들이 사비도 내고 했던 것 같다. 결국 한참 후 말이 팔려나가 이 문제는 해결되었으나 마사부도 해체되었다. 해방을 하자 별별 웃지 못할 일이 속출하였다. 말을 처분하기 전까지는 씻어 주기도 했고, 또한 운동도 시켜야 했다. 우리가 당황한 것은 말은 구령으로 가고 서게 길들여져 있었다. 당시 일본 기병 장교 출신 교관이 말을 매로써 다스리지 않고 구령으로 움직이게 우리들에게 엄하게 가르쳐 주었다. 그런데 문제는 구령이 일본말이었다. 해방된 지 얼마 되지 않아 우리말 구령이 없었다. 어느 날 동래시장 앞을 지나다가 말이 서 버렸다. 내가 "분대 앞으로 가!"라고 일본말로 소리치니 주위의 많은 사람들이 증오의 눈초리로 쳐다보는 바람에 하는 수 없이 말에게 채찍질을 가해 도망치듯 그 자리를 피한 일도 있었다.

한 달여 만에 다시 학교가 열렸다. 교사진을 백방에서 모집해 왔다. 가령 일본 상급학교에서 돌아온 학생이나, 초등학교 교사나, 독학하던 분들을 모두 모셔왔다. 물론 우리말 교과서도 없고, 학술 용어도 있을 리 만무했다. 체육 시간이었다. 일본군 장교 출신 선생이 담당했는데 '차렷' 하는 구호를 몰라 한동안 구한말 군대 용어인 '기착'으로 대신

했고, '제자리걸음'은 하는 수 없이 이 선생님이 고안한 경상도 사투리 '앞으로 갈똥말똥'으로 했다. 제자리걸음이란 가는 것도 아니고 서 있는 것도 아니니 정말 천재적인 착상이다. 이런 구령은 한참이나 지속됐다. 학제가 바뀌어 중학교가 6년제 고등중학교가 되고 차차 교과서도 생기고 한국 소설도 출간되면서 학교나 사회 전반이 정상화되었다.

내가 좋아했던 시: 〈청포도〉·〈정과정곡〉과 〈고려가사〉, 독일 중세시 〈보리수 아래〉·〈진달래꽃〉

내가 상급반일 때 제일 좋아했던 일과는 아득히 범어사에서 발원하여 온천장을 지나 동래를 관류하여 수영만으로 흘러들어가는 온천천의 강둑을 하염없이 걷는 일이었다. 이 온천천의 길이는 족히 30~40리가 되었으나 나는 보통 동래 전차 정거장에서 출발하여 임진왜란 때 왜병이 칼을 씻었다는 세병교(洗兵橋)를 지나 하염없이 걸어갔다. 맑은 물이 흐르는 강둑 좌우에는 봄이면 복사꽃이 피는 과수원과 딸기밭과 포도밭이 펼쳐져 있어서 계절 따라 친구나 가족과 딸기와 포도를 사먹으러 자주 찾았다. 정말 한 폭의 수채화와도 같았던 곳이다. 종종 강둑에 누워, 파란 하늘을 쳐다볼 때면 이육사의 시 〈청포도〉가 떠올랐다.

청포도

내 고장 칠월은
청포도가 익어 가는 시절.

이 마을 전설이 주저리주저리 열리고,

먼 데 하늘이 꿈꾸며 알알이 들어와 박혀,

하늘 밑 푸른 바다가 가슴을 열고
흰 돛단배가 곱게 밀려서 오면,
내가 바라는 손님은 고달픈 몸으로
청포(靑袍)를 입고 찾아온다고 했으니,

내 그를 맞아, 이 포도를 따 먹으면,
두 손을 함뿍 적셔도 좋으련.

아이야, 우리 식탁엔 은쟁반에
하이얀 모시 수건을 마련해 두렴.

이 시의 파아란 청포도, 하늘, 바다, 그리고 하이얀 돛, 은쟁반, 모시 수건 등의 시어(詩語)의 청순함과 영롱함은 바로 내 고향 동래의 이미지다. 그리고 포도알 속에 "이 마을 전설이 주저리주저리 열리고" 에서 포도알에는 우리네 슬픈 역사 특히 처참했던 임진란 때의 전설이, 그리고 나의 미래에 대한 꿈이 서려 있었고, '푸른 하늘 밑 바다에 뜬 흰 돛단배'는 내 청춘의 메타포와도 같았다. 이제 일제가 갔기에 청포 입은 고달픈 손님도 고향에서 안식과 평화를 찾았겠지만 원초적 생의 번민 속에 고달파진 젊은 나는 언제 청포를 벗고 안식을 찾게 될까. 그래서 나는 지금도 고향을 생각할 때면 언제나 정지용의 〈향수〉보다 이 〈청포도〉가 더 한층 가슴을 파고든다. 그러나 지금은 이 시적 풍경들이 모두 아스팔트와 빌딩 숲으로 변해 버렸다. 이제는 7월이 와도 청포도의 꿈을 어디에서 찾을 수 있을까.

계속 둑을 걸어가다 보면 '정과정(鄭瓜亭)'이라는 옛 유적지가 나온다. 지금은 아파트촌 가운데 누각이 대신하고 있다. 이곳은 옛날 고려 인종 때, 당대 최고의 문인이자 최고 관직인 내시랑중(內侍郎中)이며 인종의 동서였던 과정 정서(鄭敍)가 인종이 사망하고 의종이 등극하자 반대파로부터 역모의 모함을 받고 1151년에 고향인 동래로 유배되어 정자를 짓고, 떠나올 때 곧 다시 부르겠다는 의종의 약속만을 믿다가 11년의 세월을 눈물로 보낸 곳이다. 그 때 그가 여기서 남긴 시(詩)는 조선시대까지 이어지는 유배 문학의 원류가 된다.

정과정곡

내 님믈 그리ᅀᆞ와 우니다니	내, 님을 그리며 울고 지내니
산접동새 난 이슷ᄒᆞ요이다	산접동새와 난 (처지가) 비슷합니다.
아니시며 거츠르신 ᄃᆞᆯ 아으	(나에 대한 참소가 진실이) 아니며 거짓이라는 것을 아!
殘月曉星이 아ᄅᆞ시리이다	지는 달 새벽 별만이 아실 것입니다.
넉시라도 님은 ᄒᆞᆫᄃᆡ 녀져라 아으	넋이라도 님과 함께 가고파라 아!
벼기더시니 뉘러시니잇가	(내 죄를) 우기던 이, 그 누구입니까
過도 허믈도 千萬 업소이다	(나는) 과도 허물도 전혀 없습니다
ᄆᆞᆯ힛마리신뎌	뭇사람들의 거짓말이여
ᄉᆞᆯ웃븐뎌 아으	슬프구나 아!
니미 나랄 ᄒᆞ마 니ᄌᆞ시니잇가	님이 나를 벌써 잊으셨나이까
아소 님하, 도람 드르샤 괴오쇼셔	아! 님이여 돌이켜 들으시고 다시 사랑해 주소서

나는 이 시를 무척 좋아했다. 이유는 그가 고향 사람이라는 것과 교과서에서 배웠다는 것, 또한 그의 운명이 애절하다는 것 등이다. 무엇보다도 임금을 그리워하며 울고 다니는 자신을, 마치 자기가 키우고 총애했던 부하에게 나라를 빼앗겨 이국(異國)땅을 유랑하다가 죽은 중국 망제(望帝)의 혼백이 변했다는 산접동새(두견새)에 비유하였고, 달과 별에 자신의 결백을 실어 보내는 감정이입의 기교에서 시각적, 청각적 미마저 느끼게 하였다. 그러면서도 임금을 사랑하는 충신의 신념이 감격적이었다. 더욱이 마지막 11행의 "아소 님하, 도람 드르샤 괴오소셔"라고 하는 후렴은 무슨 중독성 있는 주문(呪文)처럼 이유도 없이 내 마음을 결박하는 것 같았다. 그래서 이 가사로 인하여 한국 고대가요에 대해 관심이 생기고 〈정읍사〉·〈서동가〉·〈처용가〉 그리고 고려가사인 〈서경별곡〉·〈만전춘별사〉·〈가시리〉 등을 들춰 보기도 했다. 그 위에 당돌하게도 고교생 주제에 멀리 부산대학교 국문학과의 고 허웅 교수(후에 서울대학교로 옮김) 강의를 도강한 적도 있었다.

나는 특히 고려의 남녀상열지사(男女相悅之詞) 여기저기에서 여자의 강렬한 한(恨)의 의식과 남자는 여자에게 절대적이면서도 언제나 불안의 대상이라는 감정의 병존 심리(ambivalence) 현상을 발견할 수 있어 섬뜩했다. 그리고 관능의 근원적 충족은 별로 보이지 않았다. 물론 국문학 전공자가 아니라서 그런지도 모르겠다.

만전춘별사(滿殿春別詞)

어름 우희 댓닙 자리 보와
님과 나와 어러주글만뎡

어름 우희 댓닙 자리 보와
님과 나와 어러주글만뎡
정(情)둔 오놀밤 더듸 새오시라 더듸 새오시라

경경고침상(耿耿孤枕上)에 어느 ᄌᆞ미 오리오
서창(西窓)을 여러ᄒᆞ니
도화(桃花)ㅣ 발(發)ᄒᆞ두다
도화ᄂᆞᆫ 시름업서 소춘풍(笑春風)ᄒᆞᄂᆞ다 소춘풍ᄒᆞᄂᆞ다

넉시라도 님을 ᄒᆞᆫᄃᆡ
녀닛경(景) 너기더니
넉시라도 님을 ᄒᆞᆫᄃᆡ
녀닛경(景) 너기더니
벼기더시니 뉘러시니잇가 뉘러시니잇가

가시리

가시리 가시리잇고 나ᄂᆞᆫ
ᄇᆞ리고 가시리잇고 나ᄂᆞᆫ
위 증즐가 大平盛代(대평성대)

날러는 엇디 살라ᄒᆞ고
ᄇᆞ리고 가시리잇고 나ᄂᆞᆫ
위 증즐가 大平盛代(대평성대)

잡사와 두어리마ᄂᆞᄂᆞᆫ
선ᄒᆞ면 아니 올셰라
위 증즐가 大平盛代(대평성대)

셜온 님 보내ᄋᆞᆸ노니 나ᄂᆞᆫ
가시ᄂᆞᆫ ᄃᆞᆺ 도셔오쇼셔 나ᄂᆞᆫ
위 증즐가 大平盛代(대평성대)

이들 가사에서도 순진하고 귀여운 미혼 여성이 상호간의 사랑의 환희나 충족감, 행복감 대신 사랑의 긴장과 고뇌, 이별의 고통과 한이, 또한 배신에 대한 불안, 그러면서도 애타는 연모(戀慕)의 정이 표출되어 있다. 시어(詩語) 표현도 시정(詩情)에 넘치기보다는 극히 직설적이다. 그리고 배신에 대해서는 잔인하고도 냉혹한 복수가 예견된다. 고통을 극복하는 카타르시스는 보이지 않는다. 물론 〈정과정곡〉은 남녀상열지사는 아니고 충신연군(忠臣戀君)의 노래이기는 하지만 자기의 처절한 신세를 하필 피를 토하면서 우는 산접동새에 비유한 것은 더 없는 저주와도 같다. 결국 그의 일편단심도 보람없이 그는 다시 거제도로 유배지를 옮겨 이른바 무신(武臣)의 난으로 의종이 제거되고 명종이 등극했을 때 무려 19년의 유배 생활을 끝내고 사면을 받아 개경으로 돌아오게 된다.

〈만전춘별사〉 속의 사랑의 보금자리는 비유이기는 하지만 섬뜩하다. 사랑은 늘 죽음과 대결하고, 님 없는 밤은 꼭 애달파야 하는지, 또 〈가시리〉 역시 이보다는 소극적이기는 하나 이별의 정한(情恨)이 공통 모티프이다. 비록 이 두 시가가 역설적이고 반어적인 표현이고 내용면이나 기교면에서 아무리 탁월하고 시각적, 청각적 미가 넘친다고 해도 내게는 무척 마음에 부담이 된다. 물론 내가 독일 문학을 전공하지 않고 국문학을 계속해서 연구했더라면 이런 부정적인 견해가 극복되었을지 모르겠다. 하지만 모두가 칭찬하는 이런 노래도 순자(荀子)가 '非十二子篇'에서 "믿을 만한 것을 믿는 것이 신이요, 의심할 만한 것을 의심하는 것도 역시 신이다(信信信也 疑疑亦信也)"라고 말했듯이 나처럼 역(逆)의 방향에서 생각해도 진실에 도달할 수 있지 않을까. 나는 이들 가사가 작시된 같은 시기의 독일 중세시 하나를 인용할까 한다. 발터 폰 델 포겔바이데(Walter von der Vogelweide 1168~1220?)가 작시한 중세 독일어로 된 〈보리수나무 아래(Unter der linde)〉라는 시이다.

보리수나무 아래

보리수나무 아래
들판 초원 위에,
거기가 우리 둘의 잠자리가 있던 곳,
누군가 본 사람이 있을까?
꺾여진 꽃과
풀이 보이지.
숲 앞 골짜기 속에
탄다라데이,
예쁜 나이팅게일이 우짖는다.

내가 그 초원으로
오자마자
거기 미리 온 내 연인은,
나를 재빨리 얼싸안고,
아, 마리아님,
그때 내 마음은 언제나 천국에,
그이가 내게 키스를 했냐고? 아마 천번이나.
탄다라데이,
보아요, 내 빨간 입술을.

그이가 멀리서
화려한 꽃다발을
꺾어, 꾸민 하나의 잠자리.
틀림없이 웃으시겠지, 진정한 마음으로.
누군가가 이 길을 지나오면,
그 사람은 보겠지, 장미의 꽃다발을,
탄다라데이,
그리고 알아차리겠지, 내 머리가 어디에 있었는지를.

그이가 내 곁에 잔 것을,
누군가가 안다면
(오 맙소사 하느님) 부끄러워라, 나는,
그이가 매번 무엇을 했나를,
아는 이가 있다면, 절대 아니지,
다만, 그이와 나말고는

한 마리 작은 새밖에,
탄다라데이,
작은 새는 믿을 수 있지, 틀림없이.

젊은 처녀의 독백 형식의 이 노래 속에는 밀애의 즐거움과 솔직한 인간성이 생생하게 맥박치고 숨 막히게 한 연(聯) 한 연 고조되어 가는 감정의 극적인 전개와 그리고 시정이 넘치는 언어 표현 또한 자연의 시각적 미뿐만 아니라 후렴의 새소리라는 청각적 미마저 느낄 수 있다. 또한 이 시에는 우유같이 신선하고 강렬한 장미꽃 향기가 그득하다. 그리고 800년이라는 시간도 잊게 한다. 여기에는 한(恨)도 없고, 불안도, 보복도 없는 바로 독일의 시성(詩聖) 괴테가 그의 시 〈환영과 작별(Willkommen und Abschied)〉(1771)에서 "……사랑받고 사랑하는 것은, 신이여, 바로 행복입니다"라는 사랑의 명제만이, 그리고 보편적 사랑의 모습만이 있을 따름이다. 다만 시의 번역은 독자에게 더 가까워지기 위해 의역을 피해 직역을 했으므로 조금 딱딱한 표현이 되었음이 아쉽다.

김소월의 〈진달래꽃〉도 고구려의 〈황조가〉를 비롯하여 지금까지 보아온 고려가사, 나아가 황진이의 시조와 민요 아리랑으로 면면히 이어온 이별의 정한을 그린 시로 여겨진다.

진달래꽃

나 보기가 역겨워
가실 때에는

말없이 고이 보내드리오리다

영변에 약산
진달래꽃
아름 따다 가실 길에 뿌리오리다

가시는 걸음걸음
놓인 그 꽃을 사뿐히 즈려밟고 가시옵소서

나보기가 역겨워
가실 때에는
죽어도 아니 눈물 흘리오리다

물론 시대와 더불어 역설적인 기법과 정서의 형태에 있어서는 농담(濃淡)의 차이는 있겠지만 가령 고려가사가 집착과 투정의 노래라면 〈진달래꽃〉은 체념을 넘은 초월의 경지에 이른다. 그리고 수미(首尾) 상관의 결구법 등의 표현 기법도 더욱 발전된 것은 말할 것도 없다. 이 시에도 물론 이별의 슬픔에 대해 감정의 절제와 인내의 승화가 뚜렷하다고 하겠지만, 생각하면 '말없이 고이' 보내겠다고 결심하는 듯하지만, 아주 이른 새벽에 몰래 일어나 임이 가야 할 길 위에 바로 자신의 새빨간 핏빛 심장의 모습을 닮은 진달래 꽃잎을 잔인하게 꺾어다가, 임의 발자국 위에 똑같은 간격으로, 아마 50cm 간격이나 될까 놓아둔다면, 사랑하는 연인의 출혈할 것만 같은 심장을 어찌 밟고 갈 수가 있을까. 이보다도 처절한 여인네의 계산된 저항에 몸서리가 난다. 이 약산에 사는 마녀의 심술일까. 독일 철학자 쇼펜하우어는 "그 나라 언어는 그 나라 국민의 상(相)"이라고 했다. 우리에게도 이런 독함이 잠재되어 있지 않을까. 이런 생각도 비전공자의 편견이면 좋겠다.

서울

대학 입학과 6·25

내가 청운의 뜻을 품고 상경한 해는 1950년이었다. 서울의 경복궁 옆에서 병원을 운영하시던 백부 댁에서 대학을 다니게 된 것이다. 서울대학교 입학식 날이었다. 뜻밖에도 동숭동 문리대 교정에서 춘원 이광수 선생님을 만난 일은 영원히 잊을 수가 없다. 어린 시절 밤을 새워 몇 번이고 읽은 『사랑』·『무정』의 저자이고 내가 신처럼 숭배하던 작가가 아니던가. 사진 그대로의 준수한 백발의 노신사였다. 그의 따님이 나와 동기로 영문과에 입학했기 때문에 입학식에 오신 것이다. 입학식 후 과별 모임에서 독문과 과장님의 말씀이 있었다. 바로 김진섭 교수였다. 그도 또한 우리 청년들의 우상이었던 수필가였다. 나는 정말 감격하였고 서울에 잘 왔구나, 그리고 찬란한 미래가 열리는구나 하는 느낌이 들었다. 이 날이 바로 1950년 5월 19일이었다.

그러나 바로 한 달 만에 나의 꿈은 산산이 깨어졌다. 6·25전쟁이 터졌고 나의 운명은 나락으로 곤두박질쳤다. 춘원도, 김교수님도, 동국대 총장을 지낸 나의 5촌 숙부도 납북되어 생사가 묘연해졌고, 무엇보다도 나의 백부는 인민군 철수 시에 삼청동 공원에서 총살당하셨다. 450만 명의 사상자가 발생한 참화와 석 달 간의 인민군 치하에서 있었던 생활의 고난은 다른 사람도 모두 겪은 일이라 접어 두고라도 잊혀지지 않는 일이 있었다.

인민군이 쫓겨가고 서울이 수복되자, 라디오에서는 모두 직장과 학교로 복귀하라고 했다. 정말 기쁜 소식이었다. 당장 학교로 뛰어갔더니 교문에 "학생들은 반드시 대학 건물 뒤에 있는 옛 총장 공관에서 심사를 받아야 한다"고 써 붙여 있었다. 그래서 지정된 사무실에 들어서자 분위기가 어쩐지 살벌했다. 옆방에서는 사람 때리는 소리와 비명이 들려왔다. 방에는 몇 명의 학생이 군복에 교모를 쓰고 팔에는 학생경찰인가 하는 완장을 하고 있고, 교수 한 명이 입회해 있었다. 책상 위에는 권총도 놓여 있었다. 내가 미리 작성한 심사용 서류를 보더니 다짜고짜 "이 새끼, 너 빨갱이지" 하고 서류 한 장을 내미는 것이었다. 그것은 내가 인민군 점령 당시 학교에 갔을 때 교문 뒤에서 좌익 학생이 내민 '민주학생 동맹가입서'에 서명한 종이였다. 그때는 거절할 처지가 아니었다. 사실 나는 서울에는 백부 가족 외에 친지가 없었다. 그래서 전쟁 때 학교가 시작한다고 하니 여기서 동창생들을 만나기 위해 갔다가 이 일을 당했고, 아무래도 더 이상 학교에 와서는 안 된다고 생각해서 다음날부터는 학교에 나가지 않았다. 바로 그때의 서류를 내놓은 것이다.

그래서 개학한다는 소식에 들떠 학교를 찾은 나를 죄인 취급을 하니 불끈 화가 치밀어, 나도 대들었다. "형들은 운 좋게 한강다리를 넘은 차이밖에 없지 않느냐"고 말하고 나니 분해서 눈물이 났다. 그러자 "이 새끼, 민청(민주청년동맹)에는 가입 안 한 걸 보니 거짓이 아니군" 하며 심사가 통과되었다. 심사가 통과되었다기보다는 석방된 기분이었다. 그 때 계속 학교에 나온 학생들은 민청에 가입한 것 같았다. 민청은 한층 상급 단체이다. 좌익 학생이 전향하며 이 서류들을 넘겨준 탓에 여러 선의의 학생들이 고초를 겪은 것이다. 나는 그때 어떻게 같은 학생끼리 이렇게도 악해질 수가 있는지 이해가 안 되었다. 전쟁중에 피비린내 나는 골육상쟁이 얼마나 이렇게 되풀이되었던가. 경부선 철도가 복구되자 나는 한강을 배로 건너 노량진에서 기차를 타고 마흔 시간이 걸려 집으로 갔다. 다행히 가족 모두가 무사했다. 이때는 통신이 불통이었기 때문이다. 이후에 1·4후퇴로 전국 대학이 임시수도인 부산으로 피난 왔고, 처음은 '전시연합대학'이라는 이름으로 강의를 하다가 다시 대학별로 판자 교사를 지어 독자 운영을 하다가 1954년도에 수복이 되자 나는 서울에서 졸업을 했다. 그리고는 얼마 뒤 대학원에 진학했다.

이화여자대학교 발령

내가 이화여자대학교에서 봉직한 기간만 해도 고향 동래에서 보낸 횟수보다 훨씬 길다. 퇴직할 때 총장께 받은 감사패에는 "1960년 4월 1일부터 1997년 2월 28일까지 36년 11개월간 봉직하셨다"고 쓰여 있다. 11개월이 된 이유는 당시에는 개학이 3월이 아닌 4월이었기 때문이다. 나의 발령장에도 "이화여자대학교 교양학부 전임강사에 보함. 단기 4293년 4월 1일"이라고 되어 있다.

내가 이화에 오게 된 동기는 모교인 '서울대학교 교양과정학부 대우 전임강사'로 있다가 채 1년도 못되어 기구 개편이 있어 다시 문리대 독문과 시간 강사로 되돌아갔기 때문에, 이화여대에도 시간 강사로 오게 된 것이다. 당시에 이화의 교양학부 사무실은 본관 1층 현 학무과 자리였다. 영어·독어·불어·철학·자연과학 담당의 여러 선생들이 모여 있었고, 제일 안쪽에 교양학부 부장 선생님이 앉아 있었다. 그런데 이분이 부산연합대학 시절에 교육학 강의를 들은 교육학과의 김정옥 교수여서 깜짝 놀랐다. 그때 당시 김선생님은 미국에서 귀국한 지 얼마 되지 않으셨고, 살벌한 전시의 부산 피난 시절에 순백의 정장을 입은 홍일점의 젊은 미모에 이따금 나오는 부드러운 미국 본토 발음의 영어로 남학생들의 넋을 앗아 갔던 분이었다. 정말 뜻밖에 오랜만의 재회였다. 그 후에도 나를 볼 때마다 이름 대신 그저 "제자, 제자" 하며 정답게 불러 다른 동료 여교수의 부러움을 샀다. 그들에게는 남자 제자가 없었기 때문이다.

여기서 1년을 보내고 나서 모교에서는 전임이 될 가능성은 보이지 않았고, 이대에서의 권유도 있어 전임강사로 눌러앉게 되었다. 임명장은 부장에게서 받고 김활란 총장께 인사를 하러 가게 되었다. 총장실로 들어가기 위해 문을 열자 부총장실, 즉 지금의 비서실에서 나는 당시 유명한 박마리아 선생님과 먼저 인사를 하게 되었다. 그분은 당시 YWCA와 대한부인회 회장이었고, 일제 강점기부터 키가 작은 탓에 체소영웅(體小英雄)을 줄인 소영(小英)이라는 별명으로 조선의 종교·교육·여성계에 군림하다시피 했던 분이다. 특히 이기붕 부통령 및 자유당 총재의 아내로서 이승만 대통령과 부인 프란체스카 여사의 유일한 심복이었다. 그는 장남 강석을 이대통령의 양자로 입적시켰다. 당시에는 그녀가 남편을 제치고 실질적인 부통령으로 불렸다는 것은 주지의 사실이다. 그런 명성에 비해 내가 만난 박마리아 선생님은 영특한 눈매에 따뜻하고 준수하다는 첫인상을 주었다. 그리고 호의에 찬 악수로 나를 반겨 주셨다. 김활란 총장님의 첫인상도 한국 최고의 여성답게 교양과 지성을 겸비한 분으로 여겨졌다. 그분도 똑같이 따뜻하게 나를 맞이해 주고 격려해 주셨다. 이날 두 분과의 만남은 정말 잊지 못할 감격을 내게 주었다.

박마리아 부총장의 장남 이강석 군

이 만남이 있고 채 한 달이 가기 전에 갑자기 건물 곳곳에서 곡성이 터져 나왔다. 1960년 4월 28일이었다. 박마리아 선생님이 사망했다는 비보 때문이었다. 4·19가 터지자 이기붕 씨 일가는 급히 서대문 집을 버리고 피신처를 찾으려고 했으나 과거에 돌보아주었던 정치인, 장성들이 모두 외면해 갈 곳이 없게 되자 스스로 죽음을 택하지 않을 수 없었다. 그들은 경무대 비서가 사용하던 관사에서 자결을 하였다. 시신이 잘 수습된 것으로 보아 그 때 육군 소위였던 장남 강석이 권총으로 부모님과 동생을 쏘고 끝으로 자기를 쏘았다는 후문이다.

나는 일찍이 이 비운의 이강석 군을 한 학기 가르친 일이 있었다. 이화대학에 오기 전 서울대학교 교양과정부 법과대학 교양독어 시간에서였다. 수업 시간에 검은 양복을 입은 청년들이 교실 밖에서 서성이고 있었는데, 교실에서 출석 호명을 할 때 이군을 알아보았다. 나중에야 안 일이지만 그 청년들은 경호원들이었고 이군 주위에는 그의 서울고교 동창들이 몇 명 둘러앉아 있곤 했다. 수업 태도는 좋았으나 결석이 잦았다. 그 당시만 해도 대학에서는 출석이나 성적 관리 등이 느슨한 시절이었다. 학기말 시험 때였다. 강석은 남보다 일찍 답안 작성을 끝내고 복도에서 서성이고 있었다. 끝나는 종이 울리고 내가 답안지를 모두 정리하고 복도로 나가자 강석이 내게 다가와 공손히 자기 사연을 이야기했다.

"선생님도 아시다시피 육사에서 서울 법대로 편입할 때, 국가 유공자 자제로 합법적으로 편입을 했지만 학생들이 맹렬히 반대했습니다.

겨우 반대가 가라앉았지만 저로서는 무척 힘들고 학교 다니기도 면목이 없고, 공부할 마음도 나지 않습니다. 그렇지만 양아버지인 이승만 박사는 여기 법대를 졸업한 뒤에 미국 웨스트포인트 육군사관학교로 보내서 군인 법률가를 만들겠다고 생각하고 있습니다. 또한 양아버지가 휴가로 진해 등 바닷가에 갈 때는 꼭 저를 데리고 가기 때문에 결석이 잦았습니다. 그리고 결석한 부분의 학습은 친구들에게 배웁니다"고 말했다. 그리고 "결석도 초과 상태고 오늘 시험도 어떻게 평가될지 불안해서 선생님께 하소연드립니다"고 하면서 "미국에 가서 명색이 일국의 대통령 아들 성적표에 F나 D가 있으면 얼마나 망신입니까" 하면서 태산 같은 걱정을 하였다. 나는 그의 말투나 태도가 예의바르고 진지하여 정말 감탄했다. 과연 한국의 양가 자제구나 직감했다. 원래 그는 일류고 출신이고 부모가 다 미국 유학파로서 영어선생 말로는 영어 실력도 대단하다고 했다. 내 시험은 소설 강독 시험이니 그리 어렵지 않았을 것이다.

이 학기가 지나, 내 강의를 수강하지 않았는데도 교정에서 가끔 만날 때가 있었다. 그러면 멀리에서라도 뛰어와 반갑게 인사하는 것을 잊지 않았다. 전공도 아닌 교양과목 선생에게까지 인사를 하러 뛰어온다는 것은 보통 어려운 일이 아니다. 강석 군과 그의 어머니의 인상이 너무 좋았기 때문에 어른들에 의해 무참히 짓밟힌 그의 운명이 정말 안타까웠다. 그래서 그 일가를 비난하는 사람들이 많아도 나는 절대로 그들이 미워지지 않는다.

이화의 첫 제자

1959년 4월, 내가 전임이 되기 전 강사 때의 일이다. 첫날 교실에 들어서자마자 학생들 중에서 강한 시선을 느껴서 자세히 그 학생을 보고 깜짝 놀랐다. 그녀는 나와 동갑에 비록 학교는 다르나(대체로 우리 고향에서는 초등학교나 중·고교에 남녀공학이 없었다) 고교 동학급 여학생이었다. 생전에 내가 이렇게 놀란 일은 일찍이 없었다. 시간이 끝나고 밖에서 만나 들은 이야기는 이렇다. 그녀는 오빠와 함께 단둘이 월남을 했고, 오빠가 대학에 들어가자 자기는 여고를 졸업하고는 우리 고향 서점에서 일을 하였다. 그 후 오빠가 졸업을 하고 취직이 되어 이제 자기를 공부시키게 되어, 서른이 다 된 나이에 이대생이 되었고, 시간표의 독일어 담당 교수 이름이 나와 똑같아서 혹시나 하고 이 강의를 신청했다는 것이다. 우리 고향은 좁은 곳이어서 내가 독문학을 한다는 것을 아는 사람들이 꽤 있었다. 이렇게 해서 그녀는 1년간 독일어를 내게 배웠다.

그 후 몇 해가 지나 나는 이화에서 전임이 되었으나 여전히 모교의 강사로 독문학 강의를 하고 있었다. 물론 동숭동 교사에서이다. 하루는 그 교정의 마로니에 나무 아래서 그녀를 다시 만났다. 바로 근처에 어학원 건물이 있었는데 거기서 그녀는 미국에 가려고 영어 연수를 하고 있다고 했다. 자기는 친척도 친구도 없고, 나이도 들었으며 가진 것도 없고 몸도 약해 늦게 결혼해서 고생할 바에야 차라리 미국에 가서 나이와 관계없이 성공한 교포라도 택하는 것이 현명하다고 생각해 미국에 꼭 가야 한다는 것이다. 처음에는 석연치 않다가 그럴 수도 있겠구나 수긍하고 야릇한 마음으로 헤어졌다. 그리고는 오랜 세월이 흘렀고 풍문으로 그녀가 소원대로 미국에서 잘 살고 있다는 이야기를 들었다. 지성이면 감천인가. 과연 "결혼은 과일과 달라 아무리 늦어도 계절을 타지 않는다"는 톨스토이의 말이 생각났다.

보직

이대에 들어온 지 6~7년은 비교적 평온한 교수 생활을 할 수가 있었다. 1967년 문리대 김갑순 학장에게 호출이 되어 이로부터 4년간 문리대 학무과장을 맡으면서 학교 행정에 관여하게 되었다. 보직이란 연구 생활에 막대한 지장을 주는 것은 말할 나위가 없다. 학과장은 그래도 나은 셈이고 이어 교육대학원 학무과장직도 맡았다. 어느 날 김옥길 총장님이 찾으신다기에 가니 씩 웃으시면서 내 손을 잡고 "교육대학원 과장을 딱 2년만 맡아 주셔야 하겠어. 고맙습니다. 안녕히 가십시오." 딱 이 말뿐이셨다. 2년 뒤에도 또 그런 식이었다. 이렇게 해서 교육대학원 교학과장을 4년(나는 보직을 맡았다 하면 꼭 중임이다) 역임했다.

교육대학원은 야간 과정이라 밤마다 늦게 퇴근하니 집안 사람이나 이웃 보기에도 민망했다. 야간이라 집에서 저녁 먹고 나가면 좋겠지만, 사무는 아침부터 시작된다. 그리고 저녁밥은 학교 식당에서 먹고, 그나마 이때 학생들이 등교하니 빨리 돌아와 사무실에 앉아 있어야 했다. 그런데 나는 어디 가나 구내 식당이 식성에 맞지 않는다. 특히 우리 학교 식당은 건강식이라 맵고 짜지 않고 조미료도 치지 않는다. 낮에는 밖에 나가 칼로리 높은 음식을 사먹게 되지만 저녁은 멀리 나갈 수가 없었다. 그러다 보니 운동 부족에 살만 찌기 시작하고 신장 163cm의 단신에 체중이 70kg 가까이 되었다. 친한 교수가 "이러다가 터져 죽을 거야"라고 놀리기도 했다. 계단을 오르내리기가 힘들었다. 당뇨병도 이 때문인가 생각된다. 집이 조금 멀리 있다가 서대문으로 이사 온 것이 불운을 가져온 것 같다. 야간 특수대학원의 실무진은 학교가 가까워야 하기 때문이다. 그래서 총장님이 불러들인 것이다.

그리고 한 2년 조용했지만 이번에는 정의숙 총장님이 호출하셨다.

교무처장 시절 인사과 직원들과 함께

교수, 강사, 직원의 인사를 총괄하는 학무처 안에 인사 담당 차장부서가 신설되어서 이 자리를 꼭 맡아 달라는 명을 받고 본관 안 응달진 뒷방에서 6년을 보내야 했다. 사실 응달진 방은 내게 인연이 많았다. C관이 신축되자 매사 학생 우선이었던 김옥길 총장님은 겨울에 추울까 봐 양지쪽은 모두 교실로 하고, 응달진 쪽에 대부분의 학과 사무실과 연구실을 배정했다. 덕분에 나는 이화에서의 대부분을 응달에서 보낸 셈이다. 그리고 한 3년 있다가 다시 윤후정 총장님의 명을 받고 교무처장직을 배수했으나 곧 이화 역사에 없는 직원 노조의 격렬한 쟁의에 말려들었고, 쟁의 종식 후 교무위원 총사퇴 덕으로 나의 처장 생활은 약 100일 만에 끝나 나에게는 전화위복이 되었다.

고사리 수련관과 김옥길 이사장님의 추억

1984년인가 충주 옆 수안보 고사리마을에 교직원과 학생, 동창생을 위한 수양관(개원 1985년)을 지을 때, 또 짓고 난 뒤 각종 수련회가 있을 때에 정총장님을 모시고 본부에 있었던 보직자들이 자주 그곳을 다녔다. 이 수련관 옆에 김옥길 이사장님의 사택이 있었다. 수려한 산 아래 넓은 저택 뜰에는 철따라 야생화가 피고, 이름 모를 산새가 지저귀고, 옹달샘이 솟는 한 폭의 산수화 같은 이곳에서 선생님은 신선 같은 생활을 즐기시고 있었다. 수련관에서 수용 능력이 넘게 사람들이 올 때나, 너무 적을 때는 선생님 댁을 쓸 때가 있었다. 나도 물론 여기서 여러 번 잔 적이 있다.

직원 수련회가 있던 어느 날이었다. 전날 밤에 강연을 맡았던 강사가 새벽에 갑자기 서울로 가야 한다기에 이사장님 댁에서 자는 운전사를, 새벽 다섯 시도 되기 전에 전화로 호출을 해야 했다. 누군시 가정부 같은 이가 전화를 받기에 기사를 불러달라고 하자 아마 꼭두새벽에 자는 기사를 깨우기가 민망했던지 다소 머뭇거리는 것 같았지만 나도 급해 큰소리로 다그쳤다. 그리하여 기사와 특강 강사는 서울로 떠나갈 수가 있었다. 아침 식사를 하기 위해 우리가 모여 앉았을 때 이 이야기가 나오자 사무처장님이 "그 댁에서는 전화를 꼭 이사장님이 챙기시는데" 하면서 고개를 갸우뚱했다. 그래서 식사가 끝나고 내가 뛰어가 여쭤 보았더니 아니나 다를까 바로 이사장님이었고, 특유의 너털웃음으로 "야, 인사차장님(나의 속칭이다) 정말 무섭던데" 하셔서 얼마나 민망했던지. 궂은일을 아랫사람에게 맡기지 않는 우직함이 선생님께 있었다. 그 후부터 나는 남에게 소리치지 말자고 마음으로 다짐했다. 이 집은 이사장님 사후에 이화여자대학교에 기증되었다.

이사장님은 정의숙 선생님이 새 총장으로 취임하시자 학교 뒤의 집을 접고 수안보 고사리에 집을 짓고 은둔 생활을 시작하셨다. 그래서 가시기 전에 내가 "왜 멀리 시골로 가십니까?" 하고 묻자 "내가 학교 지척에 살면, 공연히 학교에 들러 선의에서이지만 잔소리를 할 테니, 그러면 새 총장의 입지가 좁아질 것 아니냐. 그래서 아예 멀리 가는 거야" 하시며 또 너털웃음이셨다. 정말 선임자의 모범으로 생각되었다. 선생님은 나의 당뇨병을 걱정하시고 내가 고사리로 찾아가면 돌아갈 때 화인 스위트 같은 대용 설탕을 모아 두었다가 듬뿍 담아 주시기도 하고, 또 사람을 시켜 민간요법에서 당뇨병에 좋다고 알려진 달개비 풀을 거두어서 해마다 나를 비롯한 몇 분에게 인편으로 한 가마니쯤 보내주셔서 그것을 달여 먹었다. 정말 자상하고 다정한 분이라 그저 머리가 숙여지고 그 고마움은 못내 잊을 수가 없다. 선생님의 남다른 학생 사랑의 일화도 허다하다. 그 한 가지 예로 후문 앞 오솔길이 사직터널 개통으로 4차선 차도로 바뀌자 서울시에서 지하 통로를 뚫어 주겠다고 하였는데 선생님의 반대로 육교가 세워졌다. 왜냐하면 밤의 지하도가 여학생에게는 안전하지 않다는 이유에서였다. 암으로 임종을 앞두고 문병 갔던 나에게 "수명이야 하느님이 하시지, 내가 하나" 하시며 또 너털웃음이셨다. 정말 철저히 달관한 종교인의 자세에 나는 머리가 숙여졌다. 지금은 가셨으나 정말 보고 싶다.

입시 관리

보직 생활이란 마치 산행처럼 즐거울 때도 있지만, 그보다도 힘들 때가 더 많은 것 같다. 오랜 세월이 지나 돌이켜볼 때는 확실히 후자의 경우가 많다. 문리대 학무과장 때부터 입시관리위원직을 십여 년 맡

고사리 김옥길 이사장 댁에서

았다. 이 일도 역시 후자에 속하는 일로 12월에서 1월까지 한시적이기는 하나 완전히 겨울방학이 달아난다. 방학이란 교수에게는 황금과도 같은데 말이다. 겨울방학이 시작되면 벌써 입시 모집 관리 체제가 가동된다. 물론 지금의 입시 체계는 우리 때와 완전히 다를 것이다. 다양한 모집에 수험생도 많겠지만 사무는 대부분 컴퓨터로 기계화되어 있기 때문이다. 그러나 그 시절은 컴퓨터 시대가 아니었기 때문에 모두 수작업으로 이루어졌다. 그리고 교수에 대한 처우도 지금과 판이하였다. 왜냐하면 교수는 노동자가 아니니 작업 시간과 작업의 양에 제한이 없었다. 그저 힘 되는 대로 일했다. 이것을 우리 모두가 당연하다고 생각했었다.

예를 들면 선택과목 시험지는 여러 장이 모여서 한 부가 된다. 가령 8장이 한 부라면 8쪽에서 1쪽까지의 뭉치들을 긴 탁자 위에 차례로 나열한다. 그러면 8명의 교수들이 빙글빙글 돌면서 집어서 모으면 한 부가 된다. 그것을 스테이플러 담당 교수가 찍으면 한 부가 완성되었다. 지원생이 만 명이라면 얼마나 고달픈 일이었겠는가. 60~70년대 분류 편집 기능이 있는 복사기가 없었기 때문에 벌어진 일이다. 지금으로 보면 정말 원시적 풍경이다. 입시 관리는 주로 총장 공관에서 이루어진다. 시험지 인쇄 때만 기사의 출입이 허용되고, 주방 직원과 우리를 돕는 조교 몇 명 이외에는 교수들만 출입한다. 물론 출제도, 채점도 여기서 이루어진다.

시험 당일이 되면, 답안지를 수험장으로 날라야 한다. 시험 감독 교수나 수험생이 오기 전까지 마쳐야 한다. 총장 공관에서부터 우리 위원들이 몇 명씩 짝을 지어 직접 손수레에 시험지와 시험에 필요한 모든 서류, 비품을 다 싣고 각 건물별 본부로 운반하였다. 우리 학교는 아시다시피 굴곡이 많은 지형이다. 앞뒤에서 밀기도 하고 당기기도 해야 한다. 수면 부족에다 꾀죄죄한 몰골로 뛰는 모습은 누가 보아도 교수로 보이지 않는다. 정말 한숨이 절로 나는 광경이었을 것이다. 배달이 끝나면 각 시험 본부에서 할 일이 많다. 교실별로 시험지 묶음을 풀어 놓고, 모범 시험지, 시간표 및 감독 주의서, 하다못해 가위·스카치테이프·노끈 등 필요한 일체를 책상 위에 정돈해 놓는다. 드디어 시험이 시작되면 20분 동안은 긴장감에 숨이 멎는다. 혹시 프린트에 오자나 문제에 착오가 있을까 봐서이다. C관 본부가 총지휘 본부가 되어 모든 출제 교수가 나와 있다. 20분이 지나면 모든 이가 안도의 한숨을 쉰다. 20분이면 착오 발견이 끝나기 때문이다. 그러나 이따금 착오가 일어날 수가 있다. 그때는 우리가 뛰어야 한다. 교실마다 다니면서 수정해 주어야 하기 때문이다. 시험 때는 우리는 늘 뛴다.

어느 해인가 시험 전날 밤, 이상하게도 일찍 모든 준비가 끝났다. 잡담을 하고 있을 때, 출제자 한 분이 뛰어와 문제에 잘못이 있어 정정해야 한다고 하였다. 하늘이 무너지는 것 같았지만 그래도 시험 시작 전이니 다행이라 생각하고 묶어 놓은 문제지 뭉치를 하나하나 풀어 수정 작업을 하였다. 이런 경우 틀린 글자 위에 다시 복사한 부분을 잘라 땜질을 할 때도 있다. 다행히 공통과목이 아니라 선택과목이었기에 일이 조금 수월했다. 그 출제자가 원망스러웠으나 죄송해하는 모습을 보면 나무랄 수도 없는 일이었다. 긴 채점과 집계가 끝나 교무위원회에 사정 결과가 보고되고 승인이 끝나면(대개 밤이지만) 그때부터 운동장 게시판에 붙일 합격자 명단을 큰 전지에 일일이 써야 한다. 이것은 미대 출신 동료 교수 몫이고, 우리는 합격 통지서 작성을 한다. 이것도 보통 일이 아니다. 모든 합격자에게 줄 통지서에 총장 도장을 찍을 때는 반듯하게 찍어야 하기 때문에 힘을 주어야 하고, 한참 찍다 보면 손바닥이 부르튼다. 물론 장갑 속에 손수건을 접어 넣어도 그렇다. 그리고 모든 일에는 확인, 재검이 따른다. 꼬박 밤을 새고 나면 이제 합격자 명단이 새벽에 운동장으로 넘어가서 게시판에 붙여진다. 이로써 기나긴 고행이 종막을 내리는 것이다.

아침 식사를 하고 나면 입시관리위원회가 해산한다. 총장님의 치사를 끝으로 공관을 떠난다. 각자 여행 가방을 들고 집으로 가는 모습이 처량하다. 이제 며칠 집에서 쉬었다가 교수 본연의 자세로 논문도 쓰고 신학기 교재 준비도 해야 하지만 곧 개학이 다가오니 어찌하랴. 입시관리위원이란 생색도 나지 않고 속된 말로 수지맞지 않는 보직이다. 그러나 누군가는 꼭 해야 한다는 사명감 때문에 한다. 시대와 함께 수작업은 적어졌겠지만 지금은 수시 모집이 있어 더 어려워졌는지 모르겠다. 입시 제도가 존속하는 한 교수 중 누군가는 이런 고생을 견뎌내야 할 것이다.

언제부터인가 각 대학마다 입학시험 전에 입시 상담실을 두게 되었다. 입시생들의 대학과 과 선택을 도와주기 위한 기구이다. 우리도 입시 전까지 휴일 없이 오전 9시에서 오후 5시까지 각 대학별로 교수들을 차출해 찾아오는 학생과 학부모들에게 대학 홍보와 과의 지망 현황, 예상 합격선, 장래성, 졸업생 현황들을 지도했다. 물론 우수 학생 유치 목적도 있어, 장학제도 설명도 빠지지 않았다. 이와 별도로 예비고사 후 고교 단위로 강연회도 열고, 입시 설명회도 열었다. 그리고 교수들이 직접 서울 시내뿐만 아니라 지방 명문교를 찾아가 좋은 학생을 유치하기 위해 고교 담임선생들을 설득하기까지 한 적도 있었다. 우리뿐 아니라 전국 각 대학이 모두 똑같이 했다.

고사리 수양관에서 정의숙 총장과 함께

이 행사에는 부작용이 따랐다. 대부분의 대학들이 고3 입시 담당 교사들에게 향응이나 선물을 베푸는 일이 있어 응당 고교 쪽에서는 그것을 바라는 선생들도 있었다. 우리 학교는 이런 작전을 쓰지 않아 내가 직접 냉대 받은 일도 있었다. 그래도 참고 오직 좋은 학생을 유치해 학교에 이바지한다는 일념에서 나뿐 아니라 모두 열심히 뛰었다. 어느 해인가 설날에 입시 상담실을 연 일이 있었다. 무심히 개설 기간에는 휴일이 없다고 고시를 했다. 그래서 설날에도 문을 열었는데 다른 교수들을 나오라고 할 수 없어 어쩔 수 없이 학무처장님과 나만 나왔다. 물론 이날에는 찾아오는 입시생은 없었다. 점심이 문제였다. 설날이니 구내 식당뿐만 아니라 학교 밖 식당들도 다 문을 닫는다. 그래서 찬 도시락을 먹기도 거북해 우리 둘이 각자 반찬과 전기밥솥을 가져와 점심을 해먹은 웃지 못할 일도 있었다.

쓰다 보니 학교에 대해 원망만 늘어놓은 것같이 들리겠지만 절대로 그렇지 않다. 마치 학교 일은 나 혼자 다 한 것처럼 되었으나 모든 보직자가 나보다 더 일을 많이 했을 것이다. 생각하면 내가 모신 김갑순 인문대 학장님, 바자회에서 고려자기 한 점을 직접 골라주신 김활란 총장님, 김옥길 · 정의숙 · 윤후정 총장님들이 밀어주시고 도와주셨기 때문에 내가 보직을 무사히 수행할 수 있었을 것이다. 모두 감동의 추억으로 마음에 새기고 있다.

대한민국 대학생 대표 중국 방문단

1990년 2월 5일에 나는 우리 학생 25명 외 교직원 각 1명을 인솔하고 9박 10일간 중국과 일본 방문을 위해 홍콩으로 향했다. 정부에서 반정부 성향의 각 대학 학생회 간부들에게 러시아·중국 등 사회주의 국가를 직접 참관케 함으로써 우리나라의 우수성을 일깨워 주려는 목적이었다. 여기에 우리 학교도 선발이 되었다. 미수교국으로 들어가기 때문에 사전에 정부 주최 교육도 충분히 받았고, 외무부와 정보부 직원 한 명씩이 동행하였다. 안내는 한국관광회사 직원이 맡았다. 연수생의 구성은 각 대학 학생회 대표급 간부 및 각 대학에서 선발된 일반 학생들이었다.

홍콩국제공항에 오전 11시 30분에 도착하자 마침 우리 의대의 네팔 의료봉사단 교수와 학생들을 만나 얼마나 반가웠는지 모른다. 오후 4시 30분 중국 비행기를 타기 위한 수속이 시작되었다. 체재가 다른 나라에 입국하는 것이기 때문에 몹시 긴장이 되었다. 수속을 맡은 가이드도 중국에 대한 경험 부족으로 우왕좌왕했다. 가벼운 문제가 발생했다. 갑자기 각자의 외화(달러) 보유액을 신고하라는 것이다. 양식이 따로 있는 것도 아니고 시간도 없고 해서 벽에 백지를 펴고 한 사람씩 소지 액을 기입케 했다. 사전 교육시에 비용은 모두 국가 부담이니 현금은 많이 가져갈 필요가 없다고 했는데도 신고를 받아 보니 놀랍게도 학생들 중에는 우리 선생들보다도 훨씬 고액을 소지한 학생이 많았다. 가리지도 않고 벽에 일일이 기입케 하였으니 일목요연하게 빈부의 차가 노출된 것이다. 정말 민망한 광경이었다. 왜 그들이 많은 달러가 필요했을까. 뒤에 안 것이지만 대개는 학부모의 쇼핑 지시 때문이었다. 그때는 중국 여행이 금지되었고 전년도의 참관 행사 뒤 못사는 나라만 보이느냐고 학생들이 야단을 해서, 우리보다 잘사는 일본에서 2박하게 되어, 쇼핑 폭도 넓고 입국할 때는 정부 파견단이기 때문에 통관이 수월하리라는 계산이 있었기 때문이었다.

오후 4시 30분, 우리들은 설레는 마음으로 중국 여객기를 탔다. 얼마 뒤 기내식이 나왔다. 스튜어디스가 도시락을 나누어 주더니 동시에 커피를 함께 두고 간 뒤에는 다시는 나타나지 않았다. 사회주의 체제의 서비스 자세를 알 수 있게 해주었다. 커피야 메뉴에 있으니 주면 되었지 언제 마시든지, 식든지 말든지 모른다는 식이다. 그리고 스튜어디스만 해도 사회적인 신분이 교원보다도 높은 상류층에 속한다는 것이다. 그러니 친절은 그들의 것이 아닌 것처럼 보였다. 약 5시간의 비행이 끝나고 베이징공항에 도착했다. 사회주의 국가에 도착한 탓에 바짝 긴장한 것은 나뿐만 아니고 학생들도 마찬가지였던지 한 학생이 여권을 비행기 좌석에 두고 내렸다. 말은 통하지 않고 어찌어찌해서 본인, 가이드, 나 세 사람이 다시 기내로 가서 찾아왔다. 아찔했다. 비행기 청소가 늦어졌기에 다행이었다. 그런데 혹시 학생 중 하나라도 미아가 생기든지 망명 사건이라도 일어나면 어쩌나 하고 걱정이 정말 많이 되었다.

무사히 수속을 마치고 밖에 나가자 안내를 맡은 조선족 청년 한 사람과 공안경찰 한 사람이 나와 있었다. 이들은 앞으로 일정 내내 안내하고 보살펴준다고 했다. 마중 나온 버스로 비행장을 떠나 북경 시내를 향해 하얀 눈 속을 달렸는데 길 양쪽에 늘어선 흰 자작나무 사이를 질주할 때는 정말 환상적이었다. 그러다가 희한한 일이 생겨났다. 마주오던 트럭 한 대가 우리를 향해 라이트를 깜빡깜빡하는 게 아닌가. 한국에서 운전할 때 마주오던 차가 깜빡이면 으레 교통순경이 숨어 있다는 표시였다. 설마 여기는 통제 국가이니 우리 같을 수가 있을까 생각하면서도 조선족 가이드에게 물어보니 우리나라와 같은 행동이라고 하여 웃음이 나왔다.

다소 늦게 호텔에 도착했다. 자옥반점(紫玉飯店)이라고 해서 식당인 줄 알았는데 굉장히 큰 호텔이었다. 호화만찬을 먹고 하루의 긴장도 풀겸 아래층 홀에 내려가서 맥주나 한잔 마시자고 갔더니 큰 디스코텍이었다. 그래서 각자 맥주도 마시고 춤도 추었다. 사회주의 국가에서 화려한 조명과 귀가 떨어져 나갈 듯한 굉음 속에서 춤을 추게 될 줄은 몰랐다. 어디서 왔느냐고 물어 내가 한문으로 우리의 신분을 알려 주었더니 당장 전자판에 환영 메시지가 떴다. 손님은 몇 명의 북경 남녀와 대만에서 왔다는 사람들말고는 우리뿐이니 거의 여기를 대절한 셈이었다. 학생들은 체육대학생이 리드하면서 신이 났다. 출발할 때 다소 서먹하던 분위기가 싹 사라졌다. 잘 내려온 것 같았다. 실컷 맥주를 마시고 춤을 추어도 계산은 모두 50달러를 넘지 않았다.

다음날 우리들은 북경대학을 참관하러 갔다. 건물과 시설은 한국 대학보다 다소 작으나 캠퍼스는 마치 창경궁보다도 더 큰 것 같아서 놀랐다. 호수도 있고 종각과 높은 수탑(水塔)이 마치 고궁에 온 것 같았다. 대학에 들어서자 내가 방명록에 서명하고 학생을 대표해서 총학생회 대표가 '대한민국 해방이화대학교 총학생회장'이라고 기입을 했다. 뒤에 내가 한국에 '해방이화대학'이라는 학교가 있느냐고 반문했지만 이미 엎질러진 물이었다. 우리는 북경대학이 마련한 '중국의 현재와 미래'라는 강연을 한참 들었다. 그 다음 천안문 광장과 자금성·이화원·만리장성·명13능 등 제법 알차게 구경을 했다. 처음 대하는 고궁의 규모는 상상을 초월했고, 아기가 태어나 하루에 한 방씩 자도 27세가 넘어야 겨우 고궁에서 나갈 수 있다는 이야기가 거짓이 아니겠다는 생각이 들었다.

이화원 앞에 갔을 때 이야기다. 곤명(昆明)호는 완전히 얼어 있었고 그 위에서 거닐다가 마침 미끄럼 기구가 있어서 한 학생이 앉아서

중국 방문단 학생들과 함께

타보았다. 한참 있다가 어디서 나타났는지 중국 청년이 남의 것을 탔으니 돈을 내라고 억지를 부려 하는 수 없이 돈을 빼앗기다시피 한 일이 있었다. 공산주의 아래에서도 사기로 먹고 사는 인간이 있구나 하고 놀랐다. 밤이 되자 학생들이 가이드에게 부탁하여 호텔 방안에 보따리장수가 들어왔고 어떻게 알았는지 청심환·편자환 등 약품과 옥 등을 구입했다. 값은 상상할 수 없을 정도로 저렴한 것 같았다.

다음날은 오후 3시까지 천단과 시내 구경을 하고 연변의 조선족을 찾아가기 위해 일단 중계지인 심양(瀋陽)까지 비행기를 탔다. 두 시간 가까이의 거리였다. 그런데 여기서 문제가 일어났다. 목적지인 연길(延吉: 연변조선족자치주 수도) 비행장이 심한 눈 때문에 얼어붙어 비행기의 이착륙이 금지되었다는 것이다. 기다려도 비행기가 뜬다는 소식은 없고, 식사는 연길의 호텔에서 먹게 되어 있었다. 그러나 식사 시간이 늦어져서 하는 수 없이 공항 식당에서 겨우 밥을 시켜 먹었다. 다음에는 식당에서 밥값 때문에 난리가 났다. 우리 여행사 쪽에서는 항공 회사가 내야 한다고 했으나 항공 회사에서는 처음부터 식사 약속이 없었고, 비행기가 못 뜨는 것은 자기들 잘못이 아니고 하늘 탓이라는 것이다. 식당에서는 불쌍해서 무리하여 밥을 해주었는데 왜 돈을 안 주느냐, 항공 회사는 우리와 무관하다는 주장이다. 옥신각신하다가 결국 여행사가 항공 회사를 원망하면서 밥값을 치러 일단락되었다.

문제는 이제 어떻게 연길로 가느냐이다. 영하 20도가 넘는 날씨에 활주로가 녹을 리가 없었다. 눈앞이 캄캄했다. 한참 중국 가이드와 공안 친구가 분주히 뛰어다니더니 겨우 야간열차를 타게 되었다. 정말 고맙기 이를 데 없었다. 기차 안은 연길행이라서인지 조선족 판이었나. 왜냐하면 연변 인구의 40%가 조선족이기 때문이다. 그 속에 끼어 앉아 보니 우리를 천국에서 온 사람들로 생각하는 것 같았다. 왜냐하면 그들에게는 88올림픽 때 TV에 비친 영상 덕분에 한국이 낙원으로 보인 것이다. 지금이야 중국도 급성장했지만 그때만 해도 북경에 고층 빌딩이 보이지 않을 때이니 여기 만주에 사는 사람들은 어떠했을까. 마침 우리 선생들은 침대칸으로 갔으나 뒤에 들리는 말로는 일반석에 앉은 우리 학생들과 조선족 사이에 밤새 활발한 대화가 이루어졌는데, 일부 학생들 중에서 부(富) 뒤의 그늘진 곳에는 여전히 생활고에 허덕이는 사람이 많다고 말하여 조선족의 꿈을 열심히 깨려는 학생이 있었다고 했다.

마침내 새벽에 무사히 연길 역에 도착했다. 이번에는 반점 아닌 백산대하(白山大厦)라는 큰 호텔에 묵었다. 일정을 보니 그곳 교민과의 교류가 중심이었고 다음에는 백화점 등 시내 구경도 있었다. 인상적인 것은 거리의 표지판이 상단은 한글로, 하단은 중국어로 표기되고 오가는 사람들의 말도 억양은 다르나 우리말이었다는 것이다. 중국에 와서 내내 이상하게 여겨지는 것은 기온(氣溫)이었다. 이른바 중공군 복장처럼 누빈 두꺼운 옷을 입은 탓이기는 해도, 영하 20도의 혹한 속에서도 별로 춥지 않다는 것이다. 아무리 북쪽 지방이라고 해도 사람이 모여 사는 곳은 그만한 이유가 있어 보였다. 즉 바람이 별로 없는 곳을 찾아 모여 사는 것 같았다.

다음날 아침 식사 때 북한 고관인 듯한 일행이 곁에서 식사를 하고 있었다. 학생들은 마치 이방인을 보듯 조마조마한 눈으로 쳐다보았다. 내가 바로 옆좌석인지라 인사를 나누자 수장인 듯한 김일성 배지를 단 한 중년 인사가 투박한 이북말로 "동무들은 어디서 왔소. 무엇을 하는 사람들이요. 여성 동무들은 정말 활달하네요" 하고 말을 꺼냈다. 그래서 나는 "서울의 이화대학교 교수와 학생들이며 구속을 모르고 자랐으니 저렇게 명랑하지요. 지금 사회주의 국가 실태를 체험하기 위해 수학여행을 온 길"이라고 대답했다. 그리고 대략 일정도 말해주었다. 그러자 그 친구는 "우리 평양에도 이대 졸업생이 있지요. 왜 홍콩으로 돌아왔소. 바로 판문점을 통해 이북으로 해서 오질 않고." 그래서 내가 "왜 우리가 그것을 몰랐겠느냐. 지금 학생 일부는 소련을 방문하고 있다. 세계에서 못 들어가는 나라는 댁의 나라 외에는 거의 없다"고 답했다. 그러자 대뜸 "임수경 열사(당시 무단 방북으로 귀국 후 구속된 여대생)는 왜 구속했느냐"라고 묻는다. 나는 "교수라 정치는 잘 모른다. 그렇지만 그는 국법을 어겼다. 댁에도 법이 있고, 그 법이 옳고 그르고는 제쳐두고, 현행범을 그냥 둡니까"라고 하자 말이 없었다.

시간도 되고 해서 내가 "정치야 어떻든 우린 서로 동족이 아니냐. 평양에 가시면 서로 내왕이라도 하고 이산 가족의 소식이라도 전할 수 있도록 하고, 그보다도 우리 다 같이 통일을 위해 노력하자"고 작별인사를 하자 그들도 모두 일어난 뒤 수장이 내 손을 잡고 "고맙다. 통일이 되어서 다시 만나자. 몸성히 잘 가시라" 하고 헤어졌다. 뜻밖의 동족 상봉의 한 장면이 벌어져 순간 콧날이 찡했다.

이어 우리들은 연변대학으로 향했다. 여기는 우리 가이드의 고향이고 이 대학은 그의 모교라고 했다. 졸업 후 대개는 취직을 하거나 교원이 된다고 했다. 그러나 앞서 말한 바와 같이 교사직은 별 매력이 없어 교원 중에는 노력을 해서 군인이 되든지 관광 안내자가 되든지 한다는 것이다. 연변대학에서의 강연은 북경대학의 경우처럼 등소평(鄧小平) 예찬과 앞으로 중국의 비약에 대해 열변을 토했다. 그리고 한국 대학과의 교류를 강력히 희망한다고 했다. 대학 규모는 그렇게 크지 않았다. 다음 우리들은 조중(朝中) 국경도시 도문(圖們)으로 가 두만강 너머 북녘 땅 남양을 똑똑히 볼 수 있었다. 국경인 만큼 전시효과를 위해서인지 2, 3층짜리 백색 아파트가 보기 좋게 일렬로 서 있었다. 마침 햇빛이 따사로워서인지 망원경으로 보니 이북 아낙네들이 여러 명 아파트 벽에 붙어 서서 볕을 쪼이고 있었다. 하나같이 머플러 대신 하얀 큰 수건으로 머리를 두르고 있었다. 마치 일제 강점기 농촌 아줌마의 모습 그대로이다. 저곳은 분명 우리나라인데도 가볼 수 없는 분단의 아픔이 가슴을 찔렀다.

다음은 근처의 조선족 농촌 마을을 방문했다. 옛날의 한국 농촌 그대로였다. 그래도 비교적 반듯한 집안에는 큰 방안에 솥이 걸려 있고 구수한 밥 짓는 냄새가 가득했다. 방안은 온실처럼 따뜻했다. 들어서

자 이장님은 테이프로 김홍국의 〈호랑나비〉를 틀어주었다. 한국에서 당시 유행하는 것은 모두 꿎혀 있었다. 그리고 흐뭇한 식사 시간이 흘렀다. 식후에 나온 얼린 사과는 정말 맛이 있었다. 시내 구경을 마치고 호텔에서 저녁을 먹고 난 뒤 호텔 옆에 있는 조선족 실업학교 구경을 갔다. 마침 야간 학교도 겸하고 있는지 교실에 불이 켜져 있다. 참관 허가는 어떤 사람이 수위 같은 영감에게 가라고 해서 물었더니 이분이 전 교장선생이었고, 그 학교에서는 교장 직이 끝나면 수위 겸 관리인이 된다고 해 매우 능률적인 제도라 생각했다. 흔쾌히 승낙이 났고, 마침 자습을 하고 있는 한 교실로 우리를 안내해 학생 사이에 앉히고 소개한 후 남한에 대하여 알고 싶은 것이 있으면 물어보라고 하고는 나갔다. 20~30명 되는 학생들과의 대화가 활발하게 오갔다.

나는 지금도 초롱초롱한 그들의 순수한 눈망울을 잊을 수가 없다. 마침내 작별 시간이 되자 누가 선창을 했는지 모두 함께 〈고향의 봄〉을 합창하게 되었다. 이때 그들의 해맑은 눈과 낭랑한 목소리 속에는 고향과 나라를 잃고 이국 만리 유랑을 해야 했던 조상들의 한(恨)이 서려 있는 것 같았다. 1절이 끝나고 2절을 부를 때 그들은 한 소절도 놓치지 않고 끝까지 불렀지만 우리 학생들의 대부분이 가사를 머뭇거리는 것이 묘한 아이러니였다. 우리에게는 고향이 있기 때문인가. 우리들은 다 같이 흐뭇한 마음으로 숙소로 돌아왔다.

다음날 아침 식사를 마치고 짐을 챙기고 버스에 오르는 순간 어젯밤의 아이들이 작별을 위해 나와 있었다. 어떤 아이는 우리들에게 떡을 손에 쥐어 주기도 하고, 또 다른 아이는 돈을 손에 쥐어 주기도 해 한국에서는 이미 사라진 작별의 전통이 여기에는 아직도 살아 있었다. 몸성히 안녕히 가시라고 목이 쉬도록 소리치며 차창에 매달려 손을 잡고, 차가 보이지 않을 때까지 따라오며 손을 흔들었다. 정말 생전에 이렇게도 감동적인 적이 없었다. 여행을 통해 이보다도 더 귀중한 체험은 얻지 못했다. 그때를 회상할 때마다 나는 언제나 그날의 광경을 잊지 못한다.

민속박물관과 맥주 공장들을 둘러보고 늦게 장춘(長春)행 비행기를 타고 밤 8시 넘어 장춘에 도착하였다. 장춘은 영화 〈마지막 황제〉에서 본 바와 같이 일본의 꼭두각시가 되어서도 청나라를 다시 일으키려고 한 부의(溥儀)가 황제였던 만주국의 수도였다. 일본인들은 여기를 신경(新京)이라고 불렀다. 만주국이란 일본인이 만든 희극의 무대였다. 영화에서 보듯이 1945년 일본이 항복하자 일본으로 도망가려던 부의는 비행기 탑승 직전 소련군에게 체포된 뒤 중국에 인도되어 9년간 옥살이를 했고, 1959년 모택동(毛澤東)의 특사로 풀려나와 신장암으로 1967년 61세로 사망할 때까지 북경에서 북경식물원 정원사로 조용히 살았다. 평민으로 돌아간 그가 자금성을 구경간 신은 영화에서 많은 감동을 불러일으켰다. 그래도 당시 제2인자 주은래(周恩來)가 여생을 돌보아 주었고, 죽고 난 뒤 공동묘지 납골당에서 청나라 황제들이 잠든 선영 황릉(皇陵)으로 이장된 것은 그나마 다행한 일이었다. 그야말로 그는 영고성쇠를 일대에 겪은 비운의 황제였다.

다음날 2월 11일 아침 식사 후, 우리는 영화에서 부의가 살았던 자금성의 1,000분의 1도 안 되는 듯한 위황궁(僞皇宮) 즉 지금의 길림박물관으로 갔다. 역시 영화를 본 탓이라 감동적인 곳이었다. 그리고 장춘 시내에서 이상한 것을 보았다. 일본 성(城)을 머리에 인 그로테스크한 건물이다. 옛 일본군 관동군사령부로 지금은 장춘시 인민정부 청사로 긴요하게 사용한다고 한다. 우리 같으면 벌써 폭파해 버렸을 텐데 납득이 잘 안 갔다. 그저 그들의 무신경이 감탄스러웠다. 점심 후 3시경에 상해행 비행기에 올라 5시경에는 상해에 도착하여 홍구(虹口)공원의 윤봉길의사기념관, 임시정부청사를 다녀오고 또한 시장 구경을 한 뒤 금사강대주점(金沙江大酒店)에 묵게 되었다. 다음 12일 아침부터 가랑비가 내리는 상해공항을 9시에 떠나 12시 30분경 일본 오사카에 도착했다.

일본에 도착하는 순간 나는 비로소 무거운 짐을 내려놓은 것 같았다. 왜냐하면 여기는 사회주의 국가도 아니니 학생의 망명도 걱정할 필요가 없고, 또한 미아가 생겨도 영어와 한문이 통하니 마음이 가벼워질 수밖에. 이제 집에 온 것 같은 안도감이 생겼다. 춥고 무거운 중국에 비해 여기는 따뜻하고 거리 전체가 밝고 경쾌했다. 더욱이 나는 일찍이 여기를 다녀갔기 때문에 발걸음이 더욱 가벼웠다. 편한 옷으로 갈아입고 관광길에 나섰다. 임란 때 우리를 괴롭힌 도요토미 히데요시의 오사카성을 보고, 시내를 돌고, 오후에는 교토 프린스호텔에서 묵었다. 다음날 세계문화유산인 도쿠가와 막부의 이조성(二條城)과 금각사를 보았다. 그리고 나라(奈良)로 가서 법륭사(法隆寺)에서 세계의 보물인 고구려 담징(曇徵)의 벽화를 감상하고, 이어 사슴이 경내를 뛰노는 세계 최고의 목조건물(47.5m)인 동대사(東大寺)와 본전에 안치되어 있는 역시 세계 최대 비로자나불(높이 16m)을 보면서 1,300여 년 전에, 건립에 도움을 준 고구려·신라·백제의 장인들에게 무한한 긍지를 느꼈다. 다시 오사카로 돌아와 도요호텔에 묵었다.

다음날인 2월 14일 오사카 제일 번화가인 도톤보리를 보고, 쇼핑도 하고 오후 4시에 비행기를 타고 6시경 드디어 김포공항 도착으로 긴 9박 10일이라는 대장정을 끝냈다. 다행히 우리들은 단 한 명의 낙오자도 없이 건강하게 돌아온 것이다. 그 후에도 우리 일행은 여러 번 모임을 가졌고 추억의 이야기꽃을 피우기도 했다.

유럽 기행

아테네와 그리스 문화

나는 1972년 처음으로 독일로 유학을 가게 되었다. 항상 그렇듯이 먼 거리를 비행기로 갈 때는 목적지로 직행하지 않고 도중 하차를 해도 된다는 비행 약관을 이용한다. 여행 중간중간 아무리 내려도 비행 요금은 추가로 낼 필요가 없다. 물론 기항하는 곳의 호텔 비는 자기 부담이다. 비행기는 가지고 있는 표의 회사 비행기를 전 코스의 2/3만 타면 되고 나머지 거리는 아무 회사 비행기를 이용해도 된다. 그리고 다음 목적지로 갈 때는 가급적 밤비행기를 이용하면 호텔비도 절약할 수가 있고, 낮에는 충분히 구경을 할 수가 있다. 그래서 우선 김포에서 출발해서 도쿄에서 며칠 머물며 그곳 친지도 만나 보고 관광도 한 후에 대만·태국·홍콩에서 각각 며칠씩 머물고 아테네로 왔다.

내가 그리스 아테네공항에 도착한 시간은 새벽 두세 시경으로 기억된다. 처음으로 서양에, 그것도 서양 문명의 원류인 나라에 발을 내딛는다는 것에 무척이나 가슴이 두근거렸다. 입국 수속이 끝나고 짐을 찾아 세관 검사를 받으려는데 주변에 아무도 없었다. 한참 두리번거리다 보니 출구 앞에 딱 한 사람이 앉아 오라는 손짓을 했고, 내가 다가가자 그냥 나가라는 시늉이다. 짐 조사도 없었다. 아시아 각국의 엄격한 세관 검사에 익숙한 나는 어안이 벙벙했다. 나는 이 순간 "나는 아테네인도 그리스인도 아닌 세계 시민이다"라고 한 소크라테스의 말이 떠올랐다. 과연 여기는 외국인이든 본국인이든 차별이 없는 인본(人本)주의의 메카이구나 하고 생각되어 흐뭇한 마음으로 밖으로 나왔다.

그러나 이것은 한낱 환상에 지나지 않았다. 한발 나서기가 무섭게 택시기사들이 우르르 달려들더니 한 사람이 내 가방을 낚아채면 다른 사람이 재빨리 또 빼앗고, 마치 럭비 경기를 방불케 했다. 고성이 오가고 한참 뒤 한 우람한 자의 승리로 나는 그의 차를 탔다. 그 운전수는 언제 그랬냐는 듯이 뜻밖에 명랑했고, 나를 일본 사람인 줄 알고 이 차가 일본차이고 다른 나라 차보다 우수하다고 칭찬했다. 그런데 공항 건물을 꺾어 돌자마자 다 왔다는 것이다. 바로 내가 예약해 놓은 그 호텔이었다. 걸어서 와도 될 거리라, 친절한 운전수라면 탈 필요가 없다고 했을 것이다. 새벽이라 관광 안내소가 닫혀 있던 것이 불운이었다. 어쨌든 택시비에 팁에, 12월이라 크리스마스 의연금까지 합쳐서 치렀다.

호텔은 계단이 다소 삐걱거리기는 해도 19세기형의 아담한 건물이었다. 홍콩에서부터의 긴 비행으로 지쳐서 씻고 한숨 자려고 샤워기를 틀었지만 고장이라 물이 나오지 않아서 한 시간 후에야 겨우 고쳤다. 한숨 자고 밖으로 나왔다. 거리 구경도 하고 아침 식사를 하기로 했다. 이색적이고 고색창연한 거리를 걷다 보니 어려운 문제가 생겼다. 언어 소통이 전혀 안 되고 이른 아침이라 인적이 드물어 영어를 알 만한 사람이 없었다. 다행히 한 식당의 쇼윈도에 식사 견본이 나열되어 있어, 문을 열고 손짓으로 가리켜 가며 식사는 할 수 있었다. 돈을 지불하고 나올 때까지 완전히 벙어리 신세였다.

식사를 마치고 아크로폴리스 언덕을 찾아갔다. 그때만 해도 한국은 해외 관광이 허용되지 않을 때이고 관광 서적도 별로 없어 나는 도쿄에서 일본어로 된 관광 안내 서적과 작은 나침반을 사왔다. 아크로폴리스는 우리 남산보다 낮은데다 시내에 있으니 쉽게 찾아 올라갈 수가 있었다. 걷다가 파르테논 신전을 보는 순간 숨이 멎는 충격을 받았다. 서양사 교과서에서 눈에 익은 그대로였다. 2,500년 전에 만들어진 높이 10m, 도리스식 돌기둥의 신전이 하늘을 찌를 듯 당당한 위용으로 서 있어, 지척에서 바라보니 완전히 넋을 잃고 비명과도 같은 탄성만 나올 뿐이었다. 이것은 그리스 예술의 진수이고 세계 보물 1호가 아니던가. 한참 멍하게 서 있다가 맞은편에 보이는 뾰족한 리카비토스언덕(295m)을 보니 마침 날이 흐려 정상에 먹구름이 드리워져 그 위에 제우스와 헤라 등 아테네의 여신들이 노닐고 있는 것 같았다. 이 언덕에는 사람들이 별로 없어 혼자 상상의 세계에서 한동안 머문 뒤 아래쪽 여신상이 지붕을 바치고 있는 에렉테이온 신전을 관람하였다. 그 후 여신상 석주(石柱)의 진품 등이 있는 박물관도 구경하고, 헤로데스 아외 원형극장도 둘러보았다. 이 고대 극장은 지금도 도밍고 등의 연주회가 열리는 곳이다.

나는 이 근처에서 석조물의 파편들이 길에 뒹굴고 있는 것을 보았다. 왜 보물 같은 예술품이 박물관에 있지 않고 길에 방치되어 있는지 이해가 되지 않았다. 이때부터 약 27년이 지난 1999년에 다시 갔을 때는 길에 나뒹굴던 것들이 모두 없어지고 거리는 관광객들로 넘쳐났다. 나는 꼭 찾아가고 싶은 곳이 또 하나 있었다. 바로 '소크라테스의 감옥'으로 아크로폴리스 근처라고만 알고 있었다. 주변에 사람들은 없고, 겨울인데도 잔디가 파랗고 길가에는 오렌지나무에 오렌지가 노랗게 매달려 있는 것이 인상적이었다. 인적이 없어서 따먹고 싶었으나 참았다. 왜냐하면 우리나라에서는 그 당시 오렌지는 구경도 하지 못하던 때였기 때문이다. 한참을 가니 노인이 나타나기에 "헬로" 하면서 말은 통하지 않으니까 다만 "소크라테스" 하면서 두 손을 수갑 찬 시늉을 하니 알아듣고, 손으로 방향을 가리켜 주었다. 바로 근처에 쇠창살로 입구를 막은 그 유명한 토굴이 있었다. 아크로폴리스에서 100m 정도였을까.

역시 주위에는 사람이 없어서 한참 혼자 명상에 잠겼다. 내가 늘 되뇌던 "너의 무지를 알라"는 말의 은유인 "너 자신을 알라"는 말과 이 말에서 비롯되는 원초적 휴머니즘을 생각하였다. 또한 얼마 안 되는 일당이라도 받고자 모인 501명의 우매한 배심원들이 결국 그를 혹세, 불경의 죄로 사형 선고를 내려 투옥한 원시 민주주의의 야만성을 떠올렸다. 그리고 친구가 도망가기를 권하자 "내가 아테네 시민으로 국가가 나에게 부여한 권리를 누리고 살았는데, 이제 국가가 나에게 사형을 언도한다고, 그것을 거부하고 도망간다면 얼마나 우스운 일이겠느냐", "내게 불리하다고 이를 준수하지 않으면 국가가 성립되지 않는다", "헤어질 때가 왔군. 피차 자기 길을 가는 거야. 나는 죽음으로 가고, 여러분은 생으로 가고. 어느 쪽이 좋을지는 신만이 알고 있네"라고 하면서, (여기서 '악법도 법'이라는 말이 생겼겠지만) 태연히 독배를 마셨다는 이야기 등을 생각하니 가슴이 벅차 한참을 발을 뗄 수가 없었다.

아크로폴리스와 소크라테스의 감옥은 유럽과의 귀하고 소중한 첫 만남이었다. 내가 얻은 귀중한 교훈은 언어만이 인간의 통신 수단이 아니라는 것이었다. 그것 없이도 프랑스에서나 이탈리아에서 또 그 밖의 여러 곳에서 잠을 잘 수 있었고, 밥도 사먹을 수 있었기 때문이었다. 다시 아테네에서 로마행 비행기를 탔다. 창 밖에 펼쳐진 에게해와 지중해를 보자 또다시 가슴이 뛰었다. 메소포타미아, 이집트, 페니키아, 카르타고, 그리스, 로마 등 총 21개국이 서로 다투고, 교류하고, 또한 전쟁을 치르던 곳이 아니던가. 이 바다야말로 고대로부터 오늘날까지 서양 문화와 문명의 중심이라고 해야 할 것이다. 넋을 잃고 한참을 있다가, 무엇인가 손에 잡히는 것이 있었다. 호텔을 나올 때 받았던 한 장의 영수증이었다. 그 때는 바빠서 자세히 보지는 못했으나 이제 읽어 보니 숙박비와 조식 대금이 적혀 있었다. 나는 늘 호텔에서 아침 식사를 하지 않는다. 대륙(continental)식 아침 식사는 어디에서나 단출하면서 비싸기만 하기 때문이다. 그래서 여관에 들어갈 때 미리 조식은 먹지 않는다고 꼭 일러둔다. 그런데 그 값이 포함되어 있는 것이 아닌가. 그래서인지 나는 이상하게도 그 갤럭시아호텔의 이름이 지금도 잊혀지지 않는다. 그리고 그때부터 영수증은 꼭 살펴야 한다는 습관이 생겼다. 특히 화폐 단위가 익숙지 않은 외국에서는 말이다.

독일 강제수용소와 나치 독일의 패망

독일에 오기 전 나는 유대인 작가 프란츠 카프카(Franz Kafka, 1883~1924)의 문학에 심취해 있었다. 그래서 유대인 문제에 관심이 많았다. 폴란드는 당시 미수교국이었으므로, 아우슈비츠 유대인 강제수용소는 갈 수가 없었기 때문에 우선 독일 뮌헨 근처에 있는 다하우(Dachau) 수용소를 꼭 가보고 싶었다. 1월의 춥고 흐린 날씨였다. 뮌헨 역에서 기차를 타고 그곳으로 향했다. 멀지 않은 거리라고 들었기에 내릴 준비를 해야 하니까 몇 안 되는 승객들에게 위치를 물었으나, 모두 무뚝뚝하게 모른다는 것이다. 마침 곁에 앉았던 초등학교 또래

아이가 "다음, 다음이에요" 하고 가르쳐 주었다. 그러자 옆에 있던 아버지가 눈을 부라리며 호통을 친다. 정말 입장이 난처했다. 어른들은 외국인에게 그곳을 알려주고 싶지 않은 것 같았다. 사실 그곳은 독일인의 치부였기 때문에 제2차 세계대전이 끝나자 없애려고 하였지만, 이 시설은 연합군 관리하에 있었으므로 없애지 못하고 고스란히 남아 세계인들에게 전쟁의 참상과 인간의 잔인성을 고발하는 좋은 교육 현장이 되고 있다.

역에 내리자 하늘에는 짙게 구름이 덮여, 음산하기 이를 데가 없었다. 독일의 겨울은 5월이 올 때까지 제대로 햇빛을 보기가 어렵다. 항상 눈 아니면 비가 온다. 들은 이야기지만 오죽하면 세탁기 회사가 TV 방송에서 건조기를 팔기 위한 상술로 "이 달에는 볕들 날이 며칠이 될까요?" 하고 현상을 건다. 이 광고를 본 사람들이 '세탁물을 햇빛에 널기 힘들겠구나' 싶어 건조기를 사도록 유도할 정도이다. 지금이야 교통도 안내서도 잘 되어 있지만 그때만 해도 관광객이 없어서 살풍경한 시골의 겨울 모습 그대로였다. 주위에는 인가도 없었고 유대인이 걸었던 길만 뻗어 있었다. 마치 신음하면서 노역장으로 끌려 나가는 유대인의 행진 소리가 들리는 듯하였다. 〈쉰들러 리스트〉 등 홀로코스트(원래 이 말은 그리스 어원의 '신에 바치는 구운 제물'이란 말로 유대인 강제수용소의 이미지와 부합하여 제2차 세계대전 때 이 수용소의 대명사로 쓰였다)를 주제로 한 영화 탓인지 나도 그들과 함께 행진하고 있는 착각에 빠졌다. 마침내 정문에 다다랐다. 정문에는 "노동이 그대들을 해방시킨다(ARBEIT MACHT FREI)"라는 구호가 새겨져 있었다. 그러나 대개는 죽어야만 이곳에서 해방될 수 있었다. 정말 아이러니한 문구이다. 나중에 가보았던 폴란드의 아우슈비츠 정문에도 똑같은 구호가 새겨져 있었다. 왜냐하면 다하우가 강제 수용소의 효시(1933. 6.)이고 설계 모형이기 때문에, 모든 수용소가 규모의 차이는 있으나 건축 모양이나 운영 조직까지도 똑같다. 다하우를 지었던 아이케가 다른 수용소 건설과 운영 제도를 주도했기 때문이다.

정문을 지나자 망자를 추모하는 예배당 입구에 "다시는 되풀이되어서는 안돼(NEVER AGAIN/NIE WIEDER/…)"라는 글귀가 히브리어·불어·영어·독일어·러시아어로 5단(段)으로 새겨져 있었다. 이 글을 읽는 순간 재클린 여사가 1961년에 남편 케네디 대통령이 비명에 가고, 다시 1968년에 시동생 로버트마저 흉탄에 암살되자 "이제는 그만(No More)!"이라고 한 피맺힌 절규가 떠올랐다. 정말 전쟁은 다시 되풀이되어서는 안 된다. 그런데 지금도 세계 도처에서 전쟁이 되풀이되니 한숨이 난다.

여기 다하우에는 종전 때까지 독일뿐 아니라, 독일의 모든 점령 지역 약 30개국에서 대략 20만 6천 명 정도의 수용자가 거쳐 갔다. 대부분 유대인이었고 그 외 반체제 독일인, 히틀러 암살 기도 사건 때의 가담자, 노벨상 수상자, 전 독일 육군참모총장, 프랑스 장군, 그밖에 전원 총살된 소련군 포로 등 다양한 인종과 계층이 수용되어 있었다. 이들 대부분이 혹독한 노동과 질병, 영양실조, 고문, 자살, 생체 실험 또는 처형 등으로 숨졌으나 확실한 기록은 남아 있지 않다. 해방되던 날 3만 2천명이 살아남았는데 이 가운데 2천 5백 명이 유대인이었다. 아우슈비츠에서는 250만에서 400만이 죽었다고 하나 시설이 하루 1,000명 정도를 처형할 수 있었다고 하니 계산해 보면, 약 100만 명은 죽었으리라고 보는 것이 정설이다. 어쨌든 엄청난 비극이다.

마침 예배당에서 한 노부부가 걸어나오는 것을 보았다. 지금이야

관광객이 많겠지만 그 때는 몇 사람의 직원말고는 이 부부밖에 없었다. 내가 인사를 하자 자신은 유대인이고 이곳 가스실에서 자기 부모가 죽었다고 말하면서, 그 때 중학생이었던 자신은 브라질로 도망쳐서 무사했다고 한다. 그들은 몇 년에 한 번씩 파리에 유학 중인 딸을 보러 왔다가 여기에 들른다고 말했다. 뒤돌아 떠나는 그들의 뒷모습이 더없이 처량해 보였다.

안으로 들어서자 수용소 내부는 바로 지옥을 연상시켰다. 이렇게까지 인간이 잔인할 수가 있을까, 가슴이 미어지는 아픔을 느꼈다. 미군이 접수할 때 꼼꼼한 독일인의 성격 탓에 완벽한 현장 유품들을 확보하였고 실물을 방불하게끔 재현해 놓은 탓에 마치 참극의 현장에 입회하는 것 같았다. 죄수 아닌 죄수들의 숙소, 온갖 고문 기구, 냉온과 고압 적응 능력 검사 등을 위한 인체 실험실. 특히 참혹한 것은 가스통이 남아 있는 독가스실과 시체 소각장 등 나치(스)(Nationalsozialist, 독일민족사회당 당원)와 S.S.(나치 친위대, Schutzstaffel)들의 만행을 직접 목격하니 온몸에 전율이 일어났다.

왜 독일인들은 유대인을 그렇게 미워했을까. 히틀러(1889~1945)는 젊었을 때부터 유대인을 싫어했다. 첫사랑을 뿌리친 여자가 유대인이었고, 그가 미술학도였을 때, 미술가의 길을 가로막은 교수가 또한 유대인이었다. 그가 정권(1933~1945)을 장악하기 전 독일은 제1차 세계대전의 패전으로 연합국과 맺은 베르사이유조약에 따라 막대한 배상금을 지불해야 했고, 식민지는 모두 빼앗겼고, 국토는 전쟁의 참화로 폐허가 되었다. 게다가 1929년에 엄습한 엄청난 인플레이션으로 실업률은 극대화되었고 여기에 대처해야 할 전후 내각인 바이마르공화국은 무능했다. 그래서 국민 생활은 도탄에 빠지고 재기의 기력이 없었다. 이 때 히틀러가 나치스당을 이끌고 독일 민족의 우수성을 고취시키면서 민족의 재기와 베르사이유조약의 파기와 함께 세계 제패의 꿈을 키워 주었다. 그는 공산당과 사회민주당을 제치고 선거에 승리하여 1933년 1월 30일 합법적으로 총리로 추대되었다. 곧이어 그는 600만 실업자를 군수산업과 고속도로(아우토반) 등 토목 사업에 투입하고, 또한 '세습 농작법'을 제정하여 대·중농들을 보호하여 식량의 자족화를 기하였으며, 인조 고무, 인조 섬유의 증산을 꾀하였다.

이러한 경제 회생 정책의 성공으로 인한 국민의 열광적 지지를 배경으로 히틀러는 노동조합을 폐지하고 차츰 정치적으로 독재화의 길을 가기 시작했다. 그리고 강력한 친위 세력인 히틀러 유겐트(청년당), 비밀경찰인 게슈타포(Geheime Staatspolizei, 비밀국가경찰)를 동원하여 교묘한 공작 수단으로 국민을 나치스식으로 세뇌시켰다. 이 때 토마스 만을 비롯한 많은 문인·작가와 지식인들이 히틀러를 경계하여 우선 사회민주당과 공산당이 잠정적으로 합쳐서 제1당인 나치당을 국회에서 추방하라고 극구 외쳤으나, 야당은 이에 귀기울이지 않았고, 급기야 나치에 의해 차례로 격파, 불법화되고, 대표자들은 대거 투옥되는 신세가 되었다. 총리 취임 5주 뒤에 다하우 수용소가 창설되었고, 반나치(스) 저항 정치인이나 지식인들, 특히 유대인들이 투옥되기 시작했다. 이리하여 1936년경에는 독일에서 반(反)나치주의는 완전히 소멸되었다. 나는 지금도 이해되지 않는 것이 당시 세계적인 철학자이며 프라이부르크대학 총장이었던 마르틴 하이데거가 히틀러의 지지자였다는 사실이다.

나치스가 유대인을 노린 이유는, 그들이 선민(選民)의식으로 폐쇄적인 생활을 하였고, 예수 살해라는 종교적 이유 등으로 오래전부터 독일뿐만 아니라 유럽 지역에서 혐오 민족으로 배척을 받았기 때문이다. 그들에게는 토지 소유가 인정되지 않았으므로 살아남기 위해서 가톨릭 교회가 금지하는 고리대금업과 경원시하는 금융업·수공업·상업에 종사하였고, 막대한 부를 축적하여 당시 독일 재정의 40%를 점유하고 있었다. 나치스는 유대인들을 굶주린 국민의 증오의 타깃으로 만들어 결국 유대인은 가방 하나 든 채로 수용소에 수감되었고, 재산을 고스란히 몰수당했다. 재산뿐만 아니라 마르크스·레닌·아인슈타인 등과 같이 유대인의 유능한 재능이 게르만 민족의 우월성에 방해가 되는 것을 나치스는 경계하였으며, 자유세계 각 국의 지배층에 자리잡은 유대인의 세력이 그들을 도울까 봐 겁을 냈다. 예를 들어 미국의 경우, 미국 내 정상급 부호 20%, 대기업 최고 경영자의 7.5%, 영화 제작자·감독의 60%, 상원의원 50%가 유대인이다.

1941년에 나치의 제2인자인 괴링이 유대인에 대한 최종적 해결 방법으로 유대인 전멸 지령을 하달함으로써 처형이 극대화되었다. 독일의 유럽 점령 지역의 수용소의 숫자는 2,000개로 늘어났고, 희생자 800만 명 중 600만 명이 유대인으로 집계되었다. 국내 반대 세력이 완전히 소멸되자 히틀러는 유럽 제패의 야욕을 실행에 옮긴다. 1933년 10월 국제연맹을 탈퇴하고 징병제를 실시하여 육군은 5배, 해군은 4배로 증원하였다. 1938년 3월에는 오스트리아 합병, 체코·슬로바키아 정복을, 그리고 마침내 폴란드 침공을 시작하자 영국과 프랑스의 선전포고로 세계는 제2차 세계대전으로 휘말렸으나 결국 미국의 참전으로 독일은 파멸로 치닫게 된다.

풍선을 한쪽으로 누르면 반대쪽이 부풀다가 마침내 터지듯이, 군수물자 생산에 혹사당한 유대인들은 사보타지의 일환으로 포탄이나 기타 군수품에 보이지 않게 불량화를 기도하여 불량률을 높였다. 독일인들은 전장에 나가기도 부족하니 군수 공장은 전적으로 유대인 내지 복역자의 몫이었다. 이리하여 특히 러시아 전선에서 밀고 오는 소련군의 전차에 독일군이 포탄을 쏘아도 터지지가 않아 후퇴하는 일이 자주 일어났다. 게다가 괴링의 유대인 말살 명령에 따라 아우슈비츠와 인근 베켄하우어의 수용소로 이송되는 유대인 수송을 우선으로 한 정책으로 군수품 열차의 운행이 지연되었다. 처음 파죽지세로 진격하던 독일 제6군단이 스탈린그라드를 900일이나 포위했으면서도 혹한에 포탄·탱크·비행기 등 군수품 보급의 지연과 병기의 불량으로 결국 히틀러의 엄명에도 불복하고 소련군에 항복함으로써, 장성 이하 9만 1,000명이 포로가 되고, 전사자는 15만 명이나 되었다. 1943년의 일이다. 결국 유대인 압박의 반대급부가 풍선처럼 그들의 패망에 일조를 한 셈이다.

그리고 1944년 연합군의 노르망디 상륙은 나치스 독일의 숨통을 끊어 놓았다. 마침내 소련과 연합군의 베를린 입성으로 1945년 4월 30일 지하 벙커에서 히틀러가 자살하고 악마의 무도극은 막을 내렸다. 그러나 그의 불장난으로 전 세계에서 2,500만 명이 전사하고 민간인 4천만 명의 피해가 생겨났다. 강제수용소의 총집행자인 뮌헨 경찰청장 힘러는 붙잡혀 자결하고 경찰 본부 유대인 책임자 아이히만 중령은 용케 아르헨티나로 도망가 숨어 살다 이스라엘 비밀경찰 모사드의 끈질긴 추적으로 15년 만에 체포, 압송되어 이스라엘에서 1962년에 처형되었다. 이 때문에 이스라엘은 아르헨티나와 외교 분쟁이 일어났다.

베를린

1990년 1년간 연구 휴직 발령을 받고 4월에 독일 베를린에 거주하면서 잠시 베를린 자유대학에 다녔다. 독일의 대학 도시에는 대부분 우리 졸업생들이 공부하고 있다. 베를린에도 제자가 있어 자주 식사도 초대해 주고, 여러 가지 불편한 것이 있으면 보살펴주었다. 그러던 어느 날 멀리 보훔, 뮌스터에서 제자들 셋이 찾아왔다. 모두 그곳 대학에서 박사과정에 있는 제자들로 지금은 모두 대학의 중견 교수들이다. 여제자들이라 각자 반찬들을 해와, 밥을 해 같이 먹게 되니 혼자인 내게는 만남의 기쁨과 더불어 그런 횡재가 없었다. 1989년 11월 9일에 악명 높은 베를린 장벽이 뚫려 당시 동독은 통행도 자유로워져 베를린 시내뿐만 아니라 그동안 못 가본 동베를린의 세계적인 베르가몬박물관을 우리들은 관람했다. 이곳에는 그리스·터키·시리아 등의 찬란한 오리엔트 문명의 유물들이 넘쳐나고 있었는데, 그곳에 전시된 제우스 신전을 보는 순간 여기가 독일인가 눈이 의심스러웠다. 그곳의 전시품들은 그리스 본국에서도 찾아보기 힘들 정도로 완전무결한 것들이었다. 그러니 그 나라 사람들이 보면 얼마나 가슴이 아프겠는가. 여기 말고 뮌헨·영국·프랑스 등의 박물관을 둘러보았지만 이렇게 내실 있고 규모가 큰 박물관은 처음 보았다. 물론 그 유명한 서베를린 이집트 박물관의 '왕비 네페르티티의 흉상'도 완전무결한 것이었지만.

다음에는 훔볼트대학의 우람한 모습에 감탄했다. 동·서독으로 나뉜 뒤, 새로 지은 것이 베를린 자유대학이다. 그러니 건물은 이 대학보다 빈약해 보이지만 교수진 등은 훔볼트에 비할 바 아니다. 마지막으로 찾은 곳은 포츠담에 있는 상수시(Sanssousi)궁이었다. 이 궁은 1745년 프리드리히대왕이 건설한 별궁으로 화려한 로코코의 백·청·황금

동베를린에서 제자들과 함께

색의 조화가 정말 눈부셨다. 또한 넓은 정원은 절경이었다.

다음날 제자들이 떠나자 또다시 고독한 며칠을 보낸 뒤 한국에서 아내가 왔다. 다시 마음과 생활의 안정이 찾아왔다. 베를린은 쿠담(Ku' Damm) 거리에만 나오면 시내 구경을 모두 할 수 있다. 주위에 동물원, 중앙역인 초역, 유럽센터, 특히 폭격의 자국이 선명한 그 유명한 카이저빌헬름 교회, 연방 의사당, 전승 기념탑, 대학, 브란덴부르크문, 베를린 장벽 일부, 샤를로텐부르크 왕궁이 있다. 역시 로코코 형식의 건물과 특히 중국도 자기의 방과 아름다운 정원은 보는 이의 경탄을 자아내기 충분하다. 물론 제2차 세계대전시 연합군의 베를린 공방전 때 80% 이상 파괴되었으나 지금은 모두 복구되어 그 흔적조차 찾을 수 없다.

또 쿠담 라인 안에는 대형 백화점인 카데베(KaDeWe)가 있어 자주 들렀다. 여기에는 없는 것이 없다. 독일에서 보기 힘든 고구마까지 판다. 과거 히틀러가 잘한 것이 하나 있다면 베를린의 광대한 호수인 반제(Wannsee) 안에 인공 모래 해안을 만들어 수영장을 만든 것이다. 이 호수에서 기선을 타면 포츠담까지 갈 수 있으며, 근처의 유명한 독일 낭만파 작가 클라이스트가 권총 자살한 곳도 있고 중간에 공작섬이 있는데, 여기에는 실제로 공작이 날개를 펴고 사람을 쫓아온다. 또한 프러시아 왕의 별장도 있어 운치 있는 섬이다. 내가 갔을 때는 사람이라고는 없어 아내와 단 둘이서 실컷 한적한 시간을 보냈다.

그러나 최근에 베를린에 들렀을 때는 베를린 전체가 관광객의 홍수를 이루고 있었다. 세계 어디나 같겠지만 주된 이유는 공산권인 중국·소련·체코·폴란드 등의 여행 자유화로 인한 세계 관광 인구의 팽창 때문이다. 가령 파리의 노트르담 사원 근처에도 관광버스가 설 곳이 없다. 지난 5월에 일본에 가보니 시골까지 중국인이 쇄도하고 있었다. 그러나 1990년대까지만 해도 세계 어디나 한적하여 충분히 외국의 정취를 만끽할 수 있었다. 아직 통일 전이라 쿠담에는 북한의 금강산처럼 동베를린이나 포츠담행 관광버스가 출발하는 곳이 있었다. 물론 일일 통행 비자가 필수이다. 전에 못 본 상수시궁의 내부도 볼 겸, 또 그 옆에 준엄한 독일의 법질서를 상징하는 그 유명한 방앗간이 아직도 남아 있을까 해서 상수시궁행 버스를 탔다. 경계선인 체크포인트 찰리(Check Point Charlie)를 지나 동베를린에 들어서자 아파트에는 페인트칠도 제대로 되어 있지 않고 창문에는 커튼이 없어 사람이 살지 않는 집인 줄 알았는데, 이따금 사람들이 서성이는 것을 보아 빈 집은 아니었다. 그만큼 생활 수준이 서베를린에 비해 낮은데다 집은 모두 국가 소유니 단장할 필요도, 의욕도 없는 것 같아 보였다.

도중에 쉴 때 커피를 마시려고 하니 당시 동독의 마르크화의 가치는 서독 마르크보다 훨씬 낮았는데도 요금표대로 서독 마르크로 받는 상술에 놀랐다. 상수시(근심이 없다는 프랑스어)궁에 도착했다. 유명한 프리드리히대왕의 일화(逸話)가 있는 그 방앗간은 찾을 수가 없었다. 대왕이 편안히 쉬려고 이 별궁에 와 자려고 할 때, 건너편에 있는 방앗간에서 밤마다 나는 물레소리 때문에 잠을 잘 수가 없어서 그 주인에게 집을 옮기라고 명령을 했다. 그랬더니 주인은 "대왕님, 이 집은 지금은 내 집이지만 전에는 아버지, 할아버지, 그리고 앞으로는 자자손손 물려야 하는 집이고 만일 강제로 철거시키려면 나는 프러시아 법정에 제소하겠습니다. 프러시아의 재판관은 공정하다는 정평이 있습니다"라고 하자 대왕은 왕권에도 굴하지 않는 용감한 국민과 국민의 신뢰를 받는 법관이 있다는 것에 감격해서 자기의 명령을 철회했다는 일화가 전해져, 열심히 찾았으나 허사였다.

나는 바로크 양식보다는 로코코가 훨씬 마음에 든다. 경쾌하고 화려하고 원형과 곡선미가 넘치기 때문이다. 대왕이 존경하는 볼테르 초상의 방, 조개방, 포도 장식의 방 등 눈부시기가 이루 말할 수가 없었다. 출발 시간이 되어 아쉬움은 남았으나, 주차장으로 돌아와 버스를 탔다. 출발 직전 서독 청년이 타지 않은 것을 알고 승객들은 운전사에게 이 사실을 알렸으나 대꾸도 하지 않고 출발했다. 체재가 다른 외국이나 다름없는 곳에 승객을 두고 가는 비정한 운전사에게서 잘못에는 타협이 없는 독일 기질을 보고 놀랐다.

어느 날 제자가 베를린심포니 연주회에 초대해 주어서 간 적이 있었다. 연주가 끝나자 작곡가가 직접 나와 지휘자와 방청객들에게 인사하고는 퍼스트 바이올리니스트인 악장에게 다가가 정중히 인사하고 또한 악장은 후배에게 하듯 어깨를 두들기며 격려해 주었다. 나는 퍼스트 바이올리니스트인 악장이 그렇게도 대단한 줄 새삼 느꼈다. 그 사람은 카라얀이 지휘할 때부터 지금까지 계속 악장자리를 지켜 온 유명한 일본인 야스나가 도루였다.

콘스탄츠

6월 말경 콘스탄츠(Konstanz)에 있는 제자가 자기들 있는 곳으로 옮겨 올 것을 권했다. 콘스탄츠대학에도 역시 박사과정에 두 제자가 있었다. 베를린은 이전에도 왔었고, 석 달이나 있었으니 흔쾌히 가기로 결정했다. 콘스탄츠는 길이가 63km, 폭이 14km나 되는 세계에서 세 번째이고 독일에서는 제일 큰 바다 같은 보덴 호가 있는 호반의 대학 도시이다. 콘스탄츠까지 가는 기차나 버스 직행이 없어 차를 렌트

해서 가기로 했다. 독일은 워낙 길어서 콘스탄츠까지 직선 거리가 734km이다. 그래서 가는 길에 명승지를 두루 둘러본 뒤 3일 만에 기선에 차량을 실은 채 보덴호를 건너 콘스탄츠에 도착했다. 부두에는 제자들이 마중 나와 반갑게 맞아 주었다. 물론 그들이 방도 구해 놓았고 생활하는 데 불편이 없도록 보살펴주었다.

콘스탄츠는 대부분의 대학 도시가 그러하듯이 인구 10만 내외인 고요한 중세 도시이다. 호수 너머로 여름에도 하얀 눈을 인 알프스의 연봉이 보이고 좌우로 스위스와 오스트리아가 접해 있으며 프랑스와 이탈리아에도 당일로 닿을 수 있다. 특히 스위스와 독일의 국경 검문소가 콘스탄츠 시내에 있다. 슈퍼의 폐점 시간은 콘스탄츠 쪽이 빨랐고, 공산품은 독일이 싸고, 농산물은 스위스 쪽이 싼 관계로 스위스 쪽 슈퍼를 이용할 때도 많았다. 스위스 국경 경찰관도 나를 알아보고 항상 말없이 통과시켜 주었다. 오스트리아의 브레겐츠도 호수를 끼고 가면 금방이다. 저녁밥을 먹고 브레겐츠로 가서 수상 오페라를 관람하기도 했다.

이런 지리적인 여건 때문에 나는 자동차를 구입했다. 자동차 덕분에 나는 멀리 프랑크푸르트에서 찾아온 제자 부부와 스위스 알프스 융프라우를 같이 갔고, 뮌스터의 제자와는 그림 같은 퓌센의 눈 덮인 노이슈반슈타인성(일명 백조성)을 보았다. 여행 도중에 묵은 호텔에서 일어나 출발하려니 겨울인 탓으로 차가 눈에 완전히 파묻혀 있었다. 다행히 길은 제설차가 치워 놓아 겨우 귀가할 수 있었던 일도 있었다. 이렇게 제자들의 방문은 내게 스승 된 보람을 느끼게 해주었다. 또한 차 덕분에 서울대 동문 교수를 전송한다고 쾰른대성당(157m)보다도 훨씬 높은 세계 최고 높이의 울름대성당(161m)까지 갔고, 그밖에 프랑크푸르트·로텐부르크·뷔르츠부르크·뉘른베르크·뮌헨·하이델베르크 그리고 오스트리아의 잘츠부르크·인스부르크도 다녀왔다. 특히 대문호 헤르만 헤세의 생가와 그의 작품의 무대가 되었던 칼브를 찾아가 그가 고민했던 자아와 세계, 시민성과 예술성과의 상극(相克)의 조화를 일생의 근본 과제로 추구한 위대한 정신을 되새겨보았다. 그곳 헤세협회에서는 친절한 독일 노부인의 권유로 차도 마시고 또한 협회 회원으로 가입하기도 했다.

콘스탄츠 제자들과는 튀빙겐에 간 적도 있었다. 여기는 큰 성도 있고 독일 최고의 낭만파 시인 횔덜린이 36년간을 정신병으로 살다가 간 횔덜린 투름(Turm, Tower. 탑형 건물)이 있어 이곳을 돌아보며 나는 황폐한 독일 정신을 고전기의 그리스 이상과 기독교 정신으로 구원하겠다는 그의 숭고한 정신을 되새겼다. 또한 튀빙겐대학 식당(멘자, Mensa)에서 식사를 했다. 대학 식당은 어디가나 면세(免稅)라 식비가 저렴하고, 여기에는 늘 한국 학생들이 있었다. 둘 이상이면 한국말을 하기 때문에 금세 알게 된다. 여기서도 이대 미술대학 졸업생을 만났다.

대학 식당 중 독일에서 가장 아름답기로 소문난 곳이 콘스탄츠대학 멘자이다. 식사가 좋거나 내부 장식이 화려해서가 아니다. 앉아서 보는 조망이 절경이기 때문이다. 바로 발 아래 보덴 호수의 맑고 푸른 물결이 바다처럼 밀려오고, 저 멀리로 중세의 성(城)이 있는 메어스부르크(Meersburg)가 바라다보인다. 매일같이 식사하러 올 때마다 황홀함을 금할 수 없는 조망이다. 메어스부르크는 내가 자주 찾아갔던 곳이다. 콘스탄츠에서 기선을 타고 가면 지척인 메어스부르크는 중세 도시로서 아담한 성이 있고 그 성에서 보는 보덴 호가 절경이라는 것 외에 이곳을 자주 찾은 이유는 그곳에는 내가 좋아하던 여류 시인 드로스테 휠스호프(1797~1846)가 이 성에서 생을 끝마쳤기 때문이다. 이 성은 그녀의 형부 폰 라스베르크 남작의 성이었기에 젊은 시절 사랑에 실패하고 44세 때 이리로 와 죽을 때까지 독신으로 고독하게 이곳에서 창작의 여생을 보냈다. 그녀의 매력은 자연에 대한 감각적 체험 능력과, 정신 내부의 격한 환각적 통찰과 예리한 언어와 리듬에 넘친 구성에 있다. 보덴 호수의 달을 그린 대표 시 〈월출〉(달이 뜬다)에서 이런 특성이 잘 나타나 있다. 성 안 그녀의 방에 있는 침대 위에 화환이 놓여 있는데 그 침대가 너무나 왜소한 것이 이상하게 느껴졌다.

가끔은 애제자의 가족과 함께 마르세이유·니스·아비뇽·리용 등 프로방스 지방을 여행했다. 독일과 다른 눈부신 태양과 투명한 공기, 원색의 자연과 빨간 지붕들을 보고 고갱, 고흐를 비롯한 후기 인상파의 작렬하는 색채를 이해할 수가 있었다. 칸느의 모래사장에서 아버지와 아들 그리고 토플리스 차림의 딸이 배구를 하는 모습을 보고 우리네와 다른 정서에 놀랐다. 오는 길에 몬테카를로도 들렀다.

프라하와 카프카

학교 생활이 지루해지면, 여행 병이 발작한다. 내가 꼭 가고 싶었으나 그때까지 갈 수 없었던 곳이 실존주의의 선구적 작가 프란츠 카프카(Franz Kafka, 1883~1924)의 고향인 프라하와 시성(詩聖) 괴테와 쉴러의 활동 무대였던 동독 바이마르였다. 그동안 몇 번이나 유럽에 왔지만 우리와 수교가 안 된 곳이었으나 이제는 사회주의가 종식하는 시기니 충분히 갈 수 있다고 생각되어 아내와 함께 길을 나섰다. 프라하로 가는 길은 우선 오스트리아의 수도 빈(비엔나)을 통과해서 가기로 했다. 16년 만에 다시 빈에 들렀는데 이곳에서 나는 학창 생활을 했기 때문에 추억이 깃든 빈대학, 시청, 왕궁, 오페라 하우스, 슈테판 대성당, 쇤브룬 궁전 등을 찾아다니느라 3일을 소요했다. 그리고 난 다음 체코 국경으로 향했다. 거기서 한참 기다리고 나서야 비자가 나왔고 일인당 지금 우리 돈으로 20만 원 정도를 체코 돈으로 강제 환전을 해야 했다.

프라하로 가는 길은 꽤 멀었다. 그때까지만 해도 사회주의 체제였기에 가는 길에 보이는 성(城)에는 무슨 선전 구호인지 벽에다 현수막을 걸고 아예 빨간 페인트칠까지 해놓았다. 사는 형편은 동독보다 못한 것 같았다. 새벽같이 빈을 떠났는데 지도상 직선 거리가 300여km이지만 고속도로도 아니고 우회하는 곳도 많아, 프라하에 도착했을 때는 오후 느지막한 시간이었다. 나는 여관을 찾을 때는 국내든 외국이든 항상 기차역 부근에서 해결한다. 물론 프라하역 부근에는 수많은 여관들이 있었다. 그러나 여관마다 방이 없다는 것이다. 어두워지기 시작하자 초조해졌다. 하룻밤 200달러 정도 하는 최고급 호텔은 있었지만 좀 더 싸게 묵을 곳을 찾아 돌아다니는데 어떤 청년이 자기 집으로 안내하면서 영어로 "당신은 참 행운아다. 나를 만나서"라면서 자기 집에서 묵으라고 유인한다. 그러나 불안해서 사양하고, 다시 돌아다니다 영어로 '민박 안내소'라는 간판을 보고 얼씨구나 하고 들어갔더니 한 집을 소개해 주었다. 보통의 서민 집이었고, 할머니가 혼자 살면서 손님이 오면 자기는 딸네 집으로 간다고 했다. 한숨을 돌리고 거기서 묵게 되었다.

후에 안 일이지만 여관은 그냥 가면 십중팔구 거절당한다는 것이다. 왜냐하면 사회주의 국가니 여관도, 모든 기업체도 국가 소유이고 손님이 없어도 월급은 나오니까 손님이 많으면 오히려 귀찮다는 거다. 미리 만 원 정도 팁을 주어야 방을 얻는다는 것이다. 아침에 우리는 카프카의 체취를 찾아 나섰다. 아시다시피 카프카는 프랑스에서 실존주의의 태두와 함께 그의 작품도 세계의 주목을 받기 시작했다. 따라서 실존주의가 퇴색하자 그의 매력도 당연히 사라질 줄 알았다. 그러나 이런 예측은 빗나갔다. 사후 백년이 지난 지금도 그의 작품이 활발히 읽히고 연구물도 계속 나오고 있으며 영향력이 줄지 않고 있는 것만 보아도 알 수 있다. 왜냐하면 인간의 원초적 부조리성은 여전히 지속되고 이를 극복하고자 하는 인류의 숙원에 대한 해답을 그에게서 찾을 수 있기 때문이다. 다음의 문장도 이와 같은 해답을 시사한다.

> 절망해서는 안 된다. 네가 절망하지 않는다는 사실에 대해서도 절망하지 마라. 모든 것이 종말로 보인다고 해도, 역시 새로운 힘이 나는 것이다. 이것이 바로 네가 살아 있다는 것을 뜻한다. (카프카의 일기에서)

자전성(自傳性)이란 모든 작가에게 있기 마련이다. 그렇지만 카프카의 작품에서 이것은 절대적이다. 즉 그의 작품은 자신의 실생활의 투영이라고 보아도 좋을 것이다. 그래서 카프카를 알려면 프라하를 알아야 한다. 카프카는 유대인이면서 유대 언어인 이디슈어를 사용하는 정통 동(東)유대인이 아니라 서구화된 서(西)유대인이고 독일어를 사용하지만 물론 독일인도 아니다. 왜냐하면 이곳은 당시 오스트리아-헝가리의 이중제국 수도로 독일계가 상류였다. 또한 그는 체코인과 유대인 전용 지역인 게토(Ghetto) 지구의 경계에서 나고 자랐기 때문에 체코인도 아니다. 그러면서도 독일계 학교와 대학을 졸업했다.

시나고그에 있는 시계탑

법학박사인 그는 낮에는 노동자상해보험국 공무원이면서 밤에는 작가였다. 따라서 그의 작품의 행간(行間)에는 이러한 양 세계를 유영(遊泳)하면서 어느 한쪽에도 정착하지 못하는 무소속자(無所屬者)로서의 고민과 두 세계로부터 오는 소외감에 대한 피해의식이 배어나온다. 또 그의 작품 도처에는 지연성(地椽性)과 아버지에 대한 콤플렉스 등 전기적(傳記的) 상황이 발견된다.

또한 그에게는 프라하 유대인에 대한 연대적 민족의식이 강했다. 나는 먼저 게토 지역으로 갔다. 시나고그(Synagogue, 유대교회)를 보고, 그 옆에 있는 공동묘지를 보았다. 무덤은 황폐해서 비석 위에 비석이 무질서하게 얹혀 있었다. 좁은 묘역에 이중삼중으로 매장되어 있으니 이것만 보아도 유럽에서 유대인의 비참한 위치를 알 수 있었다. 다음으로 카렐교, 생가, 대학, 한때 그가 살았던 연금술사 거리, 프라하 싱, 황금 골목 등을 보았다. 게토는 유럽 어느 나라나 있는 유대인 격리 지대이다. 카프카의 무덤은 지하철을 타고 한참 가야 하는 교외 슈트라슈니츠에 있는 꽤나 넓은 유대인 공원묘지에 있었다. 처음에는 찾기 힘들었는데 꽃을 파는 노인이 독일어를 할 줄 알아 위치를 가르쳐 주었는데, 늦은 시간이라 들어가지는 못했지만 길에서도 충분히 볼 수가 있었다. 묘비에는 프란츠 카프카라는 글자가 뚜렷했고 누가 갖다 놓았는지 화환이 놓여 있었다. 그가 아끼던 누이동생 오틀라는 아우슈비츠에서 살해되었기 때문에 그의 옆에 묻힐 수 없었다. 그가 10여 년만 더 살았어도 수용소의 재가 되었을 것이다. 그는 41세 생일 한 달 전에 후두 결핵으로 빈 교외의 사나토륨에서 사망했다. 이번 여행의 최고의 수확은 구시가 시나고그에서 상하 두 개의 문자판이 있는 시계탑을 발견한 것이다.

위의 시계는 정상이나 아래 시계는 반대방향으로 침이 돌아간다. 이것도 그의 작품에서 자주 발견되는 시간의 이중성(二重性)에 영향을 준 것이 아닌가 생각된다. 그리고 미로(迷路)의 골목길, 14세기에 건립된 카렐 4세 교에서 바라본 대성당, 프라하 성, 그리고 왕궁 등 내가 본 어느 하나도 낯설지 않았다. 왜냐하면 모두가 그의 작품에서 보아 온 익숙한 광경이었기 때문이다. 거리의 풍경은 동독 이상으로 침체되었고 상점에는 진열품도 그다지 많지 않았으며 밤에는 특히 유령도시 같았다. 따라서 음식도 보잘것 없었다. 그러니 별로 살 것도 없어 체코 돈은 제법 남았고 마르크화로 환불이 안 된다고 해서 부득이 체코가 원조인 필스너 맥주와 마늘, 파만 잔뜩 사서 차 트렁크에 싣고 왔다. 그 후 나는 1995년과 2009년 프라하를 다녀왔다. 1995년의 프라하는 이미 눈부시게 변모를 시작했고, 고급차와 보석들이 즐비했다. 2004년 EU회원국이 된 프라하를 작년에 가보았을 때는 완전히 도쿄의 긴자 거리를 방불케 했다.

바이마르와 괴테

다음날 아침 동독 바이마르를 향해 프라하를 떠났다. 국경에는 이미 통일 직전이라 무정부 상태로 경비병조차 보이지 않았다. 가는 길에 드레스덴에 들러 츠빙거 궁전과 그 앞에 있는 가톨릭 교회를 보았다. 전후 50년이 지났으나 동독 정부는 복구할 능력이 없어 전쟁의 상흔이 그대로 남아 있었다. 성당 앞에는 복구비를 모금하는 간판이 크게 나붙어 있었다. 그러나 통독 후인 1995년 동구 여행길에 들렀을 때는 왕궁은 완전히 복구되어 있었고 거리 도처에 타워 크레인과 불도저가 활발하게 움직이고 있었다. 통일 후 서독의 부담이 얼마나 컸을까 짐작이 되었다.

동독의 고속도로는 체코보다 좋지 않았다. 고속도로라고는 하지만 편도 일차선이고 도로도 평탄하지 않았다. 신호등도 드문드문 있어서 빨간 불이 켜 있던지 또는 앞에 동독차인 트라반트(Trabant)가 가면 교통 체증이 일어났다. 보통 서독 고속도로에는 제한 속도가 없고 평균 200km 이상으로 달린다. 나도 늘 150km 정도는 달렸는데 동독차는 100km를 넘지 않게 되어 있었다. 그리고 신호등 앞에서는 반드시 엔진을 끄도록 교통 법규로 정해져 있었다. 신호가 바뀌면 시동을 켜지만 잘 켜지지 않을 때가 있다. 그러면 서독 차들이 뒤에서 클랙슨을 울리면서 야단이다. 바이마르가 가까워지자 어두워지기 시작했다. 마침 주위에 차도 없고 표지판이 잘 보이지 않아 진입로를 지나쳤다. 고속도로에서 입구를 놓치면 한참을 가 다른 도시에서 돌아와야 한다. 낭패가 아닐 수 없었다. 그래서 마침 앞뒤로 차가 없기에 바로 그 사리에서 유턴을 해 궁지에서 벗어났다. 내가 고속도로에서 유턴을 한 것은 태어나서 처음이었다.

시내로 접어들면서 내가 놀란 것은 분명히 표지판에 바이마르로 되어 있는데 가로등도 없고 자동차 라이트로는 폐허밖에 보이지 않았다. 잘못 온 것이 아닌가 생각하던 중 도심(Innenstadt)이라는 방향 표지가 있어 한참 가니까 비로소 불이 켜져 있는 동네가 나왔다. 안도의 숨을 쉬고 이제는 묵을 곳을 찾아 나섰다. 달리 보이는 곳도 없고 한 호텔이 보이자 들어갔다. 무슨 모임이 있는지 부산했고 빈 방이 없다는 것이다. 난감했고 아무리 사정을 해도 소용이 없었다. 오늘밤은 차 속에서 자나 했는데 한 신사가 다가와서 여기 무슨 세미나가 있어 왔는데 자기는 교수라고 소개했다. 그래서 나는 한국에서 온 독문학 교수라고 했고 지금까지 불가능했던 숙원의 괴테 고장을 찾아왔지만 난감하다고 했다. 그랬더니 이분이 한참 분주히 오가더니 무사히 방을 얻어 주었다. 꽤나 큰 방이었지만 마다할 수 없었다. 아무리 공산국가라고 해도 친절의 불씨는 있나 보다. 이런 다급한 상황에서 이 친절은 뼈에 사무치도록 고마웠다. 문득 괴테의 시 구절이 떠올랐다.

> 신성(神性), 고귀하여라 인간이여, 즐겨 남을 돕고, 선량하여라.
>
> 왜냐하면 이것만이, 우리들이 아는 모든 생물로부터 인간을 구별하기 때문에.

이 시는 인간의 윤리성 찬가(讚歌)로서 교과서에 자주 나온다. 아침부터 바이마르 구경을 나갔다. 이곳은 독일 정신 문화의 메카이다. 문호 괴테·쉴러, 음악가 리스트, 철학자 니체 등이 활약했던 곳으로 1999년에는 EU에서 '유럽문화도시'로 선정되었다. 괴테(Wolfgang von Goethe, 1749~1832)는 독일인에게는 태양과 같은 존재이다. 독일뿐 아니라 세계의 많은 작가들에게도 영향을 준 바가 크다. 앙드레 지드는 "다른 모든 천재들을 합한 것보다도 괴테에게 받은 것이 더 크다"고 했다. 괴테의 『젊은 베르테르의 슬픔』이나 『파우스트』는 세계 문학의 보물이다. 사후 168년이 되었지만 세계는 그를 끊임없이 활발히 연구하고 있다. 정말 놀라운 일이다.

괴테 이전의 독일 문화는 유럽에서 후진적 지방 문화였다. 왜냐하면 라블레·몽테뉴·코르네이유·데카르트·파스칼·몰리에르·라신·몽테스키외·초서·토마스 모어, 특히 셰익스피어·밀턴·스위프트 등과 같은 반열에 오를 사람이 당시 독일에는 한 사람도 없었다. 이럴 때 괴테가 샛별처럼 나타나니 독일 사람들은 '괴테 찬가(讚歌)'를 부를 수밖에 없었다. 괴테는 프랑크푸르트 암 마인의 부유한 집안에서 태어났다. 그의 원고는 대형 트럭에 가득할 정도이지만 인세 수입은 집안의 수입에 못 미친다고 한다. 아버지 요한 카스퍼 괴테는 황실 고문관이었고 시장 딸인 어머니 엘리자베스 텍스토어는 최고의 부덕을 지닌 현모양처로 주위에서 늘 아야부인(Aja, 최고의 부덕을 갖춘 프랑스 부인 이름)으로 불렀다. 그의 어머니의 명언(名言)을 들어본다.

나는 사람의 밝은 면만 보고, 구겨진 것은 곧 다림질해서 편다.

괴테는 어릴 때부터 개인 교수로 프랑스어·이탈리아어·히브리어까지 배웠으며 영어는 영국 부인이 직접 집에 와서 지도했고, 심지어 펜싱까지 교육 받았다. 세계에서 두 사람의 천재를 들라면 '레오나르도 다빈치와 괴테'라고 한 앙드레 지드의 말대로 학습에 있어서도 눈부신 천재성을 발휘했다. 그가 한때 로마에 있을 때는 이탈리아어로 아버지와 문통(文通)을 할 정도였다. 또한 아버지가 이탈리아에서 수집해 온 그리스 로마의 골동품들은 그를 고전주의로 이끌게 한 중요한 계기가 되었다. 실제로 이 골동품들은 아직도 생가에 남아 있다. 그는 라이프치히와 슈트라스부르크(현 프랑스 슈트라스부르)대학을 나와 법률가가 되어 돌아왔다. 이 때 쓴 『베르테르의 슬픔』은 유럽을 뒤흔들었고 나폴레옹이 전장(戰場)에서도 손에서 놓지 않았다는 이야기는 너무나 잘 알려진 사실이다. 이 시절 시도 많이 썼다. 시인·소설가·극작가·변호사·정치가뿐만 아니라 자연과학 분야에서도 최초로 인간의 간악골(間顎骨)을 발견했고, 색채론을 발표하고, 뉴턴을 비판했다.

독일에서는 그를 전인(全人)이라고 부른다. 프랑크푸르트 시대에는 거작 『파우스트』를 준비했다.

괴테가 26세 때 바이마르에 오게 된 이유는 당시 독일에서 혜성같이 등장한 괴테를 바이마르 영주였던 7년 연하의 아우구스트대공이 초청했고, 마침 약혼녀 릴리 쉐네만과의 약혼 파기로 우울해 있던 마음을 전환코자 그는 이 초청에 응했는데 결국 죽을 때까지 여기서 살게 되었다. 여기서 그는 약 10년간 대공을 위해 정무에 힘썼고 1782년 귀족 칭호를 받고 총리까지 맡아 많은 행정적인 업적을 남겼다. 또한 그의 주위에는 많은 여성들이 맴돌았다. 사랑하고 사랑받고는 또 헤어졌다. 그러나 그의 사랑은 이른바 창조적 사랑이라 하여 반드시 그 뒤에는 주옥과 같은 시와 소설과 희곡이 꽃핀다. 그녀들의 모습들이 작품에 투영되어 있음은 물론이다. 여기에 오자마자 7년 연상인 폰 슈타인 남작부인과의 사랑이 12년간 계속된다. 그녀로 인해 인간적, 예술적 완성이 이루어진다. 그러나 1786년 그녀와 번잡한 직무의 시달림에서 벗어나고자 그는 이탈리아로 도망친다. 그리고 1년 반 동안 모든 것을 잊고 오로지 창작과 그림 그리기에 몰두한다. 그 때 남긴 스케치만 1,000여 장에 이르른다. 그리고 마침내 이탈리아의 명증(明證)의 고전주의적 세계에서 감성과 이성의 조화라는 괴테의 고전주의가 확립된다. 그때까지는 소위 감정 일변도인 질풍노도(Sturm and Drang)의 시기였고, 소설 『베르테르의 슬픔』, 시 「프로메테우스」, 희곡 「괴츠 폰 베를리힝겐」 등이 이때의 대표작이다. 이때부터 독일의 '고전주의'가 시작되지만 그는 그 뒤를 잇는 낭만파의 가교 역할도 한다. 즉 그의 장편 『빌헬름 마이스터』가 독일 낭만주의의 시작을 알리는 작품이기 때문이다.

이탈리아에서 돌아온 그는 아우구스트대공의 허가로 공직에서 물러나, 제국극장만을 맡고 창작과 자연과학 연구에 몰두한다. 그러던 어느 날 산책길에서 우연히 만난 조화(造花)공 크리스티아네 불피우스(Christiane Vulpius, 1765~1816)와 동거함으로써 유럽 귀족 사회에서 자유결혼의 효시가 되었고 또한 귀족들의 비난도 크게 샀다. 이 내연 상태의 생활은 고식적인 바이마르 상류 사회에 대한 반란인지도 모른다. 그녀는 일체의 공식 모임에 동반되지 않았고 충실한 하녀와도 같이 묵묵히 괴테를 내조하였다. 그러다가 18년 후에야 정식으로 결혼을 했다. 들리는 말로는 바이마르에 진주한 프랑스의 나폴레옹군 졸병이 만취해서 괴테의 집에 뛰어들자 마침 『파우스트』를 집필하다가 튀어나온 괴테와 시비가 붙었다. 그가 총으로 괴테를 겨누고 방아쇠를 당기려는 순간 불피우스가 괴테 앞을 가로막으면서 대신 나를 쏘라고 외치자 군사들이 놀라 물러갔다고 한다. 그러자 괴테는 "내가 너에게 해줄 수 있는 것은 오직 '결혼'밖에 없구나"라고 말하며 결혼식을 올렸다는 이야기이다. 만일 이 때 그가 총에 맞았더라면 세계의 보물인 『파우스트』의 완성은 없었을 것이다. 이 늦은 결혼은 며느리를 인정하고 사랑한 어머니가 강요한 탓이라는 것이 정설이다.

'괴테 집(Goethes Haus)'에 들어섰을 때, 그와 불피우스의 손길이 닿은 방, 계단, 가구들을 바라보면서 감회에 젖어 있던 나는 내 앞을 막 지나간 독일 부인들 중 누군가가 떨어뜨린 숄 하나를 주웠다. 그래서 앞서서 다른 방을 살피고 있던 사람들에게 찾아가 "게푼덴(Gefunden, found)" 하고 숄을 치켜들자 일행이 일제히 박수를 쳤다. 왜냐하면 〈게푼덴〉이란 불피우스를 노래한 시로 특히 독일 여성들에게 잘 알려져 있기 때문이다. 그 시는 "괴테가 무심히 숲속을 거닐다가 그늘에 피어 있는 별처럼, 아이의 눈처럼 아름다운 꽃을 보고 꺾으려고 하자 가냘픈 목소리로 시들어 버리기 위해 꺾어야 하나요라고 말했지만 뿌리채 뽑아 집에 가 조용한 곳에 심었더니 계속 그 꽃이 피어났다"는 내용이다. 이 시는 함께 산 지 25년 후에 괴테가 인고의 운명과 가정의 번영을 가져온 그녀를 표현한 시이다. 그전에도 꼭 같은 모티프의 시가 있다. 우리에게 〈방긋 웃는 월계꽃〉으로 알려진 〈들에 핀 장미꽃〉이다. 비명소리에도 불구하고 자신의 욕구 충족을 위해서 장미를 꺾는 소년의 횡포를 노래한 이 시는 슈트라스부르크 대학생 시절에 사랑한 후 버리고 떠난 프리데리케 브리온에 대한 동정과 반성의 시이다.

내가 이 집에서 놀란 것은 괘종시계였다. 이것과 똑같은 대형 시계가 프랑크푸르트 생가에도 있다. 다 같이 아름다워서가 아니라 하나는 괴테가 태어나기 1년 전 것이고 바이마르 것은 언제 것인지는 모르나 괴테 생존 시의 것이다. 둘 다 200년 내외의 것인데도 고장없이 지금까지 움직인다는 사실이었다. 정말 놀라운 독일 장인(匠人)의 기술에 감탄했다. 이 집을 나와서 괴테와 일생의 벗이던 독일 최고의 극작가이며 시인으로 유명한, 그리고 베토벤의 제9번 교향곡의 5악장 〈환희〉를 작시한 쉴러(Friedrich von Schiller, 1759~1805)의 동상이 나란히 서 있는 왕립극장을 보고, 옆에 있는 리스트음악학원을 지나서 애인 폰 슈타인부인의 집도 바라보고 다음은 괴테의 '초원의 별장' 내부를 보았다. 왕궁은 수리중이라 들어가지 못했다. 이 근처 어디에서 주둔하는지는 모르겠으나 소련군 병사들이 몇 명 서성이는 모습은 이 예술의 도시에 너무나 어울리지 않는 모습이었다.

마지막으로 나는 괴테, 쉴러가 안면하고 있는 작은 성당 같은 카를대공의 가족 묘지에 들어가 보았다. 지금은 어떻게 되었는지 모르겠으나 그때 내가 놀란 것은 아래로 들어서자 제일 중앙에 괴테와 쉴러의 관이 놓여 있고 대공 가족의 관들은 그 양편에 놓여 있다는 사실이었다. 이때 나는 확실히 '붓이 칼을 이긴다'는 격언을 생각했다. 그 관 속에 두 위대한 시인들이 안면하고 있다는 감격은 지금도 생생하다. 괴테의 말년은 고독했다. 생전에 그렇게도 친숙했던 쉴러도, 아내도, 폰 슈타인부인도, 그리고 대공도 앞서 갔기 때문이다. 1831년에 『파우스트』와 『빌헬름 마이스터』가 완성되었다. 다음해 3월 22일 괴테는 감기로 최후를 맞이했다. "더 빛을(Mehr Licht)!"이라는 말이 마지막 말이었다.

다음날 아침 한없는 아쉬움을 남기며 나는 바이마르를 뒤로했다. 동독을 빠져나와 서독 고속도로인 아우토반에 올라서자 그야말로 쏜살같이 달릴 수가 있었다. 콘스탄츠로 돌아와 보니 동독의 도로가 얼마나 나빴는지 자동차의 전조등이 나가고 문짝 하나도 나사가 풀려 느슨해져 있었다. 그래도 이번 여행처럼 보람이 있었던 적은 없었다. 내가 그렇게도 소망하던 것을 얻을 수 있었으니 얼마나 기뻤는지 모른다.

다시 콘스탄츠로

다시 대학에 나가 공부도 하고 멘자에서 점심을 먹는 날이 이어졌다. 대학의 도서관에는 한국 신문이 들어오기 때문에 향수를 달랠 수가 있었다. 독일과 우리의 문화적 차이를 느끼는 일 몇 가지가 있다. 첫째는 내가 머물던 해에 독일이 이탈리아 월드컵에서 우승했다. 내 집은 큰길에서 가까워 밤새 폭죽 소리, 자동차 클랙슨, 나팔 소리와 공짜로 주는 맥주에 취한 남녀의 고함 소리 등으로 시끄러워서 잠을 잘 수가 없었다. 그런데 1990년 10월 3일 통독이 되던 날은 또 잠을 못 자겠구나, 예상했지만 쥐 죽은 듯이 고요하기만 했다. 다음날 나는 집주인 아주머니에게 물어보았다. 아주머니는 정신과 의사로 아래층이 병원이었다. 그녀가 말하기를 통일이야 정치가들의 장난이고 국민들은 통일에 들어갈 천문학적인 비용 부담이 걱정이라는 것이다. 또한 일밖에 모르는 서독인과 기질이 다른 동독인들과는 마찰없이 잘 지내기 힘들 것이라고 했다. 충분히 일리가 있다고 수긍이 되어 우리도 미리 염두에 두어야 한다고 나는 생각했다. 실제로 서독은 1990년에서 9년간 동독의 GDP를 서독의 70.9% 수준까지 올리는 데 3,060조 원을 쏟아부어야 했다(동아일보 2010. 9. 21.).

다음해 나는 귀국길에 올랐다. 스위스 취리히공항에서 KAL이 뜬다. 콘스탄츠에서 지척이다. 비행기에서 1990년 한 해가 주마등처럼 눈앞을 스쳐갔다. 정말 풍요로웠고 행복한 해였음을 실감했다.

에필로그

인생이란 진부한 비유이지만 항해와 같다. 물론 내가 선장이다. 그러나 안전한 항해를 위해서는 튼튼한 배와 믿고 따르는 유능한 선원과 온화한 순풍이 절대로 필요하다. 바로 배는 웃어른들과 선후배, 동료 교수들이 계시는 이화여자대학교이고, 선원들은 가족과 직원들·제자들이고, 순풍은 운명이다. 이들이 두루 있었기에 나의 항해는 참으로 편안했다. 그러기에 그들 모두에게 진정으로 감사를 보내며 아울러 그들의 영원한 광영을 기원한다.

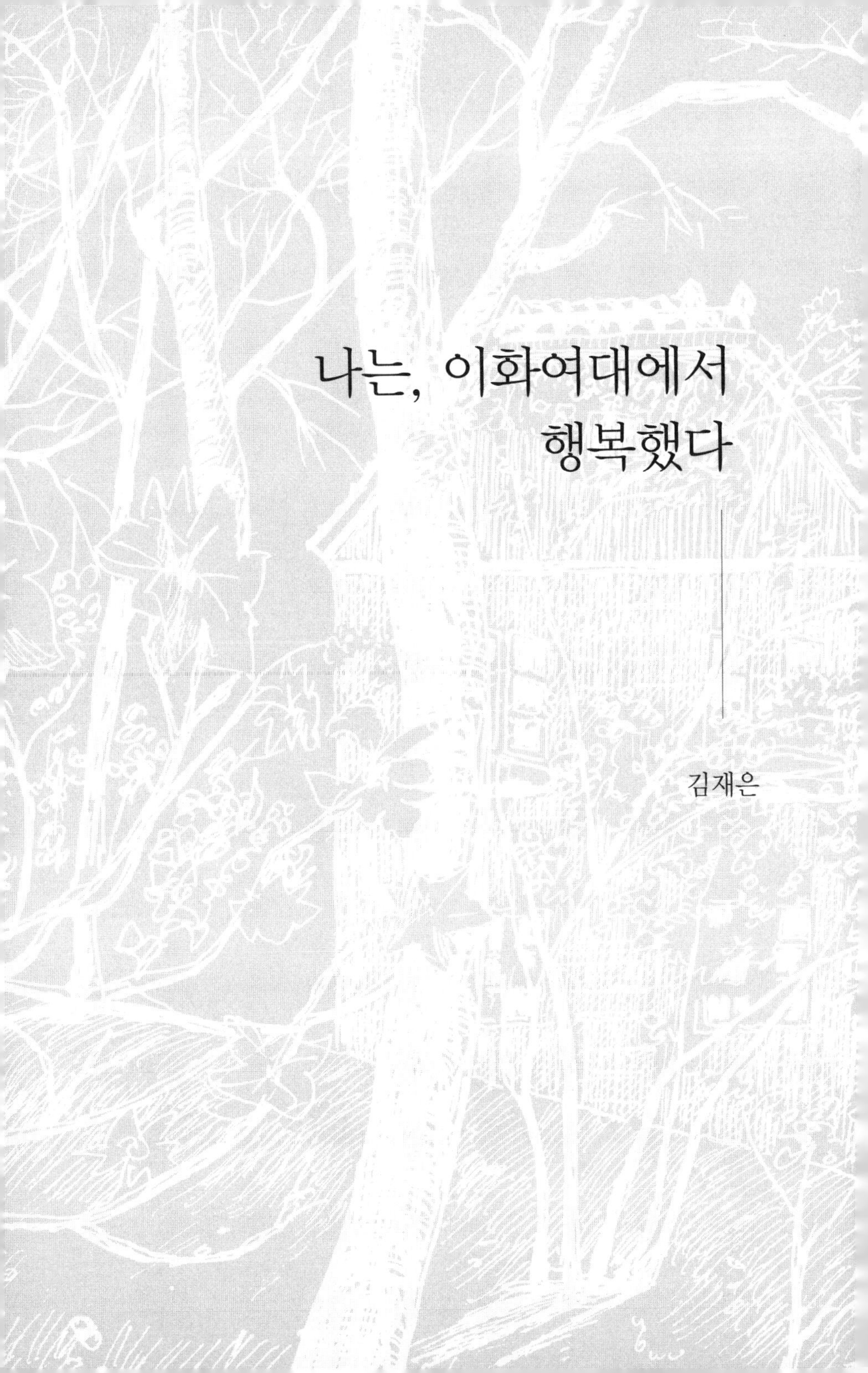

나는, 이화여대에서 행복했다

김재은

1931년 경북 안동에서 출생.

서울대학교 사범대학 교육학과를 졸업하고 서울대학교 대학원에서 교육심리학 석사. 미국 휴스턴대학원에서 연구. 이화여자대학교 대학원에서 문학박사.

1959년 4월부터 1996년 8월까지 이화여자대학교 사범대학 교육심리학과에서 37년 4개월 봉직하면서 교육심리학과 과장, 학무처 차장, 대학원 교학부장, 교육대학원장, 학생생활지도연구소장 등을 역임

한국교육심리학회장, 한국가족학회장, 한국교육학회 이사, 한국심리학회 이사, 청소년문화개발원 이사장 등을 역임.

주요 저서로는 『한국가족의 심리』·『한국인의 의식과 행동양식』·『천재, 그 창조성의 비밀』 외 단독 저술 90여 권이 있음.

이화여자대학교와 인연을 맺게 된 계기

1958년 10월 중순경. 내가 중앙교육연구소 연구원으로 일하고 있을 때의 일이다. 하루는 퇴근 후 집에 있는데, 우리집 바깥 창문을 두드리는 소리가 들렸다. 나가 보았더니 이화여대 심리학과의 과장이시던 김기환 교수께서 찾아온 것이다. 당시 아내가 첫아기의 해산을 앞두고 있었고, 단칸방 살림이어서 집안으로는 안 들어오시고 밖에서 이야기를 하자며 나를 불러내어 골목길에 서서 찾아오신 이유를 말하였다. "내일 당장 이력서 가지고 이화여대 사범대학장실로 오면 좋겠다"는 것이었다. 전임 자리가 났는데 당신이 적임자라고 과 교수회의에서 합의를 보았기 때문에 이화여대 심리학과 전임으로 초빙한다는 내용이었다. 요즘 말로 내가 로비를 한 것도 아니고 어떤 의사 표시를 한 것도 아닌 갑작스러운 결정에 처음에는 좀 당황했다. 이유는 첫째, 대학교수 자리를 내가 어떻게 감당할 수가 있을까 하는 데 대한 자신감의 문제였고, 두 번째로는 지금 다니는 연구소가 만족스러운데다 집 가까이에 있어서 출퇴근이 용이하고, 셋째는 연구소장님을 어떻게 설득해야 할지 걱정스러웠기 때문이다. 그 때 중앙교육연구소는 사단법인이었지만 연구비를 정부에서 출연하는 유일한 교육 연구 공공기관이었다.

연구소장님과 의논도 해야겠고, 지도교수인 정범모 교수님(당시 서울대학교 사범대학 교수였고, 나의 논문 지도교수였다. 정교수님 연구실에서 5년간 조교 생활을 하였기 때문에)과도 상의를 해야겠으니 며칠 시간을 달라고 말하고는 그날 저녁에 연구소장님 댁으로 찾아뵙고 양해를 구했다. 이튿날은 정교수님 댁을 방문해서 사정 이야기를 하고 양해를 얻었다. 3일쯤 후에 이화여대 사범대학 학장이신 김애마 선생님을 뵙고 채용 통고를 받게 되었다. 이렇게 갑작스럽게 초빙받은 이유는, 당시 이화여대 심리학과에서 심리통계·심리연구법·발달심리학을 가르치던 김성태 교수님이 갑자기 성균관대학교로 옮겨 가게 되어 자리가 빈 것이다. 그 자리에 나의 전공과 거의 일치하는 과목들을 담당할 교수가 급히 필요했던 것이다. 그래서 제안이 들어오게 된 것이다.

3일 후 심리학과에 들러서 김기환 교수님과 함께 학장실에 인사하러 갔더니 내 대학 동기동창인 전찬화 교수가 미리 와 있었다. 그 친구는 미국의 웨스트 텍사스주립대학에서 상담심리학으로 석사 공부를 하고 돌아온 친구였다. 그가 귀국할 당시 마침 이화여대에는 상담전공 교수 자리가 비어 있었고, 당시만 해도 외국에서 상담심리학을 공부한 전문가가 거의 없었을 때였다. 나중에 알고 보니 나를 그 자리에 추천한 사람은 바로 김성태 교수였는데, 그와는 전에도 인연이 있었다. 돌아가신 고순덕 교수께서 미국의 한국 원조 기관에서 연구비를 조달해서 1955~56년에 「국민 일반 지능검사」를 제작하고 있을 때였다. 그 때 서울대학교의 정양은 교수와 이화여대 김성태 교수, 그리고 나(당시 나는 정범모 교수 조교로 있었다) 세 사람이 약 3개월가량 고순덕 교수를 도와 전국을 순회하면서 지능검사 표준화 실시에 참여하고 있었다. 그래서 나는 이화여대를 자주 들락거렸었다.

그리고 1956년에서 57년 사이에 고순덕 교수가 한국심리학회 회장직을 맡고 계셨을 때, 내가 학회 간사일을 맡아 본 탓에 이화대학을 자주 들락거려서 김성태 교수와는 친분이 두터웠다. 하루는 학회 일로 이화여대를 갔는데 마침 채플 시간이라 예배를 보러 가려는 중이었다. 그래서 기다리겠노라고 했더니 채플에 같이 가자는 것이었다. 당시는 대강당이 건축되기 전이었던 까닭에 체육관에서 채플을 보고 있었다. 나는 김교수님을 따라서 체육관 홀에서 예배를 보고 나오는데 김애마 학장님과 마주치게 되었다. 누구냐고 물을까 봐 조마조마했는데 아무 말이 없었다. 그리고 나서 2년 후 학장실에서 전임강사로 김애마 선생님을 만나게 된 것이다.

1959년 4월 3일. 김활란 총장실로 임명장을 받으러 오라는 전갈을 받고 비서실에 가보니 신임 교수들이 쭉 늘어서 있었다. 심리학과에는 앞에서 말한 선잔화 교수 외에 민선홍 교수(이화여대 출신)도 새로 임명장을 받았다. 그리고 그 후 나는 1996년까지 37년 4개월 동안 이화여대와 인연을 맺고 살았으니, 20대 후반에서 60대 중반까지 인생의 황금기를 이 이화여대 캠퍼스에서 보내게 된 것이다.

심리학과에는 이런 교수님들이 계셨다

심리학과는 1949년에 창설되었으나 교육학과의 한 전공 분야로 시작되었다. 그리고 문교부의 정식 인가는 1951년으로 되어 있으나 제1회 졸업생은 1953년에 나온 것으로 본부 학적부에 기록되어 있는 점으로 보아 창설 연대를 1949년으로 잡는다. 2010년으로 58회 졸업생을 냈다. 초창기에는 전임으로 고순덕 교수님(50년대 말 미국으로 가서 박사학위를 받고 대학에서 가르침) 한 분이 계셨고, 교육학과의 김은우 교수님, 가정학과의 박상인 교수님 등이 강의를 맡아 가르치셨다. 고순덕 교수님은 해방전 일본의 대학에서 심리학을 전공하고 경성제국 대학(서울대학교의 전신) 시절 심리학 실험실에서 부수(전임교수 밑의 직책)로 일하였으며, 1946년 서울대학교에 심리학과가 창설되자 교수로 부임해서 가르치다가 1951년에 이화여대로 자리를 옮긴 분이다. 그 후 1957년까지 6년 4개월을 이화대학 심리학과에서 가르치다가 도미하셔서 박사학위를 받고 미국 대학에서 가르치셨다. 실험심리와 심리검사를 가르치셨고, 한국 최초의 「표준화 지능검사」 제작에 심혈을 기울이셨다.

그분은 키도 크고 몸집도 상당히 건장하셨는데, 도수 높은 안경을 끼고 계셨고 언제나 얼굴에 미소를 짓고 계셨다. 이분은 내가 이화여대에 부임하기 2년 전 1957년에 도미하셨다. 그 후 심리학과에 1954년 1학기 동안 전임으로 있었던 주동혜 교수와 미국에서 결혼하고 거기서 작고하셨다. 1993년 한국에서 『고 고순덕 교수 추모기념 논문집』을 후학들이 출판하였고, 주동혜 박사는 2009년에 시카고에서 작고하셨다. 주동혜 박사는 한국인 최초의 심리학박사로서 시카고에서 오래 살면서 여성 문화 운동, 교민들과 미국인들을 위한 상담 봉사 활동, 시 낭송회 같은 문화적 모임을 열어서 교민들을 위로하고 정신을 치유하는 활동에 헌신하다가 작고하신 것으로 알려졌다. 참고로 말하면 주동혜 박사는 문필가 고 주요한 선생의 따님이시다.

고순덕 박사는 1954년에 한국인 최초로 *Studies in Psychology*라는 영어로 된 심리학 논문집을 심리학과 이름으로 출간하셨다. 그 내용중 하나는 「국민 일반 지능검사」 제작 과정에 관한 기술적 논문이고, 다른 하나는 「실험미학」 논문으로서 「시간·공간 오차가 미적 판단에 미치는 영향에 관한 연구」이다. 즉 어떤 심미적 가치판단을 할 때(예컨대 미술 작품을 감상할 때나 음악 연주를 들을 때) 어디에 작품이 걸려 있느냐, 누가 먼저 연주하느냐에 따라서 관객이나 청중의 가치판단이 영향을 받는다는 연구이다. 1950년대에 이런 정도의 실험적 논문을 썼다는 것은 놀라운 일이다. 이 논문집이 계기가 되어서 심리학과에서는 1964년에 처음으로 학생들의 연구 활동을 활성화하기 위해서 『심리연구』라는 연구지를 매년 내게 되었다. 내가 한국심리학회 간사 일을 보고 있을 때인데, 연말 학회의 망년회에서 고박사께서 동요인 「고드름」을 부르면서 유치원 어린아이와 같은 율동을 하시던 광경을 잊을 수가 없다.

김기환 교수님은 1954년 9월부터 1962년 2월까지 7년 5개월 동안 심리학과에서 교육심리학·발달심리학·이상심리학·사회심리학을 강의하셨다. 김교수님은 서울대학교 심리학과를 나온 분으로 심리학과 과장을 오래 맡으셨는데 성품이 온화하고 목소리도 높지 않았지만 술을 좋아해서 어떤 날은 전날의 숙취가 덜 깬 채로 학교에 출근하신 경우도 있었다. 대학을 그만두고 난 후 가정법원의 조정관으로 오랫동안 봉사하시다가 은퇴하셨다. 김선생님은 유머 감각이 뛰어나서 회식을 할 때나 사석에서 주변 사람들을 몹시 웃기곤 하셨다.

김성태 교수님은 서울대학교 심리학과를 나오고, 1954년에 이화여대에 오셔서 1년간 조교 생활을 하고 55년부터 59년까지 4년간 전임으로 계시다가 성균관대학으로 자리를 옮기셨다. 그러다가 고려대학교가 심리학과를 창설하면서 다시 고려대학교로 옮기셨다. 양반티가 나는 점잖은 분이었고, 화를 잘 내지 않으셨다. 말씀도 조용조용히 하고 문제를 해결하실 때에는 논리적으로 설득하는 편이었다. 김교수님은 나를 본인의 후임으로 오도록 이화여대에 추천하신 분이다. 정년 전에 심장병으로 작고하셨다. 김교수님은 심리통계·인격심리학·심리연구법·발달심리학 등을 가르치셨다. 이분이 심혈을 기울여 저술한 책에 『성숙인격론(成熟人格論)』이란 명저가 있다. 우리나라 조선조의 성리학자나 한말, 근세의 지도자들의 인성을 서양의 성격 연구자들의 이론을 빌려 깊이있게 분석한 내용이다. 성숙 인격의 핵심은 인류 보편적 가치 실현에 신념을 둔, 잘 통합된 성격 특징을 지닌 사람을 말한다. 이분들은 개인보다 공동체(共同體)의 이익과 복지에 더 많은 관심을 가지고 사회운동을 한 분들이라는 것이다.

1956년에 부임해서 1960년까지 4년 4개월 가르쳤던 박창진 교수는 학습심리·심리실습·심리학 특강 등을 담당하셨다. 이분은 1960년 독일로 가서 박사학위를 받고 거기서 교수로 계시면서 학생들을 가르치다가 은퇴하셨다. 이화대학 재직시 눈독을 들인 제자가 있었는데, 독일로 가서 생활이 안정되자 그 제자를 불러들여 결혼을 하고 거기서 노후 생활을 보내고 계신다. 이분은 서울대학교 심리학과를 나온 분인데, 함경도 출신이어서 사투리가 유난히 두드러졌다. 가톨릭 신자로서 교수들의 의무 사항이었던 채플 참석에 비판적이어서 본인은 잘 참석하지 않으셨다. 매우 깔끔한 성품이어서 남을 비판하거나 비방하는 경우를 보지 못했다. 좀 정확하게 말하면 경우에 벗어나지 않는 한 따지지 않는 분이었다. 그러나 논리에 어긋나거나 경우에 벗어나면 논쟁을 벌이는 형이었다. 도수 높은 안경을 끼고 있어서 첫인상이 신경질적으로 보이기도 했지만 실제 성격은 그렇지 않았다.

1959년, 나와 전찬화 교수, 민선홍 교수가 함께 심리학과에 부임했다. 나는 심리연구법·심리측정·심리검사 과목을 담당하였고, 전찬화 교수는 상담심리학·청년심리를 담당하였다. 민선홍 교수는 아동심리학·심리영어(강독)·심리학사를 담당하였다. 세 사람이 동시에 교수로 부임하는 것은 드문 일인데, 그것은 곧 대학 당국 혹은 사범대학에서 심리학과를 강화한다는 뜻이었다. 이 무렵부터 사범대학에 새로운 학과가 신설되고 교수진도 강화되기 시작하였다. 나는 1959년 4월부터 1996년 8월까지 37년 4개월을 봉직하였으며, 전찬화 교수는 1959년 4월부터 1998년 2월까지 38년 10개월을 봉직하였다. 전교수는 재직중 교무처 차장, 학생생활지도연구소 소장 등을 맡았으며, 한국대학카운슬러협회 회장을 역임하였다. 나는 교내에서는 교무처 차장, 교육대학원 원장, 학생생활지도연구소 소장직 등을 맡았다. 교외에서는 한국심리학회 이사, 교육심리학회 회장, 아동연구회 회장, 서울카운슬러협회 부회장, 한국교육학회 이사, 한국가족학회 회장, 임상예술학회 고문, 한국무용교육학회 고문 등을 역임했다.

심리학과 졸업생으로는 처음으로 전임이 된 민선홍 교수는 1959년 4월부터 1961년 1월까지 1년 9개월밖에 봉직하지 않았다. 그 이유는 부군이 외교관이어서 외국에 나가야 되었기 때문이다. 나는 미국 택사스 주 휴스턴대학원에서 박사학위 과정을 밟던 중 와병으로 중도에 귀국해서 이화여대 대학원에서 「한국가족의 심리학」에 관한 논문으로 박사학위를 받았다. 전찬화 교수와 나는 서울대학교 사범대학 교육학과를 나온 동기동창이다. 나는 대학원에서 교육심리학 쪽으로 전공을 결정한 탓에 심리검사·심리측정·통계학 등을 담당하게 되었다.

전찬화 교수는 미국에서 상담학을 전공하고 귀국하였기 때문에 이

박창진 교수, 김재은 교수, 이현주 조교, 민선홍 교수, 전찬화 교수

화대학에서는 새로운 분야의 전공이 생겨난 것이다. 이때 심리측정학은 내가 들어와서 새로 개설한 과목이고, 상담심리학과 청년심리학은 전찬화 교수가 부임하면서 새로 개설된 과목이다. 민선홍 교수는, 이미 언급했지만 이화여대 심리학과에서 학부와 대학원을 졸업한 사람으로 조교를 거쳐서 최초로 전임으로 승진한 사람이었다. 그동안, 남성 교수들은 주로 서울대학교 심리학과에서 공부한 분들이었는데 서울대학교 사범대학 출신이 심리학과 교수로 부임한 것은 또한 최초의 일이었다. 민교수는 성품이 온화하고 양반집 규수티가 나는 분이었다. 야유회를 가서 학생들이 짓궂게 장난을 쳐도 화를 내거나 짜증 한 번 안 내는 분이셨다.

1961년에 이선인 교수가 부임했다. 이분은 서울대학교 심리학과를 나와 이화여대 심리학과 대학원에서 석사를 했고, 사범대학부속 중·고등학교에서 카운슬러로 일하고 계셨다. 1961년 3월부터 1976년 8월까지 15년 5개월 봉직하셨다. 휴직 상태로 박사학위 취득을 위해 미국으로 가셨고 귀국 후에는 이화여대로 복귀하지 않고 중앙대학교로 자리를 옮겼다. 이선인 교수는 학습심리학·개인차심리학·임상심리학을 담당하셨다. 이분은 정확하고 사리가 분명한 분으로서 은근히 재치와 유머가 많았다. 지금은 대학에서 은퇴하셨다.

1962년에 중앙교육연구소에서 나와 함께 연구원으로 있던 황응연 교수가 전임으로 부임했다. 나와는 서울대학교 교육학과 동기동창이다. 그는 정신위생·생활지도·성격심리학 등을 가르쳤고, 1962년 3월부터 1995년 2월까지 33년 간 봉직하였다. 1995년 대학에서 정년하고, 교육부 산하의 고등교육연수원장과 상지전문대학 학장을 역임하였다. 재식중 한국교육학회장, 한국카운슬러협회 13·14·15대 회장, 한국교육심리학회 회장 등을 역임하기도 했다. 재직중에는 학교의 여러 보직도 맡아서 사범대학 학장, 평생교육원 원장을 지내기도 했다. 그는 이화여대 대학원에서 상담에 관한 심리진단으로 박사학위를 받았다. 그 후 상지전문대학에서 임기를 마치고 은퇴하였는데 지금은 요양중에 있다. 나와 전찬화 교수, 황응연 교수 세 사람을 동료 교수나 후배 교수들이 이화여대의 '교수 삼총사'라고 별명을 붙여 주었다.

1964년 3월에는 이지영 교수와 김태련 교수가 부임하였다. 이 두 분은 학부와 대학원을 이화여대에서 마치고 조교 생활을 하다가 전임이 된 분들이다. 김태련 교수는 1960년 4월부터 1964년 3월까지 조교를, 1964년 3월부터 전임으로 2002년까지 42년 동안 봉직하였다. 이지영 교수는 1961년 9월부터 63년 2월까지 각각 조교를 거쳐 6년 8개

이화여대 교수 삼총사. 왼쪽부터 황응연 · 전찬화 · 김재은 교수

월을 봉직하다가 사임한 후 난치병으로 고생하다가 세상을 뜨셨다. 김태련 교수는 일반심리학·심리통계·발달심리학·성차심리학 등을 가르쳤고, 이지영 교수는 아동연구·투사적 기법·인격진단 등의 과목을 담당하였다. 김태련 교수는 정년퇴임 후 새세대육영회의 후신인 아이 코리아(ai Corea)의 회장으로 봉사하고 있다. 아이 코리아를 맡은 후 그 기관을 발전시켜서 '경영 대상'도 받고, 지역 사회의 어린이 복지 향상에도 크게 이바지하고 있으며, 국제적인 여러가지 프로젝트를 맡아서 펼치고 있다. 김태련 교수는 성균관대학교에서 심리학박사 학위를 받았으며, 한국심리학회 회장을 역임하였고, 이화여대 발달장애치료센터장, 이화여대 사범대학 학장, 교육대학원장, 부속중·고등학교장 등을 역임했고, 자폐학회장·발달지원학회장·어린이교육협회장 등을 역임하였다.

1977년에는 이혜성 교수가 서울여대에서 옮겨 왔다. 이분은 이화여대 졸업생이 아니라 서울대학교 사범대학 출신인데, 상담심리학 전공자로 영입한 것이다. 이 무렵부터 심리학과에서는 발달심리학과 상담심리학 쪽으로 과의 진로를 정하고 상담에 전찬화·이혜성 교수를, 발달에 김재은·김태련 교수를 한 팀으로 강화한 것이다. 이혜성 교수는 서울사대 국어교육과를 나오고 이화여고에서 교편을 잡다가 도미해서 버지니아대학교에서 상담학으로 교육학박사 학위를 받고 서울여대에서 가르치다가 이화여대 심리학과로 초빙된 분이다. 1977년 8월부터 2000년 8월까지 23년 동안 봉직하고 명예퇴직을 하셨다. 이분이 담당한 과목은 상담심리학·성격심리·개인-집단상담 등이다. 이분은 재직중 한국청소년상담원 원장직을 지냈으며, 한국카운슬러협회 제26대 회장을 맡기도 했다. 2010년 한국상담대학원대학교를 설립하고 현재 총장직을 맡고 재임중이다. 이화여고 동창회 회장을 맡기도 했고, 여러 권의 에세이집을 출판한 문인이기도 하다. 재직중 한국대학상담학회 이사, 한국카운슬러협회 이사, 상담 및 심리치료학회 회장 등을 역임하였다.

나와 함께 심리학과에 재직하다가 다른 대학으로 자리를 옮긴 분으로는 김정오 교수가 있다. 그분은 1979년 3월부터 1980년 2월까지 1년간 재직하다가 서울대학교 심리학과로 자리를 옮겼다. 1982년에는 부인인 이영애 교수가 심리학과에 부임하게 되어서 부부가 같은 과에서 가르친 것이다. 김교수는 미국의 로체스터대학교에서 심리학 박사 학위를 받았으며 전공은 인지심리학이다. 이화여대에서는 인지심리학·일반심리·실험심리를 가르쳤으며, 이화여대에 최초로 인지심리학을 도입한 공로가 있다. 김정오 교수의 부인인 이영애 교수는 이화여자대학교 심리학과에서 학부와 대학원을 나오고 행동과학연구소에서 연구원으로 일하다가 미국의 로체스터대학교에서 인지심리학으로

1994년 교수진. 왼쪽부터 김재은·김태련·황응연·이혜성·전찬화·이영애 교수

교육학 박사학위를 받고 귀국하여 심리학과에서 가르치게 되었다. 말하자면 남편의 후임이라고 해도 좋을 것이다.

1994년에는 특이하게도 교수 공모 광고를 내고 채용을 했는데 육사 출신으로 독일 대학에서 학위를 받은 조남국 박사가 낙점이 되어서 화제가 되었다. 심지어 김옥길 총장까지도 육사 출신은 곤란하지 않겠나 하고 거부감을 나타내기도 하였다. 그는 육사 재학중 교환 학생으로 독일 육군사관학교에서 공부를 했고, 육사를 졸업한 후에는 육사 교관을 지내다가 독일 괴팅겐대학에 가서 사회심리학 박사학위를 받았다. 귀국해서는 육사 교관으로 교수직에 있다가 계급 정년(대령)에 걸려 퇴임하고 이화여대 교수 채용 공모에 응모를 하게 된 것이다. 그는 심리통계와 사회심리학을 가르쳤다. 취임 후 1년째 되던 1월 초, 신년 하례식에 참석하기 위해 태릉에서 운전하고 학교로 오던 중 트럭에 추돌을 당해 교통사고로 목디스크에 걸리게 되었다. 한국에서는 치료가 불가능해 1995년 8월에 신병 치료차 사표를 내고 독일로 갔다. 부인이 독일인이었고, 딸 하나가 있었다. 성실하고 치밀하고 부지런하여 독일 병정이라는 별명이 붙을 정도였다.

1995년의 3월에는 심리학과에 처음으로 사범대학 소속임에도 불구하고 산업심리학전공 교수를 모시게 되었다. 캔사스주립대학에서 산업 및 조직심리학을 공부하고 박사학위를 받은 양윤 교수를 공개 모집으로 영입하게 된 것이다. 그는 성균관대학교 산업심리학과를 나온 분으로 심리학과로서는 처음으로 비서울대학교 출신 남자 교수를 채용한 것이다. 이화여대에 처음으로 산업-조직심리학 전담 교수가 부임한 것이다. 그는 1995년 3월 이후 15년째 재직중이다. 담당 과목은 소비자-광고심리학·산업-조직심리학 등이다.

1995년 9월에 김아영 교수가 부임했다. 이분은 이화여대 심리학과 학부와 대학원을 나오고 미국 아이오와주립대학에서 교육심리학으로 박사학위를 받고 귀국 후 15년째 전임으로 재직하고 있다. 담당 과목은 심리통계·연구방법론 등이다. 그는 한국교육심리학 회장직을 역임했으며, 이화발달장애임상센터장도 역임했다.

여기서 1996년 내가 퇴임한 후의 교수진에 관해서는 생략하기로 한다. 다만 현재 전임교수로는 남자 교수로 양윤 교수 1명 외 여자 교수 7명이 재직중이다.

교육심리학과, 심리학과의 발전사

심리학과는 1949년 창설 당시 교육학과의 한 전공으로 출발했지만 1951년에 문교부의 정식 인가를 받았다. 그러다가 1962년 군사정부가 들어서면서 심리학과가 왜 사범대학 안에 있느냐 하는 이유를 들어 이름을 '교육심리학과'로 강제 개명하고 새 출발을 하게 되었다. 그러나 2003년, 사범대학 안에서는 교사 자격증을 수여할 교과목이 없어서 사범대학 교육심리학과에서 다시 사회과학대학 심리학과로 이전하게 되었다. 그러니까 20세기 후반에 들어서 심리학과는 세 번이나 이름이 바뀐 셈이다. 즉 사범대학에서의 54년간의 역사를 마감하고 사회과학의 한 분야로서 새 출발을 하게 된 것이다. 심리학의 변천사를 보면, 심리학은 처음에는 철학부에 소속되어 있었다. 그리고 사회과학부로 넘어갔다가 다시 일부는 자연과학부로 옮긴 대학도 있다.

2010년 현재 61년의 역사를 가진 심리학과는 1950년대의 기초 과

1996년 교수진. 왼쪽부터 김아영·이혜성·김재은·김태련·전찬화·양윤 교수

정 확립기를 거쳐, 60년대의 응용 분야로의 전환기, 70년대의 방법론과 상담심리 영역의 확대기, 70년대 후반기부터 90년대 전반부까지의 발전기, 90년대 전반부부터 전문 영역 심화기로 들어서게 되었다. 2000년대에 들어서는 교육과 상담, 인지와 측정, 산업과 조직, 발달의 네 가지 영역으로 나누어 교수진을 확보함으로써 비로소 사회과학으로서의 역할의 확대재생산에 힘을 기울이고 있다. 사회과학대학으로 옮기면서 대학원의 석·박사과정에 대한 인기가 수직적으로 상승해서 경쟁률이 크게 높아졌다고 한다.

1970년대 후반부터 발전기에 들어선 심리학과는 훨씬 다양한 커리큘럼으로 학생들의 요구와 사회의 수요에 부응하려고 노력하였다. 1990년대는 전문 영역을 심화시키는 시기로서 전공 분야 교수진을 보강하였다. 2003년 대학의 전반적인 조직 개편 후 사회과학대학으로 이전하면서 학과의 교육목표와 커리큘럼도 교사 양성은 포기하고 사회적, 학문적 요구에 부응해 가는 새로운 발전의 시기에 들어섰다고 할 수 있다. 사회과학대학 안에서도 입학 경쟁률이나 졸업 후의 취업 면에서도 인기가 높은 학과로 인정받고 있다고 한다.

한편 1967년에 교육대학원이 설립되면서 그 안에 '교육심리전공'이 개설되었다. 1967년 이래 약 200명 이상의 졸업생을 냈으며, 그중에서도 많은 졸업생이 일선 학교 행정가(교장·교감·장학사 등)로 진출하였고, 대학의 전임교수로 부임한 졸업생도 상당수에 이른다. 그러면 교육심리학과(심리학과)에서는 무엇을 목표로 가르쳤느냐? 1950년대에서 60년대 초까지는 중·고등학교 심리학 교사, 중·고등학교 상담교사의 양성과 연구기관 연구조원, 여론조사 실무자, 심리상담 기관의 연구조원 양성 등을 목표로 교육을 했다. 당시에는 심리학과를 나오면 중등학교 교사 자격증에 해당되는 과목이 없었기 때문에 부전공을 이수해서 일단 취직이 되면 연수를 통해서 교도교사 자격증을 교부받았다. 그 때, 상담교사로 나가서 교장까지 승진한 케이스도 있고, 어떤 졸업생은 일반 청소년 상담기관의 상담자로 취업해서 일하기도 했다.

1960년대에 들어서서는 교육심리학과로 명칭을 변경함과 동시에 졸업생들의 진로의 폭을 넓히기 위해서 고등학교 심리학 과목 담당 교사, 중·고등학교 생활지도 담당 교사(그 당시에는 교도교사제도가 있었음)를 양성하는 것을 주안점으로 해서 교육하였다. 60년대 후반에는 청소년 복지기관이나 청소년 상담소 등에서 일할 인재를 양성하는 것에 역점을 두고 커리큘럼을 개편하였다. 1970년대에는 학문적 성격을 뚜렷하게 부각시키기 위해서 기초 및 인접 과목 분야를 추가해서 커리큘럼을 보강하였다. 1970년대 후반부터 1980년대까지는 상담심리학에 중점을 두고 교육하였으며, 처음으로 인지심리학에 관심을 두게 되었다. 1990년대에 들어서서는 상담뿐 아니라 사회심리학과 산업심리학 분야를 강화해서 졸업생이 사회로 진출할 때, 사회의 여러 기관이나 사업체·기업·조직 등의 다양한 수요에 맞추어서 일할 수 있는 인재를 기르는 데 역점을 두었다. 2000년대에 들어와서는 사회과학대학으로 이전함에 따라서 상담·인지·발달·산업의 네 분야의 전공을 확고히 하면서 교수진도 보강하였다.

이렇게 교육한 성과는 2010년 현재, 국내외에서 박사학위를 받은 졸업생만 해도 90여 명에 이르고, 석사학위 취득자는 500명이 넘는다. 여기에 교육대학원 졸업생 250여 명을 합치면 석사학위 취득자가 750여 명에 이른다. 박사학위 취득자 중 대학에서 교편을 잡고 있거나 연구기관에서 연구위원으로 일하고 있는 졸업생은 60여 명에 이르고 있다. 그중에는 외국 대학의 교수도 있으며, 아시아·태평양 학술 단체의 회장을 지낸 사람도 있다. 한국 유수의 교육, 복지 관련 사단법인체의 장도 있다. 학술 연구 기관의 간부 연구위원도 있다. 그중 일부는 심리상담 기관을 개설해서 운영하고 있는 사람도 있다. 이렇게 본다면 심리학과 졸업생들의 사회 진출은 60년 동안 아주 다양해지고, 괄목할 만한 발전을 하였다. 심리학을 공부한 졸업생들이 사회의 각 영역과 분야에서 개인의 복지뿐만 아니라 사회와 국가의 발전을 위해서도 이바지하고 있다는 사실을 확인할 수 있다.

스위스의 세계적 심리학자인 동시에 역사적 인물인 장 피아제 박사는 심리학을 공부하려면 사회학·철학·생물학을 그 기초 학문으로 다져야 한다고 강조하였다. 이 세 학문 영역이 삼각형의 각 꼭지점에 위치한다면, 심리학은 그 꼭지점에서 중앙으로 그어진 한복판에 위치한다고 했다. 그만큼 심리학의 학문적 기초가 중요하다는 것을 말해 주는 것이다. 학문 영역을 객관성-주관성, 추상성-구체성, 논증성-비논증성이라는 스펙트럼으로 들여다볼 때, 수학을 한쪽 극으로 삼는다면, 예술을 다른 한쪽 극으로 삼을 수가 있다. 심리학은 그 학문의 성격상, 예술-문학-정치학-사회학-경제학-철학-(심리학)-생물학-화학-물리학-수학식으로 배열할 수가 있을 것이다. 여기서 심리학은 서로 인접해 있는 철학과 생물학의 중간 단계의 성격을 띠고 있는 학문으로 볼 수가 있다.

원래 발생학적으로 보면, 심리학은 철학에서 출발해서 두 갈래로 발달해 왔다. 한 가닥은 물리학이나 생물학에서의 실험과 마찬가지로 자연과학 쪽으로 발전해 왔고, 다른 한 갈래는 사회과학 쪽으로 나가

1960년대 초의 사범대학 지도교수들

게 되었다. 그래서 현재 전 세계의 대학에서는 심리학은 구성된 교수진에 따라서 'Department of Science'에 속해 있는 대학도 있고, 'Department of Philosophy'에 속해 있는 대학도 있다. 어떤 대학(한국은 거의)은 'Department of Social Science'에 속해 있다. 이것은 무엇을 의미하느냐 하면, 심리학이 모든 영역의 과학과 친족 관계에 있다는 것을 말하는 것이다. 철학에서 관심을 갖는 분야는 의식과 무의식, 사고 과정, 언어와 인지 등의 영역이다. 과학 쪽에서 관심을 갖는 분야는 대뇌 신경조직과 그 활동, 생리적 기능과 행동, 감각과 지각, 학습 등의 분야이다. 사회과학에서 관심을 갖는 것은 발달, 집단 행동, 대중매체, 이상 행동, 학습 분야 등이다.

지금 한국에서 수요가 확대되어 가고 있는 심리학의 응용 분야는, 창의성 개발, 조직 심리, 광고-홍보-PR분야, 여론조사, 상담, 장애자 재활, 청소년 비행 및 상담, 정신병리, 가족관계, 범죄, 남녀관계-동성애, 임상심리 등이다. 현재 대학이나 연구 기관에서 일하고 있는 박사급 졸업생들의 전공을 분류해 보면 상담과 발달 분야가 제일 많고, 다음으로는 교육심리와 인지심리학 분야이다. 이제 사회과학대학으로 옮겨간 심리학이 사회의 요청에 부응할 수 있는 인재를 길러내야 하는데, 그렇게 하려면 사회적 수요에 부응하는 커리큘럼과 교수 방법으로 전공 분야에 대한 실력을 심화시키고 다양성을 확보해서, 졸업생들이 이 사회의 일꾼으로 성장할 수 있도록 이끌어 나가야 한다.

에피소드–교수들의 실수

나는 이화여대에 재직하면서 수많은 웃지 못할 에피소드를 목격하고 경험했다. 그중 몇 가지만 골라서 소개하기로 한다. 어쩌면 이 이야기가 정사(正史)에 들어갈지도 모른다. 이 이야기 속에는 이른바 'absent-minded professor'(얼빠진 교수)에 해당되는 이야기도 몇 가지 있다. 독자들은 이 글을 읽고 빙긋이 웃어 주기 바란다.

부흥회 때 일어난 이야기

1970년대까지만 해도 이화대학에서는 기독교 대학답게 매년 교목실이 주관해서 5월에 신앙 부흥회를 열었다. 5월 한 달은 개교 기념 행사 등으로 교내에 여러가지 행사가 진행되곤 했는데, 그중 하일라이트가 초순에 대강당에서 열리는 '신앙강조주간'이었다. 이때는 미국의 감리교 전도국 총무인 덴만 박사 일행이 한동안 매년 와서 부흥회를 인도했다. 그때에 있었던 일화 한 토막을 소개하겠다.

덴만 박사가 영어로 설교를 하면 기독교학과의 현영학 교수께서 통역을 하셨다. 한번은 덴만 박사가 설교중에 주기도문을 영어로 읊으셨다. 듣다 보니 주기도문임을 알아차린 현교수께서 덴만 박사께 다시 확인하고는 우리 말로 주기도문을 외우기 시작하였다. "하늘에 계신 우리 아버지 이름을 거룩하게 하옵시며……" 하며 외우다가 중간쯤 가서 막혀 버렸다. 그러자 현교수께서는 처음부터 다시 외우기 시작했다. "하늘에 계신 우리 아버지 이름을 거룩하게 하옵시며……" 했는데 같은 자리에서 또 막혀 버렸다. 현교수께서 "다 아는 기도문이니 다음은 생략하겠습니다" 하고 넘어갔다. 그리고는 쑥스러운 듯 작은 목소리로 "나 천당가기 다 틀렸네" 하는 말이 단상 뒤쪽에 앉아 있던 교수들 귀에까지 들렸다. 교수들은 그 말을 듣고 모두 숨을 죽이고 웃었다. 현교수님은 당시 기독교학과에서 기독교윤리학을 가르쳤고, 교무처장을 지낸 분이었다. 주님께서 설마 주기도문을 어쩌다 잊어버렸다고 천당에 안 들여보내 주실려고?

베니스에서 있었던 이야기

1970년대 중반 사범대학 교육학과에 재직중이던 이규환 교수가 독일 대학에 교환 교수로 가 있을 때의 이야기다. 귀국 날짜가 다가오자 유레일 패스로 프랑스와 이탈리아로 여행을 갔단다. 마지막으로 들른 곳이 이탈리아의 베니스인데, 워낙 볼거리가 많아서 여기저기 돌아다니다가 길을 잃어버렸단다. 게다가 길눈이 어두웠던 탓에 어디가 어딘지 동서남북을 분간할 수 없을 정도로 혼란스러웠다는 것이다. 기차를 타고 갔으니까 기차역으로 돌아가야 하는데, 택시를 타자니 바가지를 씌울 것 같고, 또 교환교수 수당으로 받은 얼마 남지 않는 용돈도 아낄겸 해서 걸어서 기차역을 찾아가기로 하였다. 그런데 물어보는 사람마다 영어를 못 알아들어서 한참을 헤매다가 약국으로 들어갔다. '약사는 영어를 알겠지' 생각하고 들어가서 영어로 기차 정거장이 어디냐고 물어보는데 자꾸 "케(che)?" "케?" 하고 말하는 것이었다. 할 수 없이 노트를 끄집어내서 기차 그림을 그리고, 입으로 "칙칙폭폭 칙칙폭폭" 했더니 그 약사 역시 그림을 그려서 기차역으로 가는 길을 가르쳐 주더라는 것이다. 나중에 안 일이지만 '케'는 영어의 'what'과 같은 뜻이었단다.

파자마 입은 채로 통근버스를 탄 어느 여교수 이야기

1960년대 초의 11월 하순경에 일어난 일이었다. 당시 학교에서는 교직원용 통근버스를 운행하고 있었다. 그 당시만 해도 우리 학교의 날씬한 유선형 다크 그린의 그레이하운드 통근버스는 다른 학교에서는 찾아볼 수 없는 멋있고 고풍스러운 40인승 대형 버스였다.

나는 그 때 안국동 윤보선 대통령 사저 부근의 골목집에 살고 있었다. 스쿨버스는 지금의 경복궁 동십자각 네거리의 서쪽 코너에 매일 아침 8시 20분경에 섰다. 그날(어느 날) 버스에 앉아 있는데, 가정학과의 한 노교수님(지금으로 보면 노교수도 아닌 50대 후반의 교수)이 버스에 올라탔다. 그런데 얼핏 보니까 어딘지 옷차림에 어색한 구석이 있었다. 자세히 보니 파자마를 입은 위에다 코트를 걸쳐입고 버스를 탄 것이었다. 이분의 자택이 삼청동에 있었는데 동십자각까지 내려오려면 한참을 걸어와야 했다. 아침 시간에 버스를 타려면 많이 서둘러야 하는데 급하게 타느라고 깜빡하신 것이었다. 마침 내 옆자리에 앉아 있던 정연희 씨(소설가, 이 시절 정연희 씨는 이대학보사 편집국장으로 일하고 있었다)에게 눈짓으로 그 광경을 좀 보라고 하고는, 선생님께 귀띔해 드리라고 일렀다. 정선생이 슬그머니 이 교수님에게 다가가서 귓속말로 알려주었고 이 이야기를 들은 노교수는 다음 정거장에서 급히 내렸다. 뒷이야기를 들어보니까, 그날 선생님은 좀 늦게 일어나는 바람에 부엌에서 바삐 일하다가 급하게 옷을 챙겨 입고 나오느라 그렇게 되었다는 것이었다. 나중에 그 선생님은 택시를 타고 출근을 하셨다고 한다. 만일 그냥 교수실로 바로 출근하셨다면 어떤 재미있는 일이 벌어졌을까?

하객 없는 결혼식 수례

1978년 겨울. 12·12사건이 있은 직후였다. 12·12사건이란 그해 박정희 대통령의 시해 사건이 있은 후 생긴 권력의 공백을 서로 차지하려던 군부 세력간의 싸움이었다. 최규하 국무총리가 대통령직을 승계하기는 했지만 실질적인 정치권력 즉 헤게모니는 갖고 있지 못하였다. 그래서 군인들 사이의 헤게모니 싸움이 곧 12·12사건으로 나타난 것이다. 즉 고 김재규 중앙정보부장 쪽의 세력을 제거하기 위해서 전두환 보안사령관 쪽이 벌인 싸움이었다. 양쪽에서 군대를 동원해서 한강을 끼고 서로 전투까지 벌인 것이 12·12사건이다. 말하자면 군사 쿠데타였다.

이날 설악산에서 전체 교수회의를 끝내고 귀경하는데 고속도로가 완전히 마비되어 있었다. 귀경 예정 시간보다 5~6시간 지체되어서 한

강을 건넜는데 군인들이 집총을 하고 검문을 하는 광경이 목격되었다. 그날 늦게 귀가하는 바람에 다음날 방송을 듣고서야 상황을 파악하게 된 것이다. 그리고 며칠 후, 크리스마스를 앞두고 이화여대 중강당에서 제자 결혼식의 주례를 서게 되어 있었다. 그런데 전두환 장군 쪽에서 권력을 잡게 되자 계엄령을 내린 후 모든 학교에 휴교령을 내렸다. 그리고 대학내의 외부인 출입을 금지시킨 것이다. 이미 청첩장을 발송한 후였는데 결혼식 행사도 허가를 받아야 한다는 것이 아닌가? 이 얼마나 난감한 일인가? 결혼식은 올려야 하는데 손님을 초대할 수 없다니! 그래서 혼주와 함께 계엄사령부에 가서 신고하고 친인척 이외의 일반 하객의 출입을 제한한 상태에서 결혼식을 거행하게 되었다. 손님 없는 결혼식의 주례를 선 것이다.

여교수들의 곤혹스러웠던 하루

앞에서 말한 12·12 군사 쿠데타가 진행되던 날 전체 교수회의를 끝내고 귀경하는데 눈이 와서 빙판이 된 영동고속도로가 막혀서 돌아가야 한다는 도로공사 측의 안내로 귀경 차량 행렬들은 국도로 우회를 하게 되었다. 차는 국도로 들어서서도 3시간 정도를 움직이지 못하고 서 있었다. 대형 교통사고가 났거나 서울에 무슨 큰일이 생겼나 보다 하고 짐작은 했지만 그날 집에 돌아와서도 구체적으로 무슨 일이 일어났는지는 알지 못했다. 국도상에서 영하 4, 5도의 추운 날씨에 오도 가도 못하고 5, 6대의 전세 버스 안에 갇혀 있는 사이 문제가 발생했다. 생리 현상을 해결해야 하는 문제가 생긴 것이다. 허허벌판이어서 어디 차폐 시설물이라든가 지형지물조차 없는 도로라 매우 난감한 처지였다. 남자 교수들은 체면불구하고 버스 뒤쪽으로 돌아가서 볼일을 보았다. 문제는 여교수들이었다. 몸을 가려 줄 아무런 차폐물이 없으니 어떻게 볼일을 볼 것이냐 하는 것이었다. 궁리 끝에 나온 묘안은 바로 이런 것이었다. 즉 여교수들이 모두 차에서 내려 빙 둘러 원을 만들고 교대로 그 안에서 볼일을 보는 것이다.

남자 교수들은 자동차 뒤쪽에서 볼일을 보고, 여자 교수들은 차에서 2, 30m 떨어진 곳에 진을 치고 볼일을 본 이런 광경이야말로 가관이 아니었겠는가 하는 말이다. 대학교수들의 집단 노상 방뇨 사건인 셈이다. 특히 여자대학의 여교수님들의 노상 방뇨가 화젯거리가 될 만했는데 다행스럽게도 그때 거기에는 우리와 밀린 자동차들의 행렬만 있었을 뿐이었다. 남자 교수들 중에는 짓궂게도 "어어 보인다, 보여!" 하고 나직한 소리로 놀려대는 사람도 있었으니 재미있는 일이었다.

그날밤 예정보다 5시간이나 늦게 한남대교에 다달았을 때는 서울 시가지가 어딘가 긴장감에 싸여 있었고, 물길한 분위기였다. 그날 낮에 그 다리에서 총격전이 있었다는 사실은 이튿날 보도를 통해서 알게 되었다. 그제서야 그렇게 교통 체증이 심했던 이유를 알 수가 있었다.

김은우 교수님과의 만남

사범대학의 교육학과에 계시던 김은우 교수님은 내가 부산 피난시절 대학교 4학년 1학기에 〈지역사회와 교육〉이라는 과목을 수강했던 분이다. 부산 서대신동에 살고 계셨던 교수님은 숙제를 많이 내 주셨다. 1학기 기말 리포트를 언제까지 제출하라고 하시고는 자기 집으로 직접 가지고 오라고 하셨다. 그때 나와 전찬화·황응연이가 동기 동창이라 모두 김교수님의 강의를 듣고 있었는데, 리포트 제출 마감날에사 겨우 써가지고 선생님 댁을 방문했더니, 선생님은 안 계시고 아드님인 김인회(교수) 당시 배재고등학교 학생이 대신 접수를 했다. 나중에 성적을 보니 모두 A를 주셨다.

그리고 7년 후, 내가 이화여대 교수가 되고, 연세대학에 강사로 나갔는데 내 클래스에 당시 연세대학 교육학과 3학년생이었던 김인회가 등록을 한 것이 아닌가? 이때 세상의 인연이란 참 묘한 데가 있구나 생각했는데, 그리고 7, 8년 후 그 김인회가 이화여대 교육학과 교수로 부임한 것이 아닌가? 그리하여 나의 동료 교수가 된 것이다. 그리고 몇 년 후에 그는 다시 모교인 연세대학교 교수로 가게 되었다. 김은우 교수와의 인연은 참 재미있고 묘한 느낌을 주는 사례가 되었다. 일종의 운명의 순환관계라고나 할까?

일본 선승(禪僧)도 놀란 기독교 목사

1980년대 초 어느 날, 김홍호 목사님이 교목실장을 맡고 계실 때의 일이다. 김목사님이 나보고 "김교수, 내 재미있는 이야기 하나 들려줄까? 내 이야기 좀 들어볼라우?" 하시는 것이었다. 나는 거절하기가 어려워서 "그러지요" 하고는 앉았다. 목사님은 이런 이야기를 들려주셨다.

"얼마 전에 일본의 스님 둘이 연구실로 날 찾아오지 않았겠소. 찾아오겠다고 미리 연락을 해서 그러라고 했지. 내 방에 들어와서 인사를 나누는데, '선생님이 김홍호 목사님이십니까?' 하잖아. 그래서 '그렇다'고 했더니 얼굴만 물끄러미 쳐다보다가 그냥 돌아가 버렸어."

이런 황당한 이야기를 들려주셨다. "그래서 어떻게 됐습니까?" 했더니, "그리고 얼마 후 일본에서 조그만 팸플릿 잡지가 날아왔어. 그래서 보니 거기에 내 이야기가 실려 있지 않겠어? 두 승려가 기독교 목사를 보고는 첫눈에 자기들을 압도하는 영력(靈力)을 느꼈다는 거야. 허허, 불교의 선사(禪師)보다 더 선사 같은 분이라고 썼드군. 웃기잖아?" 하셨다.

김목사님은 일본 와세다대학 경제학부를 졸업하신 분임에도, 동양의 유교·도교 고전과 불교 경전을 통달하신 분으로서 한국 최고의 고전 인문학자이시다. 70년대에 '풍만'이라는 출판사에서 10여 권의 유교 및 불교 경전의 주석서·해설서 등을 내셨는데, 한때 불교계에서는 '이상한 목사가 있다'는 소문이 떠돌았단다. "기독교 책이나 내지 지가 불교에 대해서 뭘 안다고 책을 그것도 여러 권이나 내?" 하고 핀잔주는 소리를 여기저기서 했단다. 처음에는 불교계에서도 책이 잘 나가다가 목사가 쓴 책이라는 소문이 돌자 그만 판매가 끊겼다는 것이다.

1970년대 초 내가 서울 YMCA 외곽 서클인 와이즈맨스 클럽의 회원이었을 때, 한번은 김목사님을 상사로 초빙해서 말씀을 들을 기회가 있었다. 그분은 중년기에 폐결핵·늑막염·소화불량·편두통 등을 앓고 계셨는데, 하루는 결심 끝에 1일 1식(一日一食) 방법을 택해서 10년을 채우기로 하고 그걸 만 10년간 지키셨다고 한다. 그랬더니 결핵·늑막염·소화불량·편두통이 모두 나아 버렸다는 것이다. 그리고 현재(2010년) 그분은 90세를 넘기시고도 건강을 잘 유지하고 계시단다. 물론 노쇠로 인한 기력의 쇠퇴는 있어도.

교수들의 정년 퇴임사

강의실에서는 권위있게 강의하시던 교수들도 막상 전체 교수들 앞에서 고별사를 읊을 때는 왜 그리 서툰지, 나는 속으로 '고별사를 써서 읽어야지. 그래야 최소한 실수는 안 할 것이 아닌가?' 하고 다짐했다. 정년 퇴임사 유형을 분류해 보면, 아주 격식에 맞게 인사하는 교수가 있다. 마치 무슨 기념행사에 단체장이 읽는 문장처럼 앞뒤가 공식화된 딱딱한 '공식 문서형'이다. 그동안 학교에 대해서 품고 있던 불만을 토로하는 '공격형'이 있고, 반대로 최선을 다하지 못해서 유감스럽고 또 뉘우치게 된다는 '참회형'이 있고, 앞뒤 두서없이 생각나는 대로 둘러대는 '중언부언형'이 있고, 후배들의 가슴을 뭉클하게 하는 '감동형'이 있다.

공격형은 교수의 연구·강의에 대한 대학 당국의 간섭, 인사 문제 등을 거론하고, 공식 문서형은 깍듯이 인사를 하는데 감동이 별로 없는 경우이고, 참회형은 때로는 눈물까지 닦아가면서 심경을 토로한다. 문제는 중언부언형인데, '저 양반 무슨 말을 하려고 저러지?' 하고 의심하게 하는 경우이다. 교수로서의 지성과 품위가 전혀 엿보이지 않는다. 몇가지 황당했던 사례를 들겠다.

자연과학대학의 모 교수는 단상의 마이크 앞으로 나오더니 "여러 후배 교수님들, 잘 먹고 잘 사시오" 딱 한 마디 하고는 내려가신 분이 계셨다. 어떻게 보면 순진해서 그러신 것 같기도 하고, 어떻게 보면 학교에 대한 불만을 표시한 것 같기도 하다. 의과대학의 모 교수는 퇴임사를 고별 강연인 줄 알고 혼자서 40~50분가량 강의를 하신 경우도 있다. 어떤 여자 교수는 "집에서 손자들이나 보고 지내렵니다" 하고 생활인으로 돌아가겠다고 다짐하시는 분도 있었다. 한 사람에게 주어진 3~5분가량의 시간 안에 갖추어야 할 내용을 모두 갖춘 인사를 본때있게 하고 내려가야 마무리를 잘 하는 것이 아닌가 싶어 나는 모 선배 교수의 요청에 따라 모범 답안지를 하나 만들어서 돌린 적이 있다. 반드시 시간은 지킬 것, 학교나 경영진에 대해서 비난하거나 빈정대지 말

것, 그동안 신세져서 감사했다는 말을 빠트리지 말 것, 앞으로 뭘 하겠다는 포부를 밝혀 둘 것 등을 내용에 담을 것을 강조한 바 있다.

일곱 가족 교수님들

이화대학은 기독교 학교인데다가 같은 종교, 같은 교회, 같은 중·고등학교에 자매들을 보내는 가정이 많아서 학교 안에 자매 교수들이 여럿 있었다. 또 남편이나 아내 쪽에서 먼저 교수가 되어 봉직하다가 배우자가 연고를 맺는 경우도 있어서 부부 교수도 여러 쌍이 있었다. 1990년대까지 부부 교수로는 현영학-윤보희 교수, 서광선-함선영 교수, 김병서-신현순 교수, 안광식-임숙자 교수, 이근후-이동원 교수 등이 있었다. 부자 교수팀도 있었는데 김은우-김인회 교수가 있었고, 고모-조카 사이로는 채선엽-채기준 교수, 형제자매로는 안인희-안미자 교수, 김염자-김행자 교수, 이효재-이은화 교수, 이성순-이성은 교수, 최소자-최혜선 교수 팀이 있었다. 정확실-이경우 교수는 동서지간이었다. 한번은 현영학 교수께 "캠퍼스 안에서 윤보희 선생님과 마주치면 어떻게 하십니까?" 하고 물으니까 가급적 피한다고 말씀하셨다.

경비에게 끌려온 교수

1970년대 말경에 일어난 이야기다. 이화여대에 계시다가 서울대학교 미대로 자리를 옮기신 분인데, 정년하신 후 지금은 조각 작품 창작에 몰두하고 계신 최종태 교수 이야기다. 매년 1월 초에 입학 시험을 치르게 되는데, 학관(C관이라고도 함)에 입시 본부가 있었다. 내가 출제위원장을 맡고 있었을 때의 이야기다. 시험 기간 동안에는 교수님들과 입시에 관계하는 조교들에게 입시 본부에서 가슴에 다는 배지를 나누어 줬다. 출제위원들과 평가위원들은 입시 본부에서 대기하고 있어야 한다. 그리고 시험 감독자들은 정해진 시간까지 출근을 해야 한다. 그날 입시 관계 요원들을 점검해 보니 미대의 최종태 교수가 아직 나타나지 않아서 모두 초조하게 기다리고 있었다.

그때 학관 경비한테서 연락이 오기를 아무 배지도 안 단 분이 자기가 교수라면서 출입해야 된다고 우겨서 '된다 안 된다' 하고 옥신각신하고 있다는 전갈이었다. "성함이 어떻게 되는지를 여쭈어 보라"고 했더니 최종태 교수라는 것이다. 모시고 올라오라고 했더니 경비가 최 교수의 옷자락을 잡고 입시 본부까지 올라온 것이다. "어떻게 됐느냐?" 고 물었더니 어제 받은 배지를 잃어버렸다는 것이었다. 그 후 그 분은 경비에게 가짜 교수로 오해를 받고 경비실에 억류당한 경험이 있는 미대 교수로 유명해졌다. 몇 해 안 있다가 이분은 서울대학교로 가셨다. 이화여대 경비한테서 수모를 당한 것이 분해서였을까? 그렇게 당한 배경에는 가톨릭 신자로서 순진하기 짝이 없는 그분이 처음에는 교수처럼 안 보였을지도 모른다. 실은 그날 최교수의 옷차림은 허름한 점퍼 차림이어서, 경비가 시골에서 올라온 수험생 학부모가 아닌가 하고 생각했을 법하였다.

강우철 교수 이야기

1980년대 말의 이야기다. 사회생활과의 고 강우철 교수께서 충청도 지방의 사찰에 학생들과 역사-지리 답사를 가셨을 때의 일이다. 사찰 근처 여관에서 묵었는데 밤에 화장실을 가려고 하니 별빛조차 없이 캄캄했다고 한다. 작은 다리를 건너야 화장실이 있는데 거의 엉금엉금 기다시피하면서 다리를 건너다가 3, 4미터나 되는 높이에서 떨어져 정신을 잃고 개울바닥 바위 위에 누워 있었다. 동행한 다른 교수들은 강교수께서 돌아올 시간이 훨씬 지났는데도 기척이 없어서 이상하게 여겨 찾아나섰는데 개울바닥에서 신음소리가 들렸다. 내려가 보니 강교수님이 만신창이가 돼서 몸을 움직이지조차 못하는 형편이었다고 한다. 이화대학 병원의 앰뷸런스가 내려와서 서울로 이송하였는데, 골반뼈·대퇴골·늑골·경갑골 등에 골절을 당해 6개월가량 병원에 입원해서 치료를 받으셨다. 그리고 그 후유증으로 계속 고생하시다가 작고하셨다.

채플 이야기

80년대의 채플 풍경이다. 서광선 교수가 교목실장으로 있을 때의 일이다. 대강당 채플때 한번은 학생들이 설교 시간에 너무 심하게 떠드니까, 서목사가 약 5분 동안 아무 말 없이 그냥 서 있었던 일이 있다. 보통 채플때의 설교 시간은 15분이다. 그 15분 중에서 약 5분 동안의 침묵이 흐르고 나서야 겨우 잠잠해져서 다시 설교를 시작하였다는 것이다. 나는 대강당 채플 시간에 학생들이 떠드는 문제를 가지고 설교를 한 적이 있다.

“여러분, 우리는 대학에서 세련된 지성과 풍부한 감성을 갈고 닦아서 사회에 나가야 합니다. 지성이란 냉철하고 객관적인 사고를 할 수 있는 능력을 말하며, 감성이란 아름다움과 선함과 거룩한 것을 감지하고, 그것에 감동하여 감정 이입이 되는 것을 말합니다. 특히 우리 이화여대의 특별하고도 중요한 교육철학은 채플이라는 기도-예배의식을 통해서 이런 지성과 감성을 다듬고 풍부하게 되도록 하는 데 있습니다. 그런데 불과 15분 동안의 설교 시간에 여러분들의 그 아름다운 눈동자가 매니큐어한 손톱이나 들여다보거나 먼 산을 바라보고, 아니면 그 아름다운 입술을 옆자리 친구와 쓸데없는 잡담을 나누느라고 채플 시간 전체를 소란하게 하는 데 사용한다면, 그것은 세련된 지성의 표현도 아니고, 풍부한 감성의 표현도 아닙니다. 단 15분간 침묵을 지킬 능력이 없는 사람이 사회에 나가서 지도자가 될 수 있을까요? 단 15분을 감당 못하는 사람이 말입니다."

대개 이런 내용이었다. 그랬더니 설교 시작하고 한 5분까지는 조용했다. 5분이 지나니까 다시 잡담이 시작되었고, 그 설교의 효력은 15분이 아니라 '5분 효과'였음을 다음주 채플 시간에 새삼 깨닫게 되었다.

백낙준 박사 이야기

이화여대 개교 80주년(1976년) 기념예배에 백낙준 박사(당시 연세대 재단이사장)를 모시고 설교를 듣기로 했다. 당시 백박사님의 연세는 82세였는데 설교할 시간이 되어 강대상 앞으로 나오셔서 설교를 한 5분쯤 하시다가 그만 말문이 막혀 버렸다. 5분가량 그대로 서 계셔서 모두들 의아하게 여기고 자리로 모시고 와서는 세브란스병원 응급실로 모시고 간 일이 있다. 그때 백박사님은 일시적으로 인지장애가 와서 설교 원고의 글씨가 안 보이기 시작하다가 드디어 언어부전(不全) 상태까지 되셨다. 그래서 그날의 기념 행사는 마무리가 깨끗이 되지 못하고 말았다.

삼총사의 이화여대 훔쳐보기

1952년 가을 부산에서 있었던 이야기이다. 이화여대의 피난학교가 부산의 서부 지역인 부민동에 있었다. 당시 서대신동에는 서울대학교의 임시 교사가 지어져 있었고, 이화여대 가교사는 부민동에 세워져 있어서 거리상으로도 두 대학이 가까운 편이었다. 그 치열한 전쟁의 와중에서도 마음의 여유를 찾기 위해서였는지 가을에 '이화문학의 밤'이 열렸다. 이 소식을 듣고 이화여대도 구경할 겸, 여학생들 재능 겨루기도 볼 겸해서 초대권도 없이 황응연, 전찬화, 나 셋이서 무작정 이화여대 교정으로 쳐들어갔다. 우리 세 친구는 대학 1학년때부터 늘 붙어다녔다. 그러기를 10년, 우리 셋이 이화여대 교수가 되어서도 늘 붙어다니니까 동료 교수들이 '삼총사'라고 이름을 붙여 주었다.

저녁을 국수로 때우고 우리는 이화여대의 텐트 촌으로 진입했다. 처음에는 감시가 심해서 천막의 틈을 찾아 들어가려고 시도해 보았지만 쉽지가 않았다. 행사가 시작되고 사람들이 프로그램 진행에 집중하게 되면서 감시가 느슨해졌다. 그러다가 틈새를 발견하였고 안으로 들어가는 데 성공하였다. 텐트를 뚫고 들어가니 만원이었다. 다행히 뒤쪽이어서 감시원이 없었고, 무대도 잘 보이는 자리였다. 그날 행사 중 지금도 잊지 못할 장면은 양명문 시인의 〈명태〉라는 창작 시 낭송이었다. 양명문 선생은 나중에 이화여대 국문학과 교수로 부임하게 된다. 그리고 교수님들과 학생들이 나와서 시 낭송을 하고, 에세이를 발표하고, 노래도 하였다. 전시에 이런 경험을 하다니 놀라운 일이었고, 그것도 여자대학에서 개최한 것이어서 정말 좋았다.

그 때 우리 세 사람은 군사 훈련 때문에 늘 군복을 입고 있었다. 행사가 다 끝나고 밖에서 셋이 사진을 찍었는데 너무 오래 되어서 화면이 잘 안 보인다. 그 후 〈명태〉는 작곡가 변훈 씨가 곡을 붙이고 오현명 씨가 노래를 불렀는데 대단한 반응을 얻었다. 이 곡은 오현명 선생의 단골 레퍼토리가 되었다. 우리 삼총사는 그 후 58년이 지난 지금도

1991년 박사 제자들과 함께

살아 있다. 기적이 아닌가?

기관장 시절의 실수

나는 학교의 기관장 일을 맡고 있는 동안 두 번 큰 실수를 하였다. 그 하나는 내가 학생생활지도연구소 소장으로 있었을 때 일이다. 한 번은 월례회로 열리는 상담교수 회의를 후문 건너편의 '방비원'에서 갖기로 되어 있어서 연구실을 막 나서려고 하는데 몇 년만에 학교를 찾아온 졸업생 제자가 "선생님, 점심 같이 하시면 안 되시겠어요? 제가 점심 사드리러 왔는데요" 하지 않는가? 그 순간 회의에 가야 한다는 걸 깜빡 잊어버리고 "그래, 그러지" 하고는 졸업생을 따라나선 것이다. 점심을 다 먹고 차를 마신 후에야 회의를 소집한 일이 생각나서 부랴부랴 회의 장소로 갔더니 모두가 야단들이었다. 그날 회의는 수석 상담원인 강순화 선생이 간단히 진행을 하고 식사를 하고 있는 중이었다. 정중히 사과를 하고 마무리한 일이 있었다.

또 한 가지는 1993년, 교육대학원장 재임 시절의 이야기다. 1993년은 임기 마지막 학기였다. 졸업식 날 60여 명의 학생이 가운을 갖추어 입고 대강당 앞에서 앨범 사진 촬영을 하기 위해 대기하고 있었다. 그런데 원장이 안 나타나는 것이 아닌가? 졸업식 시작 20분 전까지 원장이 나타나지 않으니 할 수 없이 1학기 졸업반 학생들은 원장 없는 앨범 사진을 찍어야 했다. 내가 식장에 도착했을 때에는 이미 학생들이 행렬을 지어 식장으로 들어가고 있었다. 그래서 학생들에게 사과할 틈도 없이 식에 참석하고 식이 끝나서야 정중히 사과한 일이 있다.

그러면 그 시간에 나는 무엇을 하고 있었느냐? 그날 나는 원장실에 일찍 출근해서 직원들에게 챙길 것 몇 가지를 확인하고는 동료 교수들과 후문 건너편의 커피숍 '라리'에서 차를 마시고 있었다. 임기가 이번 학기로 끝나니까 홀가분한 마음에 앨범 사진 촬영에는 신경을 안 썼던 것 같다. 그래서 순간적으로 착각을 한 것이다. 그날 이후 나는 시간 지키기에 유별나게 신경을 쓰게 되었다.

이근후 교수 이야기

의과대학 신경정신과의 이근후 교수의 이야기다. 1990년대의 이야기인데 결혼식 주례를 맡게 되었는데 시간이 급한 나머지 퀵 서비스 오토바이를 타고 결혼식장에 갔다는 이야기다. 한번은 같이 점심을 하는데, 이런 이야기를 하였다. 강남에서 결혼식이 있어서 시간에 맞추어 택시를 탔다고 한다. 그날이 토요일 오후라 남산 1호터널에서 차들이 꽉 막혀 요지부동이었다는 것이다. 시간은 다가오는데 교통 체증은 풀릴 기미가 안 보여서 할 수 없이 지나가는 퀵 서비스 오토바이를 무조건 세워 올라타고는 사정 이야기를 했단다. 오토바이를 타려면 헬멧을 써야 하는데 헬멧도 없이 타고 가다가 걸리면 "무조건 내가 책임지마" 하고는 오토바이를 타고 질주했단다. 그래서 식 개시 2, 3분 전에 예식장에 도착했으니 혼주들이 얼마나 조마조마했겠느냐 말이다. 그때 예식장에서는 유사시를 대비해서 대리 주례까지 마련해 두고 있었단다. 오토바이 운전자 하는 말, 처음에는 아무 말도 없이 무조건 올라타길래 형사인 줄 알았다는 이야기다. 원래 이근후 박사의 면상이 좀 그런 면이 없지는 않지.

김기석 박사의 실언

1970년대의 일이다. 고려대학교 심리학과에서 임상심리학을 가르치다가 정년을 맞고 은퇴하신 교수님 이야기다. 김기석 박사님은 나보다 서울대학교 4년 선배시다. 미국에서 심리학으로 박사학위를 받고 귀국하셨을 때이다. 그 당시 심리학과 과장으로 있던 나는 대학원 학생을 위해서 '정신분석학'을 강의해 주십사고 부탁을 드렸다. 처음에는 안 나오시려는 것을 여러 번 졸라서 나오시게 한 것이다. 이분은 심리학 박사학위 소지자로서 우리나라에서 3호쯤 되는 초기 학자이시다. 하루는 강의를 끝내고 나오시는데 얼굴이 벌개져서 계면쩍은 웃음을 짓고 계셨다. 내가 "선생님, 무슨 좋은 일이라도 있었습니까?" 하고 물었다. 그런데 "나 오늘 창피해서 혼났어. 강사 그만 둬야겠어" 하시는 것이 아닌가?

이분이 정신분석학을 가르치는데 '무의식'에 관해서 설명할 차례였단다. 인간의 무의식은 특별한 방법을 사용해야만 파악이 되고, 일상적으로는 실수나 꿈 같은 것을 잘 분석해 보면 그 속에 무의식의 내용물이 드러난다. 이 밖에 자유 연상법이나 최면 기법, 개인이 쓴 작품, 그림 등의 분석을 통해서 무의식의 내용을 파악할 수가 있다. 예컨대 프로이트의 『일상생활에서의 정신병리』라는 책에서 보면, 말의 실수, 행동의 실수, 글쓰기의 실수, 듣기의 실수, 읽기의 실수, 기억의 실수 등에도 무의식이 작용한다고 한다. 보통때 사람들이 말실수를 가끔 하는데, 실은 그것이 실수가 아니라 숨겨진 의도일 때가 많다는 것이다. 예를 들면 '죽었으면 좋겠다'고 늘 마음속으로 생각하고 있던 경쟁자인 친구에게 물건을 빌려 주었는데 그 친구가 빨리 그것을 돌려주지 않는다. 그래서 다음과 같은 편지를 써서 그 친구 책갈피에 꽂아 놓았다. "야, 이 친구야! 전에 빌려간 그 책 있잖어? 빨리 돌려죽기 바란다." 무심결에 쓴 이 내용을 보면 속으로는 그 친구가 미우니까 죽기를 바라고 있었다는 이야기가 된다. 이렇게 일상적인 실수가 무의식 속에 감추어진 욕구, 성취되지 못한 목표, 분노, 적개심, 콤플렉스, 갈등, 억압된 욕망 등을 노출시키는 모멘텀을 제공하게 된다는 내용의 강의를 하고 있었다.

예컨대 평소에 누구에 대해서 적개심을 계속 품고 있으면 언젠가는 실수를 통해서 그 적개심이 드러나게 된다는 것이다. 이런 이야기를 하다가 김교수님이 "사람이란 다른 사람에 대해서 늘 적개심을 품고 있으면 언젠가는 말실수를 통해서 들통이 난다"는 것을 설명할 참인데, "사람이 다른 사람에 대해서 젖가슴을 늘 품고 있으면……" 하고 말실수를 한 것이다. 김교수님이야말로 여학생을 보면 늘 젖가슴을 생각하고 계셨다는 것인가? 그분 자신이 가장 정직하게 이 원리에 해답을 준 격이 되고 말았다.

내가 쓴 『이대학보』 사설-기타

창조적 생(生)을 위한 설계-신학기에 부쳐서

물질적으로 궁핍하고 정신적으로 각박한 상황 속에서도 학문에 대한 정열과 경제적 혜택으로 다행히 등록을 하게 된 학생 여러분의 전도에 행운이 있기를 빌면서, 학생들에게 다음과 같은 몇 가지 질문을 던지려 하니 학생 스스로가 자문자답하기를 바란다.

첫째, 내가 과연 계속 정신적으로 성장하고 있는가? 지난 학기에 비해서 또는 3, 4년 전에 비해서 훌륭하게 성장해 가고 있는가? 둘째, 그동안 내게 변화가 있었다면 그것이 나이를 먹듯이 시간에 밀려 마지못해 그렇게 된 것이냐? 그렇지 않으면 내 스스로가 주체적인 노력을 통해서 창조하고 생산한 것이냐? 셋째, 내가 과연 얼마나 지도자적 의식을 가지고 사고하고, 행동하고, 자기평가를 했느냐? 이 사회의 주인될 자격을 갖추기 위해서 얼마나 자기비판을 해보았는가? 넷째, 적어도 나에게 기대를 걸고 있는 부모, 교수, 사회의 요구나 시대적 요청을 고려해 보았는가? 다섯째, 인생을 낭비하고 있지는 않는가? 이다.

앞의 다섯 가지 질문에 대한 답을 정리해 보는 기회가 있다고 하면 여러분의 과업(학업)을 성공적으로 성취할 수 있을 것으로 믿는 바이다. 여기서 이들 질문을 중심으로 논의하고 싶은 점은, 우리의 생의 창조적 발전이라는 내용이 되겠다. 성경 말씀에 "내가 어렸을 때에는 말하는 것이 어린아이와 같고, 깨닫는 것이 어린아이와 같으며, 생각하는 것이 어린아이와 같다가 장성한 사람이 되어서는 어린아이의 일을 버렸노라"(고린도전서 13장 11절)란 구절이 있는데, 여기서 우리는 퍽 중요한 성장의 원리를 찾을 수 있을 것 같다.

인간 이외의 동물들은 그 행동이 생리적 충동(결핍충족 욕구)에 의해서 지배되며, 내분비선(호르몬)의 작용에 따라 행동하고 성장할 뿐이지만, 인간은 생리적으로 성장만 하는 것이 아니라, 성숙하고 발전하는 것이 학습에 의하는 경우가 대부분이다. 그 학습이란 사회적 기준에 적응하기, 개인적 가치 척도 확립하기, 개인적인 여러 과업의 해결 방법 습득하기 등, 모든 종류의 행동양식에 걸쳐서 이루어진다. 이와 같은 행동양식을 학습한다는 것이 순전히 충동이나 반사에 좌우되지 않고 이성(理性)과 심미적 감수성과 도덕적 감성에 의한다는 점에 인간적 행동의 특징이 있고, 인간적 노력의 목표가 있는 것이다.

그러니까 "내가 과연 이전보다 나아졌느냐?"를 따져 보는 이성 작용이 인간으로 하여금 이상이 높고, 뜻이 깊고, 시야가 넓은 세계로 이끌어 주는 것이다. 이와 같은 노력을 반성적 사고라고 한다. 그러니까 우리가 성장하려면 반성적 사고가 요청되는 것이다. 파도에 밀려 해변에까지 나와 사바세계(裟婆世界)를 구경하게 된 소라껍질 모양, 타력(他力)에 의해 밀려 온 인생이어서는 되지 않겠지. 그렇게 밀려가도 좋다. 그러나 왜 밀려가는 건지를 알고나 밀려가야 하겠다는 것이다. 어제와 오늘이 다르고, 작년과 금년이 다르고, 사람은 외모에서부터 달라지고 또 속사람도 달라지지만, 그 달라지는 것을 스스로가 통제할 수 있어야 하고, 달라지더라도 자율적으로 달라지자는 것이다.

어린아이의 말을 버렸는가? 어린아이의 깨달음과 어린아이식 생각을 버렸는가? 못 버렸으면 다가오는 새 학기에는 버리자는 것이다. 반성적 사고를 통한 창조적 생(生)에로의 정열이 우리에게 있어야겠다. 우리가 놓여진 상황이 비관적이고 긴박할수록 우리에게 요청되는 것은 창조적 생이다. 미래의 지도자가 될 우리에게 구질서에 도전해서 새로운 생을 창조해 가는 생동력이 없다고 하면 우리의 앞날에 기약이 있을 수 없다. 끝으로 앞에서 피력한 주장을 일단 고려할 만한 것이라고 가정한다면, 다음과 같이 새 학기의 설계를 꾸밀 수도 있을 것 같다.

즉 첫째로, 생의 창조적 발전을 위해서 창조적 사고 또는 비판적 사고의 훈련을 쌓아 간다. 그러기 위해서는 지식의 기능적 활용에 중점을 두고 공부한다. 둘째, 자기 성장의 최대한의 성취를 위해서 행동의 목표와 존재 이유를 비판적으로 파악한다. 과외 활동은 왜 하느냐? 어떻게 채플에 임하느냐? 집단 연구 활동에 왜, 어떻게 참여해야 하느냐? 등을 따져 본다. 셋째, 사회에 있어서의 자기 위치에 대해서 항상 민감하게 반응한다. 그러기 위해서는 국가나 사회의 문제나 요청, 대학에서 자기에게 거는 기대가 무엇인지를 생각한다. 사회적 필요나 문제나 변화에 대해서 외면하려는 여성 지도자가 있다면 그런 사람들에게 우리의 앞날을 맡길 수 있을까? 넷째, 풍부하고 다양한 인생 설계를 꾸며본다. 목동이 인도하는 골짜기의 풀만이 아니고, 목초가 더 풍부한 들판으로 헤쳐 나가야 신선한 꼴이 기다려 줄 것이다.

메마른 사막에서 비 오기를 기다리다 인생을 낭비하지 말자. 인생에는 낭비할 충분한 시간이 있는 것이 아니다. 학문과 인생은 결코 양립할 수 없는 과제가 아닌 것이다. (1966년 3월 7일자 사설)

이화의 새 이정표: 학문의 기수를 더 많이 길러내자-개교 80주년을 기념해서

1914년 7월. 바로 세계 제2차 대전이 시작된 해이다. 그 해 10월에 전쟁과는 관계없이 독일 서부 프랑크푸르트 암 마인에 대학이 새로 생겼는데 이 대학의 대강당 벽에는 다음과 같은 말이 새겨져 있다고 한다.

> 방비(防備)와 무기(武器)에 있어서 철(鐵)과 같은 민족정신의 전당으로서 그대를 세웠노라. 제군, 이 전당을 지키는 자여! 독일의 명예를 위해 이를 수호하라. 연구와 학설에 있어서 성실하라. 진실하라. 정당하라.

이것이 오늘날도 독일의 모든 대학의 전통을 지키는 정신적 힘이 되고 있다고 한다. 우리 학교의 정신적 지주는 희생과 봉사의 기독교 정신이요, 교육의 형성적 지주는 진선미(眞善美)이다. 우리가 이화 창립 80년의 역사를 긍지로써 내세울 때 신문화의 도입과 그 보급, 말하자면 문화혁명의 선구자 역할을 했다는 점을 든다. 또한 많은 여성 운동의 지도자를 길러내서 여성의 사회적 및 정신적 지위를 높이는 데 공헌했다고 자부한다. 문학·음악·체육 분야의 여성 지도자를 많이 배출했다든가, 사회의 각 방면에 파고들어가 새로운 직업을 개척한 사람들을 많이 길러냈다든가, 의사·약사·교수 등의 여성 전문직 직업인을 많이 길러냈다고 자부한다.

그러나 단도직입적으로 말해서 사회 지도자만큼의 다수의 뛰어난 학자는 길러내지 못했다는 것을 자인하지 않을 수가 없다. 진선미의 교시(校是) 중 선을 추구하는 사람, 미를 추구하는 사람들은 수적으로

뛰어난 사람들을 거명할 수는 있으되 진리, 다른 말로 하자면 학문의 영역에 있어서 우리나라에서 뛰어났다고 할 이화인이 과연 얼마나 될런지? 김활란 이사장님이 지난 주 채플 시간에 이화 80년의 기념행사를 끝마치고 두 가지의 새 이정표를 세워야겠다는 요지의 설교를 하신 가운데 학문의 연구를 들었는데, 이 문제는 80주년 기념호 본란에서도 이미 밝힌 바 있듯이, 새 학풍을 조성해야겠다는 점을 지적하였고, 그 구체적 방안까지도 시사한 바 있다. 본란에서 또 한번 우리 대학의 연구 활동에 관한 현황을 고찰함으로써 학문의 기수를 길러내기 위해서는 우리가 어떻게 해야 되겠는지를 논의해 보려고 한다.

우선 가까운 예로 국내 모 대학교만 하더라도 7개의 학술 연구 기관을 갖고 있으며, 거기에는 전임 연구원들이 배치되어 있다는 사실에 주목해야 한다. 구미(歐美) 여자대학을 제쳐놓고라도 이웃 일본의 여자대학의 경우를 살펴보건대, 모 여자대학의 경우, 전임 교수가 281명인데, 1년에 출판하는 교수의 연구물이 169종(1959년 통계)이고 그중의 약 5분의 1이 여자 교수들의 논문이라고 한다. 또 하나 다른 사립 여자대학의 경우를 보자. 1년에 출판되는 연구물이 206편인데 여자 교수들의 논문이 4분의 1가량 된다고 한다. 여러가지 불리한 조건이 부수되는 우리의 경우이기는 하나 비교의 여지가 없는 것 같다. 우리의 성과는 여기에 훨씬 못 미치니 말이다.

우리 대학의 역사가 80년이라는 것, 우리가 아름다운 캠퍼스를 가지고 있다는 것, 교수직에 있는 요원의 절대 수치가 국내 2위인 점을 감안한다면, 우리의 연구 풍토와 역량에는 문제가 있으며, 연구 풍토의 양적, 질적 빈곤을 자인하지 않을 수가 없다. 대학의 생명은 교수(티칭 곧 교육)와 연구이다. 연구의 기능은 우리의 생활을 궁극적으로 풍부하게 해주며, 능률적으로 만들어 주며, 보다 우수한 생산품, 즉 사람을 비롯해서 일반 수요를 위한 용품을 만들어내는 데 있다. 인간들 사이의 관계를 더욱 더 긴밀하게 해주며, 친숙하게 해주며, 원만하게 해주며, 우리 인간의 신체적, 정신적 건강을 증진시켜 주며, 우리 인간의 삶을 정신적으로나 물질적으로 더욱 행복하게 해주는 데 있지 않는가?

그런데 우리는 연구를 통해서 우리나라와 사회가 진보하고 향상되는 시간을 단축시켜 주기 위한 노력에 있어서 얼마나 후진적인지 알 수 없다. 적어도 대학이 대학답게 되는 본질적 기능을 발휘하려면, 첫째 교수 연구실의 확보가 요구되며, 연구 시설의 개선-확보가 요구된다. 둘째, 연구비의 증액과 현존 연구 기관(한국문화연구원)의 기능을 보다 실질화할 필요가 있다. 예컨대, 연구 요원을 강화하고, 외국 재단과의 연계를 강화하며, 연구비의 확보를 기하도록 노력해야 할 것이다. 그리고 이렇게 연구비 조달을 위한 노력의 경주도 중요하지만, 더욱 중요한 것은 연구비를 효과적으로 활용할 수 있도록 교수 시간 외에 연구 시간(학교를 의미하는 scole는 여가를 말함)이 충분해야겠다는 것이다. 점점 학문은 발달-진보하고 그 내용은 깊어지는데, 지금과 같이 연구 시간은 모자라고, 연구를 뒷받침할 재정적 능력이 없고 보면, 교수들이 사용하는 강의 노트에 새로운 내용을 첨가함이 없이 매년 똑같은 강의록을 되풀이 사용할 수밖에 없게 된다. 그런 환경에 처하게 되면 배우는 학생들은 학문 연구에 점점 의욕을 잃게 되는 것이 아닐까? 셋째, 학생들이 학문에 대해서 성실하고, 진실되고, 그리고 사랑하는 태도를 갖도록 하기 위한 새로운 학풍 조성의 분위기가 빨리 이루어질 것을 새삼 당부하는 바이다. 이렇게 함으로써만 정말 대학 본래의 사명인 학술의 심오한 탐구를 할 수 있고, 그렇게 하려면 학문의 계승자를 양성하는 데 아낌없는 노력을 기울여야 할 줄 안다. (1966년 6월 20일자 사설)

내가 쓴 『이대학보』 칼럼 〈상록탑〉

미국의 유명한 만화가에 비질 파취(Vigil Parch)라는 사람이 있는데, 이 사람의 만화에는 주인공들이 모두 조금씩 이상자(異常者)에 가까운 모습으로 나타난다. 손가락이 여섯 개 달려 있다든지, 양쪽 눈이 사팔처럼 눈동자가 미간으로 몰려 있다든지, 전체적 인상이 백치 같다든지, 몸은 큰데 손과 발이 아주 작다든지……. 그런데 비질의 만화의 특징은 그런 데 있는 게 아니라 만화가 주는 카타르시스적 효과에 초점이 있다. 더욱이 그 카타르시스도 웃음에서가 아니라 부조리에서 찾고 있다는 점이 특징이다.

그의 만화에 이런 것이 있다.

관광 시즌이 되어서 어느 국립공원 지대에서 산림 간수 노릇을 하고 있는 사람이 그 공원에 살고 있는 곰들을 모아놓고 일장 훈시를 하고 있다. "그런데 말이야, 그리고 여러분, 이제 관광 시즌이 되어서 손님들이 모여들 터인데, 여러분들이 지켜야 할 것과 하지 말아야 할 것을 가려서 해주기를 바란다." 이때의 그 곰들의 자세는 자연스럽다. 마치 임간학교(林間學校)에서 수업을 받는 아동들처럼 천진하다. 그 미련한 곰에게 훈시를 한다? 알아들을까? 그런데 그걸 알아듣는 듯. 그 그림의 분위기로 보아서는 충분히 이해가 가는 눈치이다.

그런데 세상에는 사람의 말귀를 알아듣지 못하는 사람들이 너무도 많다. 우리는 오늘날 사람과 사람 사이의 인간적 대화가 두절되었음을 통탄해 하고 있는 게 아닌가? 부모와 자녀 간의 대화, 스승과 학생 간의 대화, 정치 지도자와 국민 간의 대화, 교육받은 사람과 교육을 받지 못한 사람 간의 대화, 경영자와 노동자 간의 대화, 정당과 정당 간의 대화, 터야 할 대화의 길은 너무도 많다.

이와 같은 대화의 두절을 극복하는 한 방법으로 기인(奇人)들이 모여서 누디스트 캠프를 만들었다. 또 히피들은 모여서 히피랜드를 만들었다. 그런데 최근에는(1960년대 말) 정신과 의사들이 모여서 정신치료를 한다고 이 누드 치료법을 개발해서 실험을 하고 있다는 기사가 났다. 미국의 이야기다. 이 치료법의 골자는 인간이 '진정한 자아'를 발견했을 때 비로소 개인의 정신적 문제가 해결되어진다는 것이다. 이 진정한 자아를 발견케 하는 방법으로 자기 자신을 적나라하게 노출시키는 방법을 사용한다는 것이다. 이 방법 자체의 장단점에 대한 논의는 그만 두고라도, 여기서 채택하고 있는 방법은 우리에게 하나의 생각의 과제를 던져 준다. 즉 인간이 자신을 가리고 있는 옷이란 것 때문에 모든 다른 사람과의 대화나 친숙한 관계를 깨뜨리게 된다는 것이다. 여기서 우월감이니 열등감이니, 경계심이니, 자기 기만이니, 불신이니, 의혹이니, 갈등이니 하는 병리적 현상이 생겨나게 된다는 것이다. 인간의 신체에 대한 이 병리적 이미지가 이와 같은 병적 증후를 가져오니 여기에서 벗어나는 길은 누디스트가 되는 것이란다.

우리가 누디스트가 되면서까지 진정한 자아 발견을 위해서 몸부림쳐야 할까? 또 한번 자기 자신과의 대화, 또 무릇 다른 사람과의 진정한 대화에 이르는 길을 트는 데 힘써 보자. (1969년 11월 24일)

"천지를 창조하시고, 인간의 생사를 주관하시며, 전지전능하시며, 무소부재하신 하나님 아버지……." "하늘 높이 계셔서 인간의 운명과 우주의 역사를 맡아 다스리시는 하나님 아버지……." "사랑과 은혜가 풍성하시며, 죄로 인해 사망에 처할 우리 인간을 구원해 주실 하나님 아버지……."

각 과별 채플 시간에 불려가서 몇 번 말씀을 전해 본 경험을 가졌던 상록탑자(나)는 이렇게 시작되는 학생들의 기도에 가끔 환멸을 느낄 때가 있다. "지금이 시작 시간이오매 끝 시간까지……"와 "오늘 말씀해 주실 선생님께 하나님께서 함께하시사……" 여기에 이르면 기도에서 진정성이 사라졌음을 느낀다. 하나님이 과연 이렇게 높이 찬양받아야만 만족하시고 우리의 기도를 들어주실 만큼 도량이 좁은 분이실까? 그 기도 말귀에 잘못이 있다는 이야기가 아니라 너무도 틀에 매인, 때로는 무감동하게 뇌까리는 투에 싫증이 나서 하는 말이다.

"사랑의 하나님……" 한다든지, "십자가를 통해서 우리에게 보여주신 그 깊은 사랑의 주님……" 정도로 해도 그 기도가 간절한 것이면 그 기원이 축복이 될 수 있지 않을까? 기도에 좀 더 진실됨과 절실함이 배어 있어야 되겠다.

또 이런 기도도 있다. "무더운 여름이 다가오고 있습니다. 우리 모두 몸조심하게 해주세요……." "공부를 열심히 하게 해주시고, 시험도 잘 치게 해주세요……." "세상일에 한눈 팔지 않게 해주시고, 오직 주님만……." "우리는 서로 미워하고 싸우곤 했습니다. 우리 모두를 용서해 주십시오……." 이런 기도 자체가 잘못된 것이라기보다는 그 기도를 올리는 사람의 멘탈리티 즉 심성(心性)이 문제라고 생각된다. 우리의 기원이 때로는 구체적이고 지엽적인 것이지만 그것이 절실한 문제일 때가 있어서 필요는 하지만, 대학생의 기도답게 좀 더 차원을 달리하는 기원이 되었으면 한다.

"주님, 우리의 노력이 우리 개개인의 이익을 위해서가 아니라 이웃과 사회가 더 밝고 반듯하게 되도록 만드는 데 이바지할 수 있게 되기를……." 이런 식으로 좀 세련되고 의식화된 기도면 좋겠다. 또 이런 기도는 어떤가? "하나님께서 이미 다 알고 계시다시피……"라거나, "하나님 정말로 그렇습니다. 그건 빈말이 아닙니다"라거나, "하나님 꼭 부탁드립니다……." 이런 기도 문장은 좀 어색하고 촌스럽고 어설프지 않는가? 기도의 문장이 반드시 명문장이어야 한다는 말은 아니다. 우리의 기도에 간절함과 진지함이 묻어 있는 것이면 좋겠고, 또 좀 더 내용이 고상하면 좋겠다. 어린아이들의 기도 수준이어서는 곤란하다. 그리고 세련되어 있으면 더욱 좋겠다.

과 채플에 참석해서 진행을 보고 있노라면 어딘지 어색하고, 촌스럽고, 수선스럽고, 짜임새가 부족하고, 어설픈 면이 없지 않다. 그래서 예배, 헌금, 수양, 교양, 광고, 과의 단합 등의 다목적, 다기능을 가진 채플의 형식을 좀 더 개선할 필요가 없을지? 채플에 관한 한, 학생들 자신의 뚜렷한 목적의식이 서 있었으면 좋겠다. (1969년 6월 23일)

The Ewha Voice 기고문

Youth in Past, Present

In traditional society, rapid or conspicuous changes do not occur in general. That is, in such society there is hardly any change in not only social system, law, customs of society but also the mode of life, value system, and mode of behavior.

But on the contrary, in a rapidly progressing society fast changes occur in every aspect of society. Such changes are accompanied with other changes such as in people's outlook, their way of thinking, their attitudes, their values and their modes of behavior. It is useless to say that the changes in younger generation are included in this tendency.

The youth in earlier times, about one generation ago, can be said to have many differences compared to the youth of today. To summarize the differences we can say that the youth of today are so precocious in the aspects of growth and development that they mature fast both physically and psychologically. Their consciousness of self-identity is more firm and they get more democratic disciplines that lead to self-assertion. They are more positive in cooperation.

But on the negative side, the youth of today have much knowledge but lack in wit, and tend to be merely fragmentary. From sports to sex, they have broad scope of knowledge but at the same time lack in deep insight of life compared to the youth of the earlier days.

In their way of thinking they are rational and practical. Yet they are less careful and tend to be frivolous. In comparison to earlier times they are more individualistic but have sense of non-belongingness. Their main interest in confronting with problems of reality prevents them from being idealistic. To cite an extreme case, instead of being pure and innocent the youth of today are more worldly and materialistic.

When proving their mode of behavior, they are found to be open but aggressive, and nihilistic in extreme. In the moral value system they are situation-dependent rather than to be inner-value dependednt.

Today the younger generation faces many problems such as adjustments, agony, and anxiety. This is due to the rapid changes and the complexity of society. In a sense we can conclude that the youth of today are living in a problem-bound circumstances.

(*The Ewha Voice*, October 19, 1988)

대강당 채플시 사용했던 설교문 요약

주제: 아름다운 열매를 맺는 자가 되라

성경구절: 마태복음 25장 14-30절 중 26절에

"그 주인이 대답하여 가로되, 악하고 게으른 종아, 나는 심지 않은 데서 거두고, 헤치지 않는 데서 모으는 줄로 네가 알았느냐?"

성경구절: 마태복음 7장 15-20절 중, 18절에

"좋은 나무가 나쁜 열매를 맺을 수 없고, 못된 나무가 아름다운 열매를 맺을 수가 없느니라."

문제 제기는 이렇다. 미국 최대의 전력 회사인 웨스팅하우스에서 박사급 연구원을 채용했는데, 그중 한국 출신들의 경우, 입사 성적은 매우 좋은데 입사 후 능력 발휘를 하지 못해서 베트남 출신보다 창의력이 떨어진다고 한다. 우리나라 안의 경우도 마찬가지다. 대학교 성적은 좋은데 막상 현장에 나가 보면 학교 성적 따위는 별로 도움이 안 된다는 것이다. 그래서 재교육시켜서 배치한다는 것이다. 대학 입시 수능 성적이 좋아서 이른바 일류 대학엘 들어가기는 하는데 사고력과 창의력이 부족해서 유럽이나 미국 대학생들보다 현장에서의 경쟁력이 떨어진다는 것이다. 특히 제조업이나 연구 기관의 경우 창의력과 문제 해결력이 저조하다는 것이다.

그러면 우리 학생들이 대학에서 공부하는 동안 어떤 문제의식을 가지고 면학하면 좋을지에 대해서 생각해 보려는 것이다. 여기서 두 가지 테마를 추출한다. 하나는, 대학에서 공부하는 동안, 그리고 사회에 나가서도 자기의 삶을 최고로 만드는 지혜를 닦자는 것이고, 둘째는 인생을 살아가는 동안 아름다운 열매를 맺기 위해서 최선을 다하는 학생이 되자는 내용이다.

사람의 대뇌피질에는 약 140억 개의 신경세포가 있으나 평생 우리는 그중 약 10% 정도만 쓰고 90%는 남겨 놓고 죽는다고 한다. 아인슈타인 박사도 자기의 뇌세포를 30%밖에 안 썼다고 한다. 그러니 우리 보통사람들은 말할 것도 없다. 인간의 능력의 한계는 아무도 모른다. 그래서 자기의 재능을 아름답고 유용하게 사용하는 것이 살아 있는 인간의 도리라고 생각한다.

자기의 가능성의 최고의 한계까지 가서 그것을 살리려면,

(1) 자기가 하는 일(공부, 특기 활동, 여가 생활)의 의미를 음미하고 생각하자. 좀 더 근본적으로 생각해 본다면, 나는 이화여대에 왜 들어

왔나, 나는 왜 심리학과에 들어왔나, 나는 왜 이 과목을 선택(등록)했나, 그 존재 이유(raison d'etre)를 따져보자. 그리고 하는 일에 분명한 의미를 부여하자.

(2) 자기가 하는 일에 대해서 얼마나 의욕과 정열을 가지고 있으며, 그 일에 대한 자세가 얼마나 진지한지가 그 사람의 가치를 결정한다. 말하자면 전력투구(全力投球)하자는 말이다. 젊은 시절에는 눈앞의 이익에 구애받음이 없이 공부와 일에 몰두할 수 있지 않는가? 이 세상에 어떤 걸작품도 정열없이 이루어진 것은 없다. '악하고 게으른 종'이 되지 않기를 기대한다.

(3) 자기를 실현했다고 하는 창조적인 인물을 심리학적으로 살펴보면, 막스 베버가 말했듯이, "가치있고 완벽한 경지에 이르고 있는 창조적 업적은 모두 전문적으로 성취된 것들이다." 여기서 '전문적'이라고 한 것은 깊이 파고든다는 말이다. 파블로프는 "학문, 연구, 직업은 그의 정열이어야 하고, 한 생애를 걸 수 있어야 한다"라고 역시 정열을 강조하였다. 일본에는 몇 대에 걸쳐서 내려오는 가업이 많다. 한 우동가게는 4대째 내려오면서 우동을 판매하는데 우동의 품질을 항상 똑같이 유지하기 위해서 하루 판매하는 양을 일정하게 정해 놓고 있단다. 일본제 '카오루'라는 은단류(銀團類)도 그렇다고 한다. 기타는 기계로 만든 제품보다 수제품이 훨씬 비싸다. 그 이유는 수제품에는 전폭적인 정신(der ganzen Seele)이 있기 때문이다.

케넌 콕스는 "그림을 그리든, 노래를 하든, 조각을 하든, 즐거움을 위해서 하라. 육체가 굶주리더라도, 네가 가장 사랑하는 그것을 하라. 명예를 바라고 일하는 사람은 자주 그 목적을 상실한다. 돈을 바라고 하는 사람은 자기 영혼을 돈과 바꾼다. 일 자체를 위해서 일하라. 그러면 영예도, 돈도, 그리고 그 모든 것이 너에게 첨가되리라"라고 말한 적이 있다. 시험 준비만을 위해서 공부하지 말고, 공부 그 자체에 가치를 부여하라고 말하고 싶다.

(4) 창조적인 인물들을 탐구해 보면, 이들은 일 그 자체를 사랑한 사람들이다. 거기에 심취하고, 삼매지경에 빠지고, 몰두하고, 마니아가 되고, 미치는 것이다. 남에게는 없는 것을 생산하고, 독창적으로 만들어 낸다. 칼릴 지브란의 시에는 이렇게 쓰여 있다. "모든 일은 거기에 사랑이 있을 때를 제외하고는 공허한 것이 된다." 인생의 최대의 기쁨은 일을 성취하고, 문제를 해결하고, 그 속에서 자기의 진가를 발휘했을 때 얻어진다. 예술이건 문학이건 사업이건 공부건 교량의 건설이건 운동이건 의무감에서 또는 외부에서 강요되어서 이룬 것 중에는 걸작이 없다. 그것은 단순히 돈을 위한 노동에 불과하기 때문이다.

(5) 창조적인 사람들을 살펴보면, 모차르트나 베토벤은 자기 것에 있어서 최고의 상태에 도달한 사람들이다. 개인의 이익보다 공동체의 이익을 앞세우는 사람들이다. 인류적이고 보편적 가치를 존중한다. 누가 시켜서가 아니라 자발적으로 한다. 본질에 관심을 둔다.

(6) 아름다운 열매를 맺으려면 열매는 적절한 물과 영양, 햇빛의 3가지가 갖추어져야 한다. 여기서 햇빛은 불변하는 것이니까 진리(眞理)요, 영양은 자비와 사랑을 의미하므로 선(善)이요, 이 진리와 선이 합쳐져야 아름다운 열매 미(美)가 결실을 본다. 충실 인생을 만들자는 것이다. 열매도 속이 꽉 차야 하지 빈 쭉정이어서는 안 된다. 충실(充實)이란 한자가 바로 그 의미를 잘 나타내 준다. 열매가 알차야 한다는 말이다. 충실 인생을 살아가는 사람은 스스로 열심히 살기 때문에 다른 사람이 무엇을 하든 개의치 않는다. 남의 일에 부질없이 끼어

들지 않는다.

열매를 맺는 사람은 호기심과 탐구심이 강하다. 내일을 위해 에너지를 만들어 낸다. 우리에게는 깊이 파고드는 성정(性情)이 부족하다. 열매맺기를 갈구하는 사람은 현실에 대해서 불평하지 않는다. 삶 자체가 즐겁다. 버나드 쇼의 이야기를 들어보자. 그가 쓴 희곡의 한 장면에 "내가 이렇게 된 것은 환경이 나쁘기 때문이다라고 불평만 하는 사람이 있다. 나는 환경 따위는 믿지 않는다. 이 세상에서 훌륭한 일을 하고 있는 사람은 자기 스스로 일어서서 바라는 환경을 찾던가 아니면 그와 같은 환경이 찾아지지 않으면 스스로 만들어 내는 사람들이다"라고 적고 있다. 맞는 말이다. 우리가 창조적으로 산다고 하는 것, 열매 맺는 삶을 산다고 하는 것은 누가 가져다 주는 인생이 아니다. 또 그런 인생을 바라서도 안 되고, 그런 인생을 만들어가기 위해서는 스스로 창조해 가려는 용기와 도전 정신이 필요한 것이다.

여러분들은 지금 이 시간이 여러분들에게 있어서는 다시 돌아오지 않는 최고의 찬스라고 생각하라. 인생에는 낭비할 시간이 없다. 근면한 사람일수록 피로감이 없다고 한다. 시간에 대한 욕망을 갖는 것은 미덕이다. 인생을 즐겁게 산다고 향락에 빠지면 인간 정신은 나약해지고 우둔해진다. 여러분의 삶이 나날이 새로워지고, 발전하고, 풍요로워지는 삶이 되기를 기대한다. 여기에 모토 하나를 소개한다. 매일매일을 창조적인 삶을 사는 날이 되기를 기원하는 모토이다.

CREATIVE DAY

C---Concentration(집중하고)

R---Return to himself(자기 자신의 정체의식으로 돌아가고)

E---Ear for other(남의 말에 귀를 기울이고)

A---Affirmation(긍정적으로 생각하고)

T---Thoughtfulness(사려깊고)

I---Imagination(상상력을 발휘하고)

V---Victory(승리하는 나날이 되고)

E---Eagerness(열성적이 되고)

D---Devotion(헌신하고)

A---Attention(주의를 기울이고)

Y---Yearning for truth (진리를 갈망하라)

(1993년 9월 6일)

나는 이화여자대학교에서 무엇을 했는가?

나는 1959년 4월, 이 대학에 부임한 이래 1961년 8월 군사정부에 의해 군복무 미필자라는 이유로 교수직을 사임하고 중앙교육연구소 임시 연구원 자리로 옮겼다. 여기서 1962년 3월까지 근무하다가 4월에 군에 입대해서 그해 11월에 제대할 때까지 공백 기간을 가진 후 학교에 복직했다. 그리고 1996년 8월에 정년 퇴임을 했다. 이렇게 따지면 정확하게는 이화대학에서 36년 2개월 근무한 것이 된다. 20대의 끝무렵에 와서 60대 중반에 학교를 떠났으니 나의 인생의 정수(精髓)는 이화대학에서 보낸 세월이다.

(1) 대학에 오자 그 해 2학기에 연세대학교에서 〈교육과학〉이라는 과목을 맡아 달라는 제의가 와서 철없이 수락하고 두 학기를 나갔다. 그때 내게 배운 연세대 제자들 중에는 쟁쟁한 학자 후보생들이 있었다. 두 번째 학기가 끝나자 학장이신 김애마 선생님이 학장실로 부르셨다. "왜 허락도 안 받고 타 대학에 출강하느냐?"고 하셨다. 규칙을 몰라서 그랬노라고 양해를 구하고 다시는 안 나가겠다고 다짐을 했다. 그랬더니 김애마 선생님은 한술 더 떠서 "젊은 사람이 가족도 단촐한데 벌써부터 돈 욕심으로 강의에 나가면 되느냐?" 하고 꾸지람을 하시는 것이 아닌가? 알고 보았더니 이화대학에서도 연세대 교수들을 강사로 쓰고 있었다. 만일 그 때 이런 강사 제도가 없었더라면 교수 요원의 부족이 심각했을 것이다. 강사 제도는 지금도 운영되고 있지 않는가? 강의 시간의 약 절반이 강사의 몫이 되고 있다.

(2) 군에서 제대하고 1962년 12월 학교에 복귀하니까 김옥길 총장께서 나에게 내년(63년)부터 본교 입시제도를 개선하려고 하니 연구해서 보고해 주었으면 한다고 통고했다. 당시 교무처장(당시는 이화대학은 학무처장이라 불렀다)이시던 현영학 교수께서 나를 학무차장(교무차장)으로 추천하신 것 같았다. 그래서 4월부터 1년 6개월 동안 교무차장 일을 보았다.

신학기가 되자 입시제도 연구를 해서 1학기 말에 교무위원회에 개선안을 제출하고 브리핑을 했다. 왜 입시제도를 개선하기로 했느냐 하면, 그때만 해도 전국의 고교가 국·영·수에만 매달려 있어서 고교 교육이 비정상적으로 운영되고 있었기 때문이었다. 그래서 개선안을 내놓은 것이 이중 구조의 시험문제를 출제하는 안이었다. 그 하나가 「학업수행 적성검사」이다. 각 교과목과 직접적인 관계가 약한 언어·수리·과학·사회·사고 문제가 들어간 기본적인 지식과 이해, 사고력을 재는 문제들로 구성된 시험이다. 또 하나는 인문·사회계와 자연계로 나누어진 고교 전과목 출제이다. 물론 음악·미술 문제도 들어 있다. 이 제도를 처음 시행할 때에는 교내외의 저항이 많았다. 이런 안을 내놓은 데는 김옥길 총장님의 소신이 뒷받침되었기 때문이었다. 즉 고교 교육의 정상화라는 목표와 대학에서 요구하는 준비된 학생 선발이라는 이중 목표를 관철하기 위한 것이었다. 그리고 문제 형식을 처음으로 객관식으로 바꾸었다. 그 이유 중 하나는 이른바 주관식이란 것이 주로 단답형이 되어서 기억에 의존하는 문제가 주종을 이루고 있었기 때문이다.

이 제도를 5년간 밀고 나갔는데 도중에 군사정부에서 제동을 걸어왔다. 고등학교 특히 여자 고등학교에서 입시 준비에 곤란을 겪고 있다는 불만이 올라온 것이다. 전 과목 출제는 고교로서도 환영하지만 적성검사는 곤란하다는 것이다. 그래서 다시 종전에 해오던 방식으로 돌아가되 출제 방식을 이해력을 재는 문제를 좀더 많이 내는 쪽으로 개선하는 것으로 방향을 바꾸게 되었다.

(3) 1963년 여름. 총장님은 재미재단의 기금 모금 때문에 가시고, 당시 교무처장이던 박준희 교수는 학부모 면담 프로그램 때문에 지방에 가 계시는 동안 갑자기 문교부의 김재규 대학행정과장이 공문을 들고 나를 찾아왔다. 학칙 중 한 조항의 문장을 바꾸라는 군사정부의 명령서였다. 학생 처벌에 관한 조항인데, 종전에는 교무회의에서 가결하도록 되어 있었는데, 그 조항을 없애고 총장이 단독으로 결정할 수

있도록 하라는 내용이었다. 나는 단연코 거절했다. 그랬더니 며칠 후 문교부 담당자가 직접 학교 관인 보관자에게 협박(학칙을 개정 안 하면 학생 입학 정원을 늘여 주지 않는다고 함)해서 개정안에 총장의 결제 도장을 찍어가지고 갔다. 그때만 해도 군사정부에서 무서운 것이 없을 때였다. 총장, 교무처장 부재중에 일어난 일이라 그 문제로 나는 책임을 지고 교무차장직을 사임했고, 관인 보관자는 해임되었다.

(4) 1970년대 후반. 고교 교육의 혁신과 새로운 사고형의 대학생을 뽑자는 취지로 김옥길 총장께서 또 한번 입시제도 개선을 시도하였다. 그것이 바로 과목을 표방하지 않는 종합적 주관식 문제의 출제이다. 종전의 객관식 문제 수를 줄이고, 각 계열에 맞게 주관식 문제를 내는 것이다. 당시 교무처장이던 박준희 교수가 내게 안을 내라고 해서 안을 만들어 교무회의에서 브리핑을 하고 동의를 얻었다. 그 내용은 이렇다.

> 자연계열은 수학·물리학·화학·생물학·지구과학을 포함하는 종합적 주관식 논술 문제
>
> 인문-사회계열은 국어·사회·역사·지리를 포함하는 종합적 주관식 논술 문제

한 예를 들면, 등고선이 그려져 있는 지도를 한 장 주고, "여기에 신도시를 건설하려고 한다. 인구 10만 명을 수용할 수 있는 쾌적한 환경의 신도시를 설계하라."

이 정도면 요즘의 논술 시험과는 비교가 안 되는 완벽한 논술 시험

이다. 그래서 3명의 교수가 채점을 해서 점수를 평균하도록 했다. 물론 시간이 많이 걸리고, 비용도 많이 나간다. 그러나 고등학교에서 이런 식으로 토론식 수업이나 프로젝트식 수업을 하면 학생들이 단편적인 지식의 기억에 매달리지 않고 사고력과 문제 해결 능력을 몸에 익히게 되지 않겠느냐는 것이 입시제도 개선의 중요한 목적이었다. 그런데 고등학교 특히 여자 고등학교의 반발로 3년간 실시하고 원상복귀를 하게 되었다. 진정한 의미의 논술 시험의 실시는 이화여자대학교가 선구적으로 이미 70년대에 실험을 한 셈이다. 37년간 봉직하는 동안 나는 학교의 입시관리위원, 위원장 등을 여러 해 동안 맡아 보았다.

(5) 1965년에서 1967년까지 대학원 교학부장을 지냈다. 그동안 내가 특별히 관심을 가졌던 점은 학생들의 학구 활동을 지원하는 일이었다. 대학원장이던 김영정 교수님과 의논해서 1년에 2회, 대학원 학생 학술 발표회를 열었다. 그때 학생회(알파 파이 알파회) 간부들이 거의 학자가 되어 대학교수로 재직하다가 정년을 맞았다. 명지대학의 김숙자 교수, 충남대학의 심정자 교수, 이화대학 국문학과의 김현자 교수, 미술학부의 원문자 교수, 기악학부의 김기순·윤금희 교수, 조소과 출신의 조각가 이정자, 서양화과 출신의 강정자 화백 등이 모두 학생회 간부 출신들이다. 그들이 졸업한 지 45년이 지났어도 지금까지 나와는 계속 교류하고 있다.

(6) 심리학과 과장을 비롯하여 학교 보직으로는 1991년부터 1994년까지 교육대학원 원장직을 맡아 보았으며, 1994년부터 1996년까지 학생생활지도연구소 소장직을 맡아 보았다. 1995년에는 대학교육종

정년 퇴임식 때

합평가위원으로 활동했으며, 고려대학교·경희대학교·영남대학교 등의 평가위원장을 맡아 보았다.

(7) 재직중, 한국교육심리학회 회장, 한국가족학회 회장, 어린이연구회 회장, 어린이문화진흥회 이사장, 청소년문화개발원 이사장, 우리문화가꾸기회 이사장, 전국 교육대학원장 협의회 회장, 창의성교육연구소 소장 등을 역임하였다. 그동안 단독 저서, 번역서 및 공동 집필 저서를 합해서 약 120여 권을 출판했으며, 전공 관련 논문 약 130여 편을 발표했다.

(8) 1992년에는 교목실장과 협력해서 이화여대교수성가대를 결성하였다. 그리고 정기적으로 재정 지원을 했다. 큰 보람이다.

나는, 이화여대에서 행복했다

37년이라는 짧지 않은 세월을 18만 평에 이르는 이화 캠퍼스 안에서 행복하게 지냈다. 공부하고 싶은 공부를 했고, 연구하고 싶은 연구를 했고, 또 많은 제자들을 길러냈다. 그들 중에는 우리 사회를 위해 큰일을 하는 일꾼도 많이 있으니 보람찬 일이었다. 늘 새롭게 젊은 학생들이 들어오고, 샤프한 젊은 교수들이 등장함으로써 캠퍼스는 활기에 넘쳐 있었다. 나는 운 좋게도 20대의 혈기왕성한 청년기에 이 학교에 와서 장년기, 중년기를 지나 초로기(初老期)까지 봉직할 수 있었던 것은 선배 교수를 비롯해서 동료 교수, 후배 교수들의 절대적인 후원과 사랑이 있었기에 가능했다고 생각한다. 특히 제자들의 사랑과 지원이 결정적으로 중요한 역할을 하였다고 믿는다.

나는 우리 다음 세대의 지도자, 일꾼이 될 오늘날의 후학들에게 몇 가지 당부하고 싶은 것이 있다.

첫째, 지도자적 의식을 가져달라. 리더십은 스스로 만드는 것이다. 앞으로 통일될 우리나라의 지도자로 자처하려면 스스로 지도자가 되겠노라고 다짐해야 한다. "Wherever you may go, be the master." 주인 정신으로 일을 하라. 자발성과 주도성이 없으면 한갓 심부름꾼에 지나지 않는다.

둘째, 창의력과 문화력을 몸에 익혀서 새롭고 가치있는 일의 성취를 위해서 정열을 바쳐라. Global-mindedness로 세계를 무대로 삼고 나아가라. 세계 속의 한국의 위상과 국격(國格)을 높이고 국민을 행복하게 하는 데 이바지하라.

셋째, 성숙된 인성과 도덕성으로 무장해서 인생을 올바르게 살고, 이웃과 공동체의 복지를 위해서 헌신할 수 있는 관대하고 따뜻한 마음을 갖고 살기를 바란다.

넷째, 이 사회와 세계에 이화대학의 존재 이유를 확실히 각인시킬 수 있도록 후학들은 전력투구해 주기를 기대한다. 이화 출신 중에서 세계적 학자·예술가·과학자·정치가·행정가·법률가·작가·봉사자·사회 개혁가·국제문제 전문가 등이 많이 배출되어서 나라의 발전과 복지뿐 아니라, 세계의 평화를 위해서 크게 이바지할 수 있는 인재들이 많이 쏟아져 나오기를 꿈꿔 본다.

강계 촌놈 염소가 이화동산에 태어나다

서광선

1931년 평북 강계 출생.

미국의 로키마운틴대학과 일리노이주립대학교에서 철학 수학, 뉴욕 유니언 신학대학원에서 조직신학 전공, 밴더빌트대학교에서 종교철학으로 박사학위 취득.

1964년부터 1996년까지 이화여자대학교 인문과학대학 기독교학과 교수로 재직하면서, 기독교학과 과장, 한국문화연구원 원장, 문리대학 학장, 교목실장, 대학원장 등 역임. 1980~84년 정치교수로 해직. 예수교 장로회 목사 안수 받고, 압구정동 현대교회 목사 시무.

사회활동으로는 한국 YMCA연맹 이사, 세계 YMCA 총재, 세계기독교교회협의회(WCC) 신학교육위원회 실행위원으로 활동. 1970년대와 80년대, 동아일보·조선일보·한국일보·한겨레신문 등 칼럼니스트. 한국기독자교수협의회 회장, 한국조직신학회 회장, 한국기독교학회 회장, 한국아메리카학회 회장 역임.

정년 퇴임 후, 모교 유니언신학대학원과 드류대학교 신학대학원 등에서 초빙교수로 아시아와 한국 신학을 강의하고, 아시아 기독교 고등교육 재단의 부회장으로 홍콩에서 근무. 현재 이화여자대학교와 홍콩 중문대학 명예교수.

주요 저서로는 『기독교 신앙과 신학의 반성』(1995), 『종교와 인간』(1975, 1994, 2009), *The Korean Minjung in Christ*(1991) 외 다수.

압록강에서 만난 이화인

내가 난생 처음으로 만난 이화인은 김연희 선생님이었다. 북한 만주 국경에 흐르는 압록강 변 시골 국민학교의 선생님이었다. 내가 2학년인가 3학년 되는 해에 우리 반 담임선생님이셨는데, 젊고 예쁜 선생님이었다. 전도사였던 아버지 교회의 장로님 따님이어서 학교에서 가르치고, 일요일이면 교회에서 주일학교도 가르치는 선생님이어서 각별히 그 선생님을 좋아했고 따랐나.

그 선생님이 1년도 못되어서 서울에 다시 공부하러 떠나셨다. 이화여자전문학교라고 하였다. 어머니의 말씀은 참 잘 되었다는 것이었다. 아주 가깝게 따르던 선생님을 잃게 된 나에게 어머니는 이화여자전문학교는 기독교 학교이고 젊고 예쁜 여자 선생님들만이 공부할 수 있는 좋은 학교라고 설명하며 달래 주시던 기억이 난다. 훌륭한 선생님이지만 더 훌륭한 선생님이 되어 다시 돌아오신다는 것이었다.

1941년 겨울, 일본이 미국 하와이 섬을 공격하여 태평양전쟁이 터지고, 우리 가족은 만주로 망명하여 아버지가 조선족과 한국에서 피난 온 교민들을 위하여 교회일을 보게 되었다. 허허벌판, 살벌한 만주 벌판에서 망국의 한과 전쟁의 고통을 품고 살면서 나의 소년 시절은 막막하였고 희망이라곤 고향으로 돌아가는 것밖에 없었다. 미군의 폭격기가 하루에도 두어 번 날아와서 폭격을 하기 시작한 어느 날, 내가 만주의 국민학교 5학년 때, 한국에서 김연희 선생님이 오신 것이다. 나는 그 당시 아버지와 어머니가 하시는 말씀을 모두 이해하지 못했지만, 김연희 선생님은 한국에서 일본 경찰이 여학생들을 정신대로 끌고 가는 것에 반대하고 학교 이름을 바꾸는 것에 반대하다가 잡혀 가기 직전에 도망 왔다는 것이다. 아무래도 만주로 도망 오는 것이 제일 안전하게 생각되어서 우리 집으로 도망쳤다는 이야기이다.

그리고 선생님은 다시 내가 다니던 만주의 국민학교 선생님이 되셨고, 우리 반의 담임선생 일도 보시게 되었다. 선생님은 기회만 있으면 나에게 이화 이야기를 들려 주셨다. 나무가 우거진 아름다운 동산에 세워진 2층 돌집들, 영어를 잘 가르치시는 선생님들, 미국 선교사 선생님들 이야기, 서울 학교에 가려면 기차를 몇 번이고 갈아타고 가야 한다는 이야기들……. 꿈 같은 이야기들을 들으며 나는 꿈을 키웠다. 한번 서울에 가봐야 하고, 이화동산은 반드시 찾아가 봐야겠다는, 원대한 꿈이 생겼다. 공부를 잘해야 하는 이유가 생겼고, 삶의 의미가 생겼다.

일본은 태평양전쟁에서 패망하고 한국은 해방되었다는 소식을 듣고 선생님은 우리 가족과 함께 압록강 근처 평안북도 강계, 우리 고향으로 귀국했다. 선생님은 그 근처 시골에서 농사짓는 부농의 지식인을 만나 결혼하였다는 소식을 들은 지 얼마 안 되어 6·25 한국전쟁이 터지면서 악질 반공분자 지식인으로 몰려 인민재판을 받고 총살당했다는 비통한 소식을 들었다. 이화 캠퍼스 중심에 자리 잡은 본관 옆에서 있는 김활란 선생님의 동상을 우러러볼 때마다 나는 사랑하고 존경하던 김연희 선생님을 생각한다. 김연희 선생님의 아름다운 얼굴이 김활란 선생님의 얼굴과 겹쳐지는 것을 느낄 때가 한두 번이 아니다.

이화교를 건넌 까닭은

강의실에서 교수의 강의가 끝나자마자 김활란 총장님에게 인사를 드렸다. "총장님, 제가 서광선입니다……." 그리고 어떻게 첫인사를 이어 갈지 몰라 하고 있는데, "아, 당신이 그 미스터 서군…… 아니 그래 우리 일 잘하는 선영이를 유혹해서 약혼까지 한, 그 미스터 서요?" 하시는 것이었다. 나는 머리를 긁적이면서 "네, 참 어려웠습니다" 하며 교실 계단을 걸어 총장님 뒤를 따랐다. "그래도 선영이를 미국에 붙들지 않고 약혼만 하고 이화로 나가게 한 건 참 잘한 거요" 하시는 것이었다. 미국 뉴욕, 컬럼비아대학교 바로 길 건너편에 자리 잡은 유니언신학대학원(Union Theological Seminary)에서의 '역사적'인 만남이었다. 김활란 총장님은 1961년 군사 쿠데타로 집권한 박정희 장군의 명령으로 60세 이상의 대학 총장들이 총장직에서 물러나게 되어, 당시 유니언의 총장 밴 듀센(Pitney Van Dusen) 박사의 초청으로 한 학기 동안 휴양 겸 청강생으로 오신 것이었다. 선생님은 우리 젊은 신학생들 틈에 끼어 저명 교수들의 강의를 청강하러 오셔서 내가 듣던 교수 강의실에서 처음 뵙게 된 것이다.

선생님과의 첫 대면, 첫 대화에서 언급한 함선영은 김활란 총장의 비서실에서 근무하다가 감리교 십자군 장학생으로 일리노이 주 블루밍턴(Bloomington, Illinois)에 있는 일리노이 웨슬레안대학교(Illinois Wesleyan University)에 유학 온 사람이었다. 내가 같은 주의 주립대학에서 철학으로 석사학위 공부를 하고 있을 때 만나 사랑에 빠진 사람. 김활란 총장과의 약속을 어기면 안 된다고 약혼반지만 교환하고 기어코 한국으로 돌아가서 이화여대 총장 비서실로 복귀한, 내가 만난 두

김활란 선생님과 유니언신학대학원 밴 듀센 총장과 함께

번째 이화인이었다. 김활란 총장님은 나를 객지에서 만난 사위처럼 대하셨고, 동료 신학생처럼 생각하시는 것 같았다. 스스럼없이 선생님 아파트에 필요한 물건들, 가령 부엌에 필요한 그릇 같은 것들을 장만하는 심부름도 시키시고, 최근 신학생들이 읽는 책들을 골라서 사드리는 일도 맡기셨다. 당신도 읽을 것이지만 이화여대 도서관에 필요한 책들을 가지고 가신다는 것이었다. 선생님은 그 옛날, 1920년대 뉴욕에서 공부하신 분이라 뉴욕의 문화 생활을 마음껏 즐기셨다. 시간만 되면 브로드웨이와 오프 브로드웨이 극장의 연극과 뮤지컬 관람에 나를 초대하셨다. "신학 공부는 강의실이나 도서관에서만 하는 게 아니야" 하시면서.

우리 신학대학원 아파트에 선생님을 뵈러 이화여대 졸업생 제자 부인들이 모여들었다. 그들이 올 때마다 나는 누구의 약혼자라고 소개를 받고, 이화 식구가 다 된 양, 환영과 환대를 받았다. 선생님은 아파트에서 자취하시기를 좋아하셨는데, 내 생각에도 요리 솜씨가 보통 이상이었다. 주말에는 물론, 시간만 되면 학교 아파트로 초청받아 정성어린 식사 대접을 받았다. 한번은 교내 전화로 저녁 식사 초청을 받았다. "선생님, 참 죄송합니다. 내일 아침에 희랍어 시험이 있어서, 밤새 공부해야겠습니다. 미안합니다. 고맙습니다." 나는 정말 미안하고 고마워서 몸 둘 바를 몰라 했다. "아니 시험 준비 하면, 밥도 안 먹고 하나? 와서 금방 먹고 가요!" 할머니 같은 음성으로 재촉하신다. "아닙니다. 정말 마음이 급해졌습니다. 용서하십시오." 농담 섞인 음성이 들려온다. "미스터 서, 내 60평생 남자한테 식사 초청해서 거절당해 본 게 이번이 처음이요……. 알았으니까, 시험 잘 보도록 해요." 너무도 미안해서 다음날 아침 희랍어 시험에 혼신의 노력을 안 할 수 없었다. 시험 결과는 96점. 선생님에게 보고드렸더니 하시는 말씀, “내 저녁 먹고 했더라면 100점 맞았을 텐데”였다.

선생님은 내가 신학대학원 3년 과정의 1학년 2학기(봄 학기) 초, 1962년 1월 초에 오셔서 학기말인 5월 말에 서울로 떠나시는 일정이었다. 떠나시는 준비를 하시던 어느 날, 저녁 식탁을 가운데 두고, 나의 장래에 대해서 물으시는 것이었다. 나는 한국에서 대학을 나온 것도 아니고, 지연도 학연도 혈연도 없는, 천애 고아나 마찬가지라는 설명을 드리고, 신학으로 학위를 마치면 미국에 눌러 앉아 교회나 대학에서 일할 생각이라는 것을 진솔하게 말씀드렸다. “아니, 그러면, 선영이는 미국으로 데리고 들어오게? 그건 안 돼. David가 한국으로 나와서 결혼해야지. 그러지 말고 공부 다 마치면 우리 이화에 와서 교수로 일할 생각을 해요…….” 아주 단호한 결정을 내리시는 것이었다. 그러나 나는 막막했다. 신학 공부를 시작한 지 1년이 채 안 되는 상황에서, 신학으로 박사학위를 할 때까지는 적어도 5년은 더 걸릴 터인데, 그 때까지 결혼을 미룰 수는 없는 노릇이 아닌가. 선생님은 5년이고 10년이고 박사학위 마칠 때까지 기다릴 수 있다는 약속까지 하시는 것이었다. 서울에 있는 약혼자에게 선생님 말씀을 전하고 의논했더니, 돌아오는 대답은 선생님을 절대 믿어야 한다는 것이고, 자기는 결코 지금 미국으로 와서 결혼할 생각이 없다는 것이었다.

나는 학위도 학위지만, 결혼을 더 이상 미룰 수 없다고 생각했다. 신학대학원 입학할 때부터 절친한 친구가 된 나의 기숙사 한방 친구인 룸메이트, 티모시 라이트(Timothy Light)에게 사정을 이야기하고 의논을 했다. 친구의 대답은 간단명료했다. 첫째, 나는 한국에 가서 일해야 한다. 둘째, 김활란 총장님의 이화 초청 약속을 수락하라. 셋째, 우리

학교에서는 2학년을 이수한 후 일 년 동안 국내외에 나가서 인턴으로 대학이나 교회에서 연수하고 학점을 받게 하는 제도가 있으니 그것을 활용하라. 넷째, 이화에 나가서 인턴을 할 수 있는지 알아보고, 나가서 결혼식을 올리면 되지 않겠느냐. 다섯째, 나의 필요 여비 등 경비는 학교 친구들이 결혼식 축의금으로 모금하겠다는 것이었다. 주임교수와의 상담 결과, 같은 방을 쓰는 친구의 제안을 받아들이기로 하고 김활란 선생님에게 나의 계획을 말씀드렸다. 선생님은 학교에 연락하시어 교목실에서 인턴 연수를 하기로 하고, 이미 철학으로 석사학위를 소지하고 있으니 전임강사로 초청하겠다는 김옥길 총장님의 약속을 받았다는 것이다.

"David, 나 지금 집으로 갈 짐 싸고 있는데, 혹시 선영에게 보내고 싶은 선물 없소? 내가 가져다 줄게……." 나는 그 자리에서 일어나, 컬럼비아대학가, 브로드웨이에 있는 여성용품 상을 뒤져서 옷가지와 장신구 등을 사서 선생님에게 부탁드렸다. 선생님은 웃음을 머금고, "총각이 색시 선물 제대로 고를 줄 아는구먼……" 하시는 것이었다. 나중에 들은 이야기지만, 선생님은 김포공항에 도착하시자 마자 마중 나온 약혼자에게 선물 꾸러미를 건네주시면서, "야, 이거 미스터 서가 보내는 선물이다" 하고 크게 웃으셨다고 한다. 제자들이 결혼한다고 하면 실망하시던 선생님과는 완전히 달라진 모습이라고, 뒤에서 수군거렸다는 후문이다.

나는 아직도, 그때 약혼자의 선물을 마련하면서 선생님에게 드리는 선물 한 가지, 고학생의 얇은 주머니지만 그래도 마련했어야 했는데, 철없는 노총각의 실수를 후회한다. 선생님의 극진한, 분에 넘치는 사랑만 받고 감사의 뜻을 전할 기회를 놓쳤으니 말이다. 그 후 1년 뒤

1964년 5월 말 2학년 2학기를 마감하고 친구들의 열렬한 송별회와 결혼 축하를 받아 가며 귀국한 나는 꿈에도 그리던 이화교를 건넜다.

연수생 강사

교목실장은 마경일 목사님이었다. 한국 감리교의 중견 목사님으로 이화여고 등에서 오랫동안 교목 일을 보신 유능하고 자상하신 분이었다. 나는 전임강사 발령을 받고 학생들을 만났다. 나의 소속 학과는 문리대학의 기독교학과여서 당시 3학년 지도교수로 배정받은 후 구약성서·철학개론 등 전공과목을 가르치도록 과목 배당을 받았고, 교양과목으로 〈기독교문학〉이라는 개론 과목을 가르치게 되었다.

교양과목인 〈기독교문학〉 첫 시간에 들어갔다. 학기가 끝나 가는 5월 중순이었다. 학생들은 도서관학과와 불문학과 학생들이었던 것으로 기억한다. 강의실에 들어서니, 먼지가 뽀얗게 방안에 가득 찬 듯, 학생들 얼굴이 잘 보이지 않았다. 강단에 올라서서 흑판에 내 이름 석 자를 분필로 적고 학생들을 향해서 돌아섰다. 난리가 났다. 학생들이 일제히 소리를 지르는데 무슨 소리를 하는지 알아들을 수가 없다. 맨 앞줄에 앉아 있는 학생에게 무슨 소리인지 말해 달라고 했더니, "선생님은 이름 석 자밖에 없어요?" 자기 소개를 하라는 것이었다. 총각이라는 것, 6월 어느 날 결혼식 올리러 왔다는 이야기, 신학 공부하는 도중에 인턴으로 연수생으로 1년 동안 이화에 와 있게 되었다는 이야기를 늘어놓았다. "여러분, 저의 결혼식에 초대합니다"라는 대목에 가서는 학생들의 우-하는 소리가 학교 건물을 뒤흔들어 놓았다.

나는 이렇게 이화의 첫 강의 시간을 정신없이 보냈다. 그때 나이 만으로 33세. 결혼식은 6월 12일, 학교 안에 자리 잡은 중강당에서 올렸다. 당시 군사정부가 한일 국교 정상화를 추진하는 것에 반대하는 시위가 격화되고 있는 시기라, 비상계엄이 선포되어 민간의 경조사 이외의 집회가 금지되어 있던 때였다. 저녁에 식을 올리고 통행금지 시간이 되기 전에 신혼여행을 떠나야 할 판국이었다. 결혼식 주례 목사는 한국 YMCA 총무였던 김치묵 목사님. 목사님은 나의 아버지 신학교 동창으로 오랜 친분이 있었고, 어렸을 때부터 나에게 YMCA 운동을 소개하고 참여하라고 격려해 주신 분이었다. 결혼식 반주는 윤보희 이대 음대 피아노 교수님이었고, 축가로는 기독교학과 대선배 교수이시며 윤보희 선생님의 남편 되시는 현영학 교수님. 신학자인 현영학 교수님의 노래 솜씨는 성악가 실력이었다. 하객들 가운데 으뜸 하객으로는 제자들의 결혼식에 잘 나타나지 않으신다는 김활란 선생님, 김옥길 총장님, 김영의 선생님, 그리고 서은숙 당시 이화재단 이사장님이 자리를 빛내 주셨다.

비상계엄하의 신혼여행은 가까운 서울 근교에서 주말을 보내고 신랑 신부는 학교 일이 바쁘다는 이유로 월요일 출근했다. 나는 기독교학과 3학년 지도교수로 임명받았기에 학생들을 한 사람 한 사람 개인 면담하기로 했다. 한 학년에 30명 내외의 학생들이 신학을 공부하고 있었다. 고등학교를 졸업하고 그 어린 나이에 신학을 전공한다는 것은 쉬운 일이 아니다. 대부분의 학생들이 명문 고등학교를 졸업한 영리한 학생들이었지만, 입학할 때 제2지망으로 기독교학과를 선택해서 신학을 거의 마지못해 하는 학생들이 대부분이었다. 그러니 공부가 쉬울 리도 없거니와 신이 날 리가 없었다. 신학 공부가 얼마나 신

1964년 결혼식 기념. 왼쪽부터 현영학·윤보희 교수, 이헌구 학장

나는 일이고, 재미있고 유익한가 하는 것을 실제로 보여 주고 이야기해 주고 싶었다. 그리고 학생 조서에 나타난 지능 수치 IQ가 보통 이상으로 높다는 것을 보여 주면서 학생이 자기 재질과 지능을 충분히 개발하지 못하는 것은 부모님과 창조주 하느님 앞에 죄라고 역설했다. 나아가서 대학 생활을 하는 동안, 절대 주눅 들지 말고, 소설을 읽고, 시를 암송하고 시를 쓰고, 연극 구경만이 아니라 연극 팀에 들어가 배우 노릇도 하고, 사진 작가가 되고, 노래하고 작사 작곡도 하면서 신나게 인생을 즐기면 자연히 신학을 즐기게 된다고 이야기를 전개해 보았다.

학생들의 반응은 의외로 좋았다. 눈물을 흘리면서 대학에 억지로 들어와서 인생에 실망하고 좌절했다면서 이야기를 털어놓기도 하고, 어려운 신학 공부에 흥미가 붙어서 감사하다고 찾아오는 학생들이 늘어났다. 그 당시, 나의 지도를 받은 학생 가운데 계속 신학 공부를 하고 해외에 유학해서 신학자가 되어 귀국해서 대학교수가 된 사람들이 한둘이 아니다. 이들 학생들이 오히려 나에게 감동을 주었다. 그리고 대학에서 가르치는 일이 나의 천직(天職)이라고 믿게 되었다. 내가 하는 신학과 철학을 자랑스럽게 생각했고, 학생들을 사랑하는 마음이 자라났다. 인턴 1년이 쏜살같이 지나갔고, 우리 부부는 시작한 공부를 마치기 위해 이화를 떠나, 뉴욕으로 향했다. 1965년 여름이었다.

"고생 많이 하러 온 거요"

유니언신학대학원의 전문 목사직 과정인 신학사(Bachelor of Divinity-

B.D.)[1970년대부터 동일한 학위를 신학석사(Master of Divinity-M.Div)로 호칭] 학위를 마치고, 미국 남부 지방 테네시 주 내쉬빌 시에 위치한 밴더빌트(Vanderbilt) 대학원의 박사학위 지망생으로 입학 허가를 받은 후, 나는 여름 내내 학교 근처의 교회 기관에서 아르바이트로 학자금을 벌었다. 아르바이트를 하면서 남부로 내려가기 위한 준비로 자동차 운전 면허를 취득하고 중고차를 샀다. 거의 사흘 동안 운전을 하였는데, 중고차는 목적지를 하루 앞두고 드디어 고장이 나서 대단한 수리를 할 수밖에 없었다. 그래도 이 고물 자동차는 3년 동안 박사학위를 끝내고 귀국할 때까지 우리의 유일한 교통수단으로 충성을 다한 보배였다.

김활란 선생님이 내쉬빌에 있는 감리교 기관인 다락방에 방문하셔서, 이화대학의 신앙 강조 주간 강사로 자주 내한하신 덴만(Denman) 박사를 만날 때도, 다른 사람들의 고급 승용차를 마다하시고 우리 고물 자동차를 타고 다니시곤 했다. 김활란 선생님은 1960년대 말, 총장직으로 복귀하실 수 있었으나 후임인 김옥길 총장에게 전권을 위임하시고 이화학당 이사장으로 '이화국제재단'을 미국에 창립해서 이화발전기금을 모금하시기 위해 뉴욕에서 홀로 몇 달이고 와서 활동하시던 때에 우리 부부는 뉴욕으로 선생님을 방문하고 도와드릴 수 있는 일을 찾기도 했다.

1969년 박사학위 논문을 제출하고, 생후 한 달도 안 된 첫아들을 데리고 귀국하기 위하여 책 보따리를 싸고 있는 바쁜 와중에 김옥길 총장님의 편지가 날아왔다. 선생님의 독특한 커다란 글씨로 단 한 마디, 귀국하자 마자 기독교학과 학과장으로 임명한다는 것이었다. 이제 겨우 학위를 마치고 제대로 교수 생활을 해보기도 전에 학과장 일을 보라는 '명령'에 나는 놀라고 당황할 수밖에. 지도교수 댁에서 학위 수여를 축하한다는 저녁 초대에 가서 이 소식을 전했더니, 교수님 하시는 말씀, "이제부터 하는 일은 '처음'이 많을걸세. 학위 받고 처음 하는 일로 한 학과를 이끄는 일은 대단한 도전이지. 네가 부럽다. 나는 그렇게 처음부터 믿어 주는 사람이 없었거든. 너의 대학 총장은 지혜롭고, 사람을 쓸 줄 아는 분 같네. 나도 너를 믿어. 할 수 있어……." 그리고 축배를 들자고 하셨다. 나는 자신이 없었다. 그러나 지도교수 말에 백배 용기가 생겼다. 지도교수의 말씀을 믿었고, 김옥길 총장님의 편지도 힘이 되었기 때문이었다.

내쉬빌에서 박사학위 공부를 하는 동안, 시카고 북쪽에 있는 에반스턴(Evanston)의 노스웨스턴(Northwestern)대학교 신학대학에서 박사학위 공부를 하러 와 계신 정의숙 선생님과 교분이 있었다. 미국의 유학생들이 조직한 '새비 한국인 학자회' 모임이 에반스턴에서 있을 때도 시간을 보낼 수 있었고, 감리교 교육국이 있고, 감리교 대학인 밴더빌트와 스카렛대학이 있는 내쉬빌을 방문하셨을 때, 근처의 교육대학인 피바디(Peabody)대학에 유학중이던 이화여대 영문과 김영일 교수와 함께 정의숙 선생님을 환영하며 즐거운 시간을 보낼 수 있었다. 내가 교목실 연수생으로 기독교학과 강사로 일할 때, 정의숙 교수는 기독교학과 과장이었다. 인상 깊었던 것은 학교 안의 대학간 대항 체육대회가 있을 때, 기독교학과 응원단장 김 형 학생(서울 YWCA 회장 역임, 한완상 전 통일부 부총리 부인)을 독려하여 1등 상을 받게 한 열렬한 과장이었다.

한완상 박사는 내가 밴더빌트에서 공부하고 있는 동안 애틀랜타(Atlanta)에 있는 에머리대학교(Emory University)에서 사회학으로 박

총장실에서 김옥길 총장님과

사학위를 수여 받고 내쉬빌 근처의 대학에서 교편을 잡고 있을 때 교분이 두터워졌다. 한완상 박사가 운전하는 자동차를 타고 북쪽에 있는 피츠버그대학에서 개최하는 재미 기독학자회 창립 모임에 아내와 김영일 교수 등과 동승해 가던 중 빗길 산속에서 교통사고가 났다. 다행히 다친 사람은 없었다. 그러나 떨려서 운전을 할 수 없다고 하는 한완상 박사를 대신하여 왕복 먼 길을 내가 운전했던 아슬아슬한 기억을 공유하고 있다.

서울에 도착하자 마자 김옥길 총장님에게 귀국 보고 전화를 올렸다. "오, 서선생, 고생 많이 하러 왔군……. 수고 많이 하시오." 간단명료한 인사였다. 김옥길 총장님과는 뉴욕에서 신학대학원 졸업반으로 아내와 함께 있을 때, 급환으로 불편하신 김활란 선생님을 모시고 뉴욕 케네디공항에 오셨을 때 마중 나가서 도와드린 일이 있었기에 생소한 분은 아니었던 것이다. 김활란 선생님을 유니언에서 처음 뵌 지가 3, 4년밖에 안 되었는데, 그동안 미국에서 이화국제재단 창립을 위해 동분서주하시던 중 과로 때문에 병을 얻으신 것 같았다. 내가 공부를 마치고 귀국했을 때는 거동이 어려울 정도로 건강이 악화되어 있었다. 1970년 새해 아침에 미국에서 출생한 첫아들을 데리고 세배를 드린 것을 마지막으로, 선생님은 2월 10일 하늘나라로 떠나셨다. "나의 장례식은 승리의 노래로 기쁜 축제로 해 달라"는 선생님다운 유지를 남기셨기에 이화의 학교장으로 화려하면서도 장엄하게 환송하였다. 선생님은 내가 이화교를 넘게 된 이유이며 보람이셨는데, 너무 일찍 가신다는 아쉬움과 슬픔이 컸다.

노장 교수진에 최연소 학과장

기독교학과 과장실은 대강당 2층에 칸막이로 만든 사무실이었다. 미국에서 배로 부친 책들이 도착하는 대로 과장실에 마련한 책장에 가득 꽂아 놓고 장식을 하니 자리가 잡히는 것 같았다. 번듯한 과장실이나 미국의 대학 교수들이 차지하고 있는 넓고 시원한 교수실을 기대하지는 않았기에 책상도 있고 손님을 맞이할 수 있는 편한 안락의자가 있다는 것만으로 마음의 위로와 안정을 찾았다.

그런 연후에 기독교학과 교수님들을 한 분 한 분 찾아뵙고 인사드리는 것이 일이었다. 제일 먼저 나 때문에 임기를 채 마치지 못하고 과장직에서 물러나신 박순경 교수님에게 인사드렸다. 박순경 교수님은 내가 부산에서 대한민국 해군 졸병으로 있던 시절, 몇 번 뵌 적이 있는 분이고, 유니언에서 신학 공부 할 때는 뉴저지 소재 감리교 대학교인 드류(Drew)대학교의 신학대학원에서 박사학위를 이수하고 계실 때 몇 번 방문한 적이 있을 뿐 아니라, 김활란 선생님이 유니언에 계실 때 소개해드리고 학위 끝나는 대로 귀국하여 이화의 기독교학과 교수로 취임하신 분이다. 박순경 박사님의 학위 수여식에 우리 부부가 뉴욕에서 두 시간 거리를 기차를 타고 가서 축하해드린 일이 기억에 새롭다. 박순경 교수는 한국 여성으로서는 최초로 신학박사 학위를 받으신, 자랑스러운 분이시다. 학자로서 존경하고 마음속으로 흠모하는 선생님의 과장직을 이어 받아 학과의 일을 한다는 것은 여간 어렵고 두려운 일이 아니었다.

기독교학과의 교수진은 거의 모두가 나의 대선배님들이었다. 연령순으로는 확실하게 기억이 나지 않지만, 남자 교수진으로는 유니언에서 신학 석사학위를 받으신 이병섭 목사님, 나의 인턴 지도교수였던 마경일 목사님, 조찬선 목사님, 한준석 목사님, 김홍호 목사님, 그리고 유니언 선배 되시는 현영학 교수님이 나의 취임 인사를 받으셨다. 그리고 여자 교수들로는 박순경 교수와 신옥희 교수, 그리고 손승희 교수가 있었고, 선배 되시는 정의숙 교수는 아직 노스웨스턴대학교에서 박사학위 이수중이었다.

모두들, 하늘에서 뚝 떨어지듯이 박사학위 공부를 마치자마자 들이닥친 '백면서생(白面書生)'을 어떻게 대해야 할지 당황해하시는 것 같았다. 나도 물론 어른들 앞에서 과장의 업무를 수행해야 하는 부담이 여간 큰 것이 아니었다. 김옥길 총장님도, 유니언 선배 되시는 현영학 교수님도, 과장직은 이렇게 하는 것이 좋다는 조언을 한마디도 안 해 주셨다. 매일매일의 사무적인 결재는 유능한 사무 조교의 도움으로 무난히 수행할 수 있었다. 중요한 입시 업무는 중앙 교무 행정 기구에서 지시하는 대로 하면 무난히 해 나갈 수 있었다. 다만 학생들의 사기 문제는 내가 담당한 과목 이외에 어떻게 하면 학문 활동이 활발해질 수 있을까 많은 고민을 하였다.

우선 기독교 정신으로 세워진, 선교사들의 헌신과 노력으로 자리 잡은 대학에서, 기독교학과의 위치와 위상의 중요성을 실감하였다. 기독교학과 교수진은 대학의 채플을 통해서 대학의 목회자로서 기독교학과 이외의 일반 학생들과 거의 매일 접촉하고 설교를 통해서 영향력을 행사하는 대학의 어른들이다. 학생들뿐 아니라 교수들과 사무직 그리고 관리직 전반에 걸쳐 대학의 목회자로서의 역할이 중차대하다는 것을 인식하게 되었다. 기독교학과는 이화 공동체 안에서 기독교 신앙뿐 아니라 학문적으로 뛰어난 학과가 되어야 한다는 생각이 들었

기독교학과 과장실에서

다. 대학 안에 영문과·독문과·불문과 등 어문계열의 우수한 교수진과 학생들이 있고 역사학과의 학문적 업적은 인정받고 있는 데 반해, 철학과가 없다는 것은 대학의 인문학 교육에서 결함으로 느껴졌다.

시급한 것은 문리대학 안에 철학과를 신설하는 것이었다. 그러나 철학과를 신설하기까지 기독교학과 안에서 철학을 강의하기 시작해야 한다고 생각했다. 그리고 기독교학과의 전공과목을 문리대학 안의 인문계열 학과 학생들에게 개방하여 '전공 선택'으로 이수할 수 있도록 하면 어떻겠는가 하는 것이었다. 그렇게 되면, 기독교학과 학생들이 타과 학생들과 강의실에서 어울리게 되고, 기독교학과에 대한 자부심도 생길 것이 아닌가. 타과 학생들의 학문적 열기를 느끼면서 학문적 경쟁심도 생기게 되면 신학하는 보람도 느끼게 될 것이라는 결론을 내리게 되었다.

나는 교과과정 수정의 절차를 대학 본부에서 학습하고 나서, 기독교학과 교과과정 수정 계획안을 만들었다. 그리고 과 교수회의를 소집하였다. 신임과장이 인사도 하고 과의 미래를 연구 토론하는 자리를 마련한다는 명목으로 1박 2일 일정으로 수유리 소재 아카데미하우스로 교수 전원을 정중히 모시고 교과과정 연구 모임을 가졌다. 교수님들은 신중하게 나의 설명을 경청하였다. 놀랍게도 모두 열린 마음으로 나의 수정안을 검토하고 진지한 질문과 우호적인 토론 끝에 원안대로 통과시키면서 이 젊고 의욕이 넘치는 과장을 격려하는 것이었다. 선배 교수들에 대한 나의 존경은 그 후로도 흔들린 적이 없었다. 학생들과 학문을 우선으로 생각하고 자신들의 이해관계에 대해서 관대하고 욕심이 없는, 참교육자들이며 목회자로서의 몸가짐과 마음가짐에 머리 숙여 감사하게 되었다.

기독교학과의 전공과목 전부를 문리대학에 전공 선택 과목으로 개방하게 되자 영문과를 비롯한 인문계열 학생들이 기독교학과 3, 4학년 학생들과 어울려 철학 과목들과 신학 과목들에 등록하기 시작했다. 결과는 예상했던 대로였다. 타과 학생들의 진지한 수업 태도에 기독교학과 학생들은 많은 자극을 받게 되었고, 타과 학생들은 기독교학과 교수들의 학문에 매료되었다. 타과 학생 중 몇몇은 기독교학과 대학원에 진학하여 우수한 논문으로 석사학위를 받고 구미 명문대학에 진학하여 박사학위를 취득하고 귀국, 대학 강단에 설 수 있었다. 자랑스러운 일이다.

"거짓말이야, 거짓말이야"

강의를 시작하려고 학교로 돌아왔으나 집 한칸이 없는 우리 식구에게 학교가 사택을 내어 주었다. 이화유치원 바로 뒷집이었다. 지금은 그 집터에 외국인 학생들을 위한 대학원 기숙사가 들어서 있다. 1969년 가을 학기에 맞추어 귀국하였으나 강의 준비하랴, 학과장 책임 다하랴, 회의하랴 여간 바쁜 것이 아니었다. 사택이라고는 하지만 수돗물은 밤 12시부터 새벽 3시까지만 나오는 형편이었다. 밤에 물을 받는 일은 내 책임이었다. 아기엄마와 아기가 잠들어 있는 동안, 나는 강의 준비를 하거나 그동안 읽지 못한 책들을 읽으면서 수돗물을 드럼통에 담는 일을 했다. 박완서 씨의 소설들을 위시해서 최인호 등 당시에 많이 읽히는 소설들을 읽으면서 젊은 학생들의 독서 세계를 찾았다.

이 시대는 박정희 대통령이 3선 개헌을 단행하여 대통령 임기 세 번째에 도전하고, 김대중 야당 의원이 이에 맞서 정치 운명을 걸고 있을 때였다. 대통령은 '새마을 운동'을 전국적으로 펼치면서 '한국적 민주주의'와 '민족 문화'를 강조하면서 '국민교육헌장'을 제정, 민족주의와 올바른 국가관을 심어야 한다고 가르치고 있었다. 그러나 젊은이들은 청바지와 생맥주와 통기타로 요약되는 '청년문화'의 시대가 왔다고 외치면서 자유 분망하게 명동 거리와 종로 거리를 누비며 마시며 노래하며 즐겼다. 김민기의 노래들, 조영남과 양희은의 노래를 들으러 명동 생맥주집을 찾아다니기도 했다.

이화는 1960년대부터 1년에 두 번, 봄 학기와 가을 학기에 '신앙 강조 주간'을 설정하고 학교 안과 밖의 저명 설교자들과 목회자들을 초빙하여 대강당에서 설교를 듣고 강조 주간 마지막 날 세례 받기 원하는 학생들에게 합동 세례를 주는 종교 행사가 있어 왔다. 60년대 초에는 미국의 감리교 선교사 덴만 박사님을 모시고 통역을 통하여 1주일 동안의 부흥 설교를 한 끝에 합동 세례를 줄 때면 한번에 100명, 200명씩 학생들이 무리를 지어 세례 받고 기독교인으로 개종하던 일도 있었다고 한다. 그토록 많은 학생들에게 세례를 줄 때면 학교 교목들만으로는 부족하여 시내 감리교 목사님들을 초청하여 세례식에 참여하시도록 할 정도였다고 한다. 1970년대에 들어와서는 신앙 강조 주간이 약화되기는 했지만, 전교생이 하루에 한 시간 대강당에 모여서 설교를 듣고 원하는 학생들이 중강당에 모여서 설교에 대한 것이나 기독교에 대해서 질의응답을 하는 대화의 시간을 갖는 프로그램으로 진행하게 되었다. 나는 젊고, 신학 공부를 최근에 마치고 돌아왔다는 이유 하나만으로 신앙 강조 주간의 설교자로 나서게 되었다. 대단한 도전이었

1970년대 대강당 채플

다. 나는 설교 제목으로 당시 유행가의 제목들을 골라 설교를 시도했다. 그중, 김추자의 "거짓말이야/ 거짓말이야/ 사랑도 거짓말/ 미움도 거짓말……"의 노랫말을 따거나, 학생들이 좋아하는 노랫말이나 제목들을 골라 설교하는 것을 시도했다.

기독교가 말하는 사랑, 자유, 정의, 희망, 평화가 학생들 한 사람 한 사람의 하루하루의 생활 속에 무슨 뜻이 있는가 하는 질문을 던지고 함께 생각해 나가는 것으로 설교를 진행했다. 이화대학의 대강당에서 채플을 보거나 설교를 할 때, 대부분의 경우 경청하는 학생들이 그리 많지 않고 주로 옆에 있는 학생들과 소곤거리거나 신문을 펼쳐 들고 있는 것이 보통이라는 정평이 있어 왔다. 그런데 놀랍게도 나의 1주간은 그렇지가 않았다. 학생들의 반응도 좋았고, 시종일관 진지한 모습으로 나의 질문과 해답의 모색을 경청하는 것에 놀랐다.

학생들의 말과 노래로, 기독교 종교가 시도하는 구원의 노력을 의미 있게 전달하는 것이 어떤 것이어야 하는가. 언어철학을 하면서, 신학 공부를 하면서 십여 년 동안 고민해 오던 것을 대강당 4천명 가까운 젊은이들 앞에서 털어놓을 수 있었고, 공감대를 형성할 수 있었던 것은 커다란 수확이고 경험이었다. 그 후 신앙 강조 주간에 한 설교들을 모아 『지성. 세속. 신앙』이라는 제목으로 대한기독교서회에서 단행본으로 출판했다. 지성 사회인 대학에서 그리고 세속화하는 세상 속에서 종교적 신앙을 가진다는 것의 의미가 무엇인가, 실존적인 질문에 대한 대답의 모색을 시도한 것이었다.

예수 그리스도 슈퍼스타

대학이라고 하는 지적 사회, 지성 공동체에서, 예수를 말하고 기독교 정신을 설파하는 노력을 하고 있는 나에게 행운이 찾아왔다. 뉴욕 유니언신학대학원 동기 동창이며 같은 방에서 2년이나 학문의 삶을 같이한 티모시 라이트(Timothy Light)가 우리 부부와 같은 날 뉴욕에서 결혼식을 올리고 그의 신부의 나라인 홍콩으로 와서 대학에서 가르치고 있던 참에, 뉴욕시의 브로드웨이 극장에서 대성황을 이루고 있는 록 오페라, "Jesus Christ Superstar"의 녹음 테이프를 보내 왔다. 우리에게 즐겨 들으라는 선물이었다. 감동과 감격의 음악과 노랫말이었다. 어쩌면 그 짧은 시간에 예수의 일생을 음악으로, 그리고 오늘 우리 젊은이들의 말과 감각으로 그려낼 수 있을까 놀라울 정도였다.

한준석 목사님이 교목실장으로 수고하고 계실 때였다. 나는 교목실의 종교위원회 회원으로 학교 채플, 기독교 교양과목, 신앙 강조 주간 등 행사 계획과 진행을 논의하는 일에 참여하고 있었다. 나는 이 모임에서 홍콩에 있는 친구로부터 받은 록 오페라 이야기를 하였다. 나의 제안은 이 음악으로 무용을 안무하여 대강당 무대에 올리자는 것이었다. 그리고 위원들이 함께 둘러앉아 이 테이프를 경청하면서 안무가를 초청하여 안무의 가능성과 공연의 가능성을 진단해 보자고 제의했다. 나는 무용학과의 육완순 교수를 초청하자고 했다. 육완순 교수는 현대무용 전문가로 내가 미국에서 철학으로 석사학위를 하던 일리노이주립대학에서 현대무용을 연구하고 있던 분이다. 그가 학생으로 무용 발표회에 출연하여 공연하는 모습을 관람하고 감탄한 일이 있었기에, 〈예수 그리스도 슈퍼스타〉 안무가로서는 적격자라고 확신하였다.

사범대학에 있는 시청각 스튜디오에 우리 종교위원들과 육완순 교수가 둘러앉아 한 시간이 넘는 테이프를 처음부터 끝까지 대본을 앞에 놓고 경청하였다. 육완순 교수는 눈물을 흘리면서 "해보겠습니다"라고 하였다. 그는 뉴욕에서 공연중인 〈슈퍼스타〉를 한 번도 본 적이 없었지만 음악을 들어가며 안무를 만들어 냈던 것이다. 나는 그를 천재적 안무가요 무용수라고 아직도 높이 평가하고 있다. 크리스마스 조금 전에 음악을 듣고 안무에 들어가, 무용과 학생들을 훈련하기 시작한 지 3개월 후인 1972년 봄 부활절 대강당 채플에서 〈예수 그리스도 슈퍼스타〉의 몇 장면 — 예수가 예루살렘으로 상경하여 재판을 받고 십자가에 못박혀 죽은 뒤 부활하는 장면 등 — 만을 무대에 올렸는데 학생들과 일반 관중의 반응은 기대 이상이었다.

나에게 가장 인상 깊었던 극중의 노래는 "I Don't Know How to Love Him"이었다. 막달라 마리아가 예수를 선생님으로 남자로 선지자로 사모하는 애절한 노래인데, 육완순 교수의 안무로 현대무용의 세련된 춤사위로 젊은 여인의 애절한 사랑을 표현하는 장면이었다. 부활절 공연 이후, 현영학 교수님이 번역한 대본과 함께, 이 오페라 무용극이 완성되어 이대 대강당에서 일반에게 공연되면서 대단한 환영을 받았다. 2010년 오늘에 이르기까지 〈슈퍼스타〉는 해외 공연을 거듭했고, 매년 연중 행사로 서울과 지방에서 육완순무용단이 최장기 공연을 계속하고 있다.

록 오페라 〈예수 그리스도 슈퍼스타〉가 대학가를 그토록 열광하게 만든 것은 노래와 음악과 안무의 탁월한 예술성에 있다는 것을 누구도 부인할 수 없었다. 그러나 이 오페라 무용극이 한국에서 공연되었을 때의 시대적 상황이 젊은 지성들을 열광하게 만든 것이 아닌가 생각한다. 이때는 박정희 대통령이 간신히 세 번 연이어 대통령에 당선되어 군사독재정권을 무기한 연장하려 모든 정치력과 공권력을 동원하던 시기였다. 새마을 운동과 함께 고도 경제성장을 밀어붙이면서 반대 세력을 거세하고 억압하면서 유신정권을 수립하던 시기였다. 모든 비판 세력이 억압당하고, 고도 경제성장의 최전선에 섰던 노동자들은 저임금과 과잉 노동으로 희생당하던 시기였다.

이에 한국 민주주의의 회복을 위하여, 노동자 농민들의 인권을 위하여 박정희 유신정권에 반대하고 나선 것은 대학생들이었다. 1970년 11월, 청계천 봉제 공장에서 일하던 청년 노동자 전태일은 노동 3권을 부르짖으며 분신 자살했다. 그의 분신은 대학생들뿐 아니라 대학가와 종교계에 커다란 충격을 주었다. 정부의 강압적인 저지와 계엄에 버금가는 '긴급조치' 선포에도 불구하고, 대학가의 반정부 시위는 하루가 다르게 격렬해지던 때였다.

대학생들은 고통 받는 한국의 노동자들과 민주주의와 인권을 위해서 투쟁하는 동지들의 싸움 속에서 〈예수 그리스도 슈퍼스타〉를 만난 것이다. 록 오페라의 무용극 중에 매 맞는 예수는 바로 데모하다가 붙들려 경찰에 몽둥이 세례를 받는 친구들이었다. 〈슈퍼스타〉를 보면서 학생들은 경찰에 두들겨 맞고 유치장에 가 있는 친구를 생각하면서 눈물을 흘린 것이다. 거리로 뛰쳐 나간 너와 내가 다름 아닌 〈슈퍼스타〉였던 것이다. 이 땅의 민주주의 수호를 위한 영웅들이었던 것이다. 미국의 록 오페라 〈예수 그리스도 슈퍼스타〉는 한국에 상륙하면서 정치화되었다. 오페라 극은 예수를 예술화 혹은 낭만화하려 했을지도 모른다. 그러나 우리의 1970년대 상황에서는 예수가 정치적 예수로 등장한 것이다. 그것은 공연자나 안무자의 의도와는 상관없었다. 그 시대정신과 정치 사회적 상황이 그랬고, 오페라를 보고 듣고 함께 느끼고 눈물을 흘린 관중의 정서였고 의식이었던 것이다.

1973년, 유신정권은 반대 세력들을 억압하기 위하여 긴급조치령 제3호를 발표하고 나서 다음해 4월, 이른바 '민청학련' 사건을 조작하여 교수·학생들을 무차별로 체포 구금하고 재판을 열어 240명의 학생들을 감옥에 보냈다. 이들 중 대부분은 민주화 운동에 앞장섰던 기독학생들이었다. 이 무렵, 나는 음악대학의 종교음악학과 교수이신 호주 여선교사 원성희 선생의 소개로 근처 연세대학교 뒤에 있는 외국인 학교 학생들이 공연하는 "Godspell"이라는 뮤지컬을 구경하게 되었다. 신약성서 마태복음에 근거한 예수의 일생을 음악으로 노래로 연극화한, '축제적'인 무대에 감동을 받았다. 우리말로 번역해서 우리 학교

무대에 올릴 수 없을까 고민한 끝에 당시 기독교학과 '레크리에이션' 강의를 맡아 강사로 출강하던 이경렬 선생과 의논했다. 이경렬 선생은 배우 이순재 씨와 서울대 독문과 동문으로 당시 레크리에이션 지도 교수로 독보적인 존재였다. 이경렬 선생과 함께 외국인 학교 뮤지컬을 다시 구경하고, 대본을 빌려 와 대사와 노랫말의 번역을 시작하고, 뮤지컬에 출연할 학생들을 공모하기로 했다. 이 뮤지컬을 우리 대강당 무대에 올리기로 결정하고 준비를 시작한 것이다.

나는 신나게 번역에 착수했다. 쉬운 일이 아니었는데, 노랫말 한 구절을 가지고 며칠을 고민하고 쓰고 다시 쓰면서 완성하였다. 뮤지컬 공연에 응모하고자 학생들이 몰려들었다. 15명이면 충분한데 거의 200명이 응모하였다. 오디션에 들어갔는데 이틀에 걸쳐서 60명을 예선으로 뽑았다. 결국 우리는 출연진을 두 팀으로 하자는 결정을 내리고 30명을 다시 뽑아 A팀, B팀으로 나누었다. 그리고 록 음악을 하는 최고의 밴드를 섭외한 결과, 열정적인 호응을 받았다. 한 달인가 두 달 동안의 연습에 들어가면서 이 뮤지컬의 종교적 의미를 토론하는 세미나도 개최하면서 공연 학생들의 마음가짐을 다지는 교육적인 접근을 시도하였다.

공연은 첫날부터 성공적이었다. 주말 오후에 한 번, 저녁에 한 번 하는 공연에 남녀노소 할 것 없이 이화교를 넘어서 정문 앞길까지 인산인해로 모여들었다. '복음의 축제'라는 제목에 끌린 것이었을까, 우리 주최측이 모두 놀랄 정도였다. 우리보다 더 놀란 사람들은 학교를 사찰하는 정보기관과 경찰이었다. 긴급조치하에, 학생들이 대거 감옥살이를 하고 있는 마당에 4,000석의 대강당이 젊은 학생들로 만원사례를 하고 있는 이 뮤지컬이 도대체 무엇인가. 학생들이 집단적으로

반(反)유신 데모나 하지 않을까 신경을 곤두세우는 것 같았다. 데모는 없었다. 그러나 뮤지컬 마지막 장면에 예수가 제자들과 마지막 작별을 하면서 눈물 흘리며 포옹하는 모습에서부터 예수가 로마 군인들에게 체포되어 잡혀 갈 때 헬멧을 쓰고 분장한 데모 진압 경찰들이 대학생 모습의 예수를 붙잡아 가는 장면에서 관중들은 눈물을 흘리고 있었다.

다음 주 공연을 준비하고 있는데, 문교부에서 총장실을 통하여 공연 금지령이 내렸다. '학생 선동'을 중단하라는 명령이었다. 그리고 우리말 번역에 선동을 위한 오역(誤譯)이 많다는 것이다. 노래 가사 가운데 영어로는 부자들은 "안심 스테이크만 먹고……"라고 되어 있는데, 의역해서 나는 '불고기 백반'이라고 했는데 이것이 왜곡된 번역으로 부자와 빈자 사이의 이질감을 조장하고 빈부 갈등을 부채질했다는 것이었다. 1970년대 당시는 보통사람들에게 불고기 백반이 최고의 식단이었기에 그렇게 번역한 것이다.

최근 젊은 연예인들이 이 음악극을 공연할 때마다 구경 가는 것을 즐긴다. 그 옛날 학교에서 공연을 겨우 두 번 하고 중단되었던 기억, 두 번이나마 대강당 무대에 올렸던 그 감격과 감동을 잊을 수가 없어서이다. 지금도 시중의 전문가들의 공연 책자에 노래 가사 번역자가 '미상(未詳)' 즉 '모른다'로 표시된 것은 아쉽다. 이화여대 공연에서 내 이름을 밝히지 말자는 제의에 응했던 때문이다. 그때는 그만큼 무서운 시절이었다.

배운 대로 살라

나는 1956년 미국의 시골 대학에 입학해서 1969년 박사학위를 받고 귀국한 인물로서 1960년대 미국 대학가의 산물이라 할 수 있다. 대학 강의실에서는 서구의 인문학과 고전에 빠져들면서, 동시에 미국 사회의 정치적 현장에서 지성인으로서의 행동을 배우고 있었다. 미국의 1960년대는 흑인 민권운동의 시대였다. 남부의 흑인들이 굴욕적인 인종차별 철폐를 외치고 나섰던 것이다. 이때까지만 해도, 수도 워싱턴에서 조금만 남쪽으로 벗어나면, 흑인들만 타는 기차 칸이 있었다. 유색 인종은 출입 금지인 기차 칸이 있었고, 화장실이 있었다. 식당에 들어가도 흑인들에게는 음식을 주지 않는 백인 식당이 공공연하게 영업을 하고 있었다. 시내버스를 타면 앞좌석에는 백인이 타고, 뒷좌석에는 흑인들이 타게 되어 있었다. 한국전쟁 중 대한민국 해군이었던 나는 미국 해군종합학교에서 훈련 받을 때, 백인 친구들과 시내 외출을 나가 버스를 타게 되면, "나는 흑인도 아니고 백인도 아니니, 가운데 서서 가겠다"고 우기면서 백인 친구들을 놀렸다. 사실 농담으로 넘기기에는 괴이하고 불행한 꼴이었다.

1960년대 미국 흑인 해방운동은 이러한 인종차별을 철폐하여 흑인들도 인권을 누리면서 평등하고 인간다운 삶을 살자는 것이었다. 마틴 루터 킹 목사가 미국 흑인 해방운동의 맨 앞에 서 있었다. 그의 뒤를 흑인 민권운동가들뿐 아니라 교회 지도자들과 학생들이 따랐다. 기독교 지성인들은 흑인 해방운동을 위하여 행동하는 것이 이 시대 기독교인들의 사명이라고 인식하였다. 기독교 신앙이라는 것이 교회 안에서 예배드리며 예수 믿고 천당 가는 것만이 전부가 아니라, 이 사회와 세상의 부조리와 불의를 고발하고 변화를 가져오기 위하여 발언하고 행동해야 한다는 인식이 고조되기 시작하였다. 행동과 실천이 없는 믿음은 거짓 믿음이라는 것이었다. 이러한 생각과 부르짖음이 미국의 대학가와 신학계에 팽배해 있었다.

나는 이러한 시대정신에 물들어 있었다. 나는 방관자가 아니라 참여자였다. 미국 친구들과 함께 민권운동에 참여했고, 흑인 교회에서 신학생 전도사로 흑인 청소년을 지도하는 일을 하였다. 정치적으로 나는 흑인과 백인을 가리지 않는 '색맹'이 되었던 것이다. 1960년대 미국의 대학가는 '자유언론 운동'으로 정치화하던 시대였다. '행동하는 지성'들의 시대였다 하겠다. 이 운동은 대학가에서 월남전 반대 운동으로 확산되었다. 그리고 이 운동은 미국의 자본주의 체제와 문화를 비판하는 운동으로 번져 나갔다.

이화여대 교수로 귀국한 후배에게 선배들의 환영의 충고는 거의 한결같았다. "배운 대로 가르치고, 행동하라", "행동하는 신앙인, 배운 대로 실천하는 신학자가 되라"는 것이었다. 나는 그렇게 했다. 대학의 울타리 안에서 강의하고 연구하고 글쓰는 교수의 자리를 넘어서, 기독교 교회 공동체와 기독교 교수 공동체의 모임에 참여하였다. 선배 교수들을 따라, 기독자교수협의회의 회원으로 활약하였다. 기독자 교수들과 만나 유신정권에 반대하는 시위를 벌이는 학생들 편에 서서 시국선언도 발표하면서, 반유신정권 운동에 앞장서기도 하였다. 당시의 기독교 진보적 신학자 김재준 목사님이 펴내는 『제3일』이라는 월간지의 편집인으로 활약하면서 기독교 지성인의 현실 정치에 대한 비판적 참여의 대열에 가담하였다.

이러한 사회활동은 기독교 지성인으로서, 그리고 대학인의 사회봉사의 참여로서 오히려 당연한 것으로, '배운 대로 실천'하는 데 주저하지 않았다. 강의실 강단에 서서도 나는 '배운 대로' 가르쳤다. 대학원 학생 시절에 밤을 새워 가며 공부하고 발표할 논문을 준비하던 대로, 밤을 새워 가며 강의 준비를 했다. 나는 우리 학생들에게 서양철학의 역사와 논리와 그 재미, 그리고 서양 기독교 신학의 오묘함과 심오한 내용을 가장 명료하고 쉽게 그리고 가장 권위 있게 가르치기 위해 온몸과 마음을 다해 준비했다. 학생들은 적어도 나의 성의에 응답하리라 믿었고, 그렇다고 장담할 수 있었다.

그러나 그것은 나의 환상이고, '희망 사항'에 그친 것이었다. 학생들은 적어도 나의 성의에 응답하는 양, 열심히 강의를 필기하는 것 같았다. 질문들도 그만 하면 내가 하는 강의를 이해하고 하는 질문들로 들렸다. 그러나 학생들의 관심은 대학 교정 밖 세상, 한국의 정치·경제·사회적 상황에 쏠려 있었다. 강의실 안에서 서양의 사상, 서양의 역사와 서양 사람들의 고민이 아무리 실존적인 것이었다 해도, 우리 학생들의 가슴에 와 닿는 것은 아니었다. 하루는 학생 두어 명이 나의 연구실을 찾아왔다. 이런저런 이야기, 학교 안과 밖의 이야기, 나의 강의 이야기를 나누면서 하는 말, "선생님 강의는 정말 명강의이십니다. 서양철학과 신학에 대해서 깊은 이해를 하게 되었습니다. 그렇지만, 우리 현실과는 너무 동떨어진 것 같아요. 우리하고는 아무 상관 없는 이야기를 필기하고 있노라면 한숨도 나고 막막할 때가 많습니다." 대충 그런 말을 하며 한숨을 쉬는 것이었다.

나는 그 자리에서 일어나 연구실 밖으로 뛰쳐나갔다. 학생들은 교내에서 유신 반대와 노동자들과의 유대를 외치는 데모를 마치고 운동장에 모여서 탈춤 공연을 하고 있었다. 봉산탈춤의 탈을 쓰고 의상을 입은 학생들은 탈놀이 공연 속에서 양반 가족을 놀리고 비웃고, 먹중의 '외도'와 종교적, 도덕적 타락을 흉보고 비판하는 춤을 추면서, 오늘의 현실을 치열하게 비판하고 폭로하고 있었다. '민족문화'의 중흥을 외치며 독재정치를 강행하는 유신정권과 이에 순응하는 한국의 지성계와 종교계를 조롱하고 비판하는 학생들의 탈춤 공연은 나의 가슴을 쓰라리게 했다. 탈춤 공연을 감시하는 경찰과 정보원의 신경질적인 모습들은 나의 온몸을 연민과 분노로 떨리게 하였다. 나의 철학 강의와 신학 해석들이 오늘의 현실에 비추어볼 때 얼마나 무의미하고 빛바랜 공론에 불과했는지 통회하지 않을 수 없었다. 오늘의 상황과 학생들의 실존적 고민에 응답하는 철학적, 신학적 강의와 담론이 무엇인가, 깊은 고민에 빠졌던 것이다. 오늘의 현실을 철학적으로 신학적으로 해석하는 일이 무엇인가? 감옥을 드나드는 우리 학생들에게 서양철학과 기독교 신앙을 무슨 말로 어떻게 해석하고 강의할 것인가? 살아 있고, 실존적으로 의미 있는 신학 강의는 어떻게 하는 것인가? 70년대를 사는 한국의 한 신학자의 고민이었다.

노동의 현장으로 내보내다

기독교학과에서 〈기독교사회윤리〉를 강의하시는 현영학 교수는 학과장인 나에게 학생들에게 강의로만 오늘의 한국의 현실을 말할 것이 아니라, 직접 노동 현장에 나가서 체험하며 배우도록 하자는 제안을 해왔다. 여름방학이나 겨울방학을 이용해서 한 달 혹은 두 달 동안 인천의 공장에 위장 취업해서 여성 노동자들의 실태를 조사하고 체험하는 체험 실습 기회를 주자는 것이었다. 학점에 관계없이 현교수님의 과목을 듣는 학생이면 기독교학과 학생은 물론 타과 학생들도 공장 실습에 참여할 수 있도록 개방하였다. 그리고 인천 공장 지대에서 '산업선교' 일을 헌신적으로 하시는 감리교 여자 목사 조화순 목사와 상의하여 가능성을 타진하고 공장을 소개 받게 했다. 한 학기 동안의 강의 등 준비 작업을 완료하고 세 명의 학생들이 지원했고, 위장 취업을 하게 되었다. '위장 취업'이란, 학력을 밝히지 않고 중학교 중퇴라 하고 직공으로 취직하는 것이다.

방학 중, 노동 현장에서 학생들이 일하고 있는 동안, 현교수님과 학과장인 나는 학생들을 찾아가 위로도 하고 식사도 같이 하면서 사정을 듣는 성의를 보였다. 그러나 얼마 가지 않아 학생들의 신분이 발각되었다. 학생들을 채용한 공장의 사장이 이 사실을 청와대에 보고했고, 당국에서는 김옥길 총장에게 책임을 물어 왔다. 총장님은 당장 학과장인 나를 불러 자초지종을 물었다. 보고를 드리는 그 자리에서 일어나 총장 차로 인천 현장으로 가자는 것이었다. 공장 사장과 간부들이 도열한 가운데 총장님 하시는 말씀, "우리 이 젊은 과장이 아직 철이 없어서 용감하게 학생들을 위장 취업시켰습니다. 다른 의도는 없고 학생들이 실습을 통해서 우리의 노동 현장과 한국 경제를 기독교 정신에 입각해서 공부하려는 것이었습니다. 학력을 밝히지 않은 것은 잘못한 것입니다. 그렇지만, 우리 학생들이 대학생들이라고 밝혔으면, 사장님, 취직이 되었을까요? 그러니까 그렇게 된 것입니다."

공장장과 사장은 위장 취업 학생들을 당장 징계하라고 강경하게 나왔다. 우리 총장님 하시는 말씀, "정 그러시다면, 고려해 보겠습니다. 그렇지만, 그렇게 되면, 우리 이대 학생 8천명이 여기 몰려 와서 데모

할 겁니다. 물론 내가 앞장설 거구요…….” 대화 끝. 사장의 점심 초대를 고사하고 학교로 돌아왔고, 공장 실습은 조용히 중단되었다. 실습생 중 한 사람이 정계에 진출하여 당시의 경험을 살려 노동자들과 여성 근로자들에 대한 관심과 정책 수립을 위해 일하게 된 것은 작은 열매라고 자부하고 싶다.

“이화는 한 사람의 학생으로 시작했습니다”

2년 임기의 기독교학과 과장직이 끝날 무렵, 김옥길 총장님이 총장실로 호출하셨다. 미국에서 공부하는 남녀 대학생 교포들을 여름방학 동안에 우리 학교에 오게 해서 한국을 연구하게 하는 프로그램을 만들었으면 하는데, 서선생이 해주어야겠다는 것이었다. 총장님이 미국을 왕래하면서 교포 학부모들이나 이화 동창들과 만나면서 들은 요구 사항이라고 하셨다. 이런 프로그램을 시작하면 미국 학생들도 한국학을 연구하기 위해서 우리 대학에 오게 될 것이니 금상첨화가 아니겠느냐는 말씀이었다. 금남의 이화에 남녀 공학 프로그램으로, 새로운 일을 시작하자는 것이었다. 물론 모든 학사 진행을 영어로 하는 것이었다. 나는 미국 유학중, 미국 서부 ‘카우보이’ 학교라는 별명이 있는 몬타나 주의 시골 대학 학부에 다니던 중, 재정 보증을 서 준 어른의 권유로 미국 동부의 문물을 익히기 위해 하버드대학교의 하계 학교에 등록해서 6주간 감명 깊은 여름을 보낸 기억이 있다.

이것을 바탕으로 이화여대 ‘국제하기대학’ 6주 코스를 계획하기에 이르렀다. 국제하기대학위원회를 구성하고 교과과정을 만들고 브로

슈어를 인쇄하여 미국에 거주하는 이화 동창회원들에게 우송하고 뉴욕에 자리 잡은 이화국제재단에 광고와 선전을 부탁하는 등 부산하게 일을 전개했다. 학생들이 이화에 오면 숙식해야 하는 장소로 학생 기숙사 구관의 진관 부분을 '리노베이트'하는 일을 설계에서부터 내가 앞장 서서 지휘하였다. 우선 화장실을 서구식으로 개조하는 일과 방마다 학생들이 사용할 수 있는 침대와 책상·옷장 등에 대한 세심한 설계로 미국 대학의 기숙사 시설에 비해도 손색이 없고 편리한 장소로 리모델링을 했다.

모든 준비가 끝나고 학생들의 지원서가 들어오기 시작했다. 1972년 6월 개학 한 달 전이 되었는데도 한국 교포 3명과 미국 학생 2명의 지원밖에 들어오지 않았다. 국제하기대학위원회를 소집하여 상황을 설명하고 개교 여부를 진단하였다. 당시 위원장을 맡아 주신 영문학과의 김세영 선생님께서 하시는 말씀, "서선생님, 우리 이화가 시작할 때, 학생 한 사람으로 시작한 거 아시죠? 다섯 사람이면 그 당시보다 5배나 많은 학생들이 지원한 겁니다. 낙심하지 마시고 일당 백이라고 생각하시고 시작합시다." 우리 한국 대학가에 처음 생긴 국제하기대학은 이렇게 해서 시작되었다. 학생들에게 한국어를 가르치고, 한국 역사 강의가 있었고, 선택과목으로 한국 문화와 한국 미술, 한국 음악 등으로 편성된 교과과정에 학생들은 적극적으로 참여했다. 여름학교가 시작되기 전에 1주일 동안 경주 지방과 해인사 등 한국의 명승지를 탐방하는 프로그램은 참여도가 가장 높았다. 그리고 한 주일에 한 번, 이대와 이웃 대학의 명강사들을 모시고 한국의 정치·경제·사회 문제에 대한 특강을 개설하기도 하였다. 여름학교에 본교 학생들 2명을 등록하게 하였는데 이 역시 호응이 좋았다. 정성을 다했으니 프로그램은 성공적이었고, 나는 3, 4년 동안 이 프로그램을 키우는 데 전력을 다한 결과 해마다 30명, 40명씩 증가하였다. 나의 여름방학은 일하는 방학이었다. 그러나 보람 있는 여름방학이었다.

이화국제하기대학에 다니면서 서로 사귄 졸업생 중 많은 남녀의 결혼 소식을 들으며 김옥길 선생님의 숨은 뜻이 무엇이었는지 가늠하기도 했다. 우리 이화에서의 경험을 바탕으로 하여 굴지의 명문 대학의 교수가 된 졸업생들이 있는가 하면 미국 안의 교포들의 권익을 위한 일을 관장하는 정부의 고급 관리가 된, 자랑스러운 이화 '남성 졸업생'들도 있다. 김옥길 총장님은 1970년대에 이미 이화의 '국제화' 혹은 '세계화'의 꿈과 비전을 전개하고 있었다.

"그 사람들, 모두 사형감입니다"

2010년 오늘의 대학의 문제는 기본적으로 학생 선발의 문제, 즉 이른바 '입시'의 문제라 할 수 있다. 1945년 한국에 대학이 설립될 때만 해도 대학에 들어간다는 것이 큰 문제가 되지 않았다. 한국전쟁이 휴전 상태로 어정쩡하게 끝났지만 피난지에서 집으로 돌아오고, 4·19가 터지고, 군사정권이 들어서면서 대학의 문은 좁아지기 시작하였다. 경제발전에 따라 대학 교육에 대한 욕망의 분출은 오히려 당연하다 할 수 있었다. 1970년대에 들어서면서 대학의 입학 정원을 훨씬 웃도는 지원생들을 가려 뽑는 일은 학생들과 대학 당국에 커다란 시련과 고민이 아닐 수 없었다. 대학은 구태의연하게 이른바 국·영·수 과목으로 과목당 한 시간 정도의 입학시험을 통하여 신입생을 선발하고 있었다. 모두 다, 채점하기 쉽도록 하기 위하여 소위 '4지선다형'과 'OX' 문제를 보고 정답을 찍는 형식의 시험이었다.

"입시를 대학별로 자율적으로 실시하면, 대학이 원하는 우수한 학생들을 선발할 수 있고, 동시에 고등학교 교육을 정상화할 수 있다"는 것이 옛날이나 지금이나 거의 같은 원칙이며 희망사항이라 하겠다. 김옥길 총장님은 앞서 가는 대학 총장이었다. 이 원칙에 부합하는 입시제도를 이화대학만이라도 한번 해보자는 것이었다. 나도 이 입시제도 개선책 연구팀에 참여하였다. 우리 입시제도개선위원회에서는 전 과목에 이른바 객관식 사지선다형 시험을 탈피하고 모두 주관식 필기 시험으로 전환하자는 제안을 냈다. 국어 시험은 주어진 주제로 원고지 다섯 장 정도의 글을 쓰게 하고, 영어 시험 역시 문법과 해석과 짧은 글쓰기로 하고, 수학 시험도 정답을 내는 과정을 보는 실력 테스트를 하자는 것이었다. 암기 위주의 고등학교 교육도 개선될 것을 기대하는 과감한 시도였다.

김재은 사범대학 교육심리학과 교수의 주도로 계획 실시된 입시 제도 개선 방안은 그 시작부터 난관에 부딪쳤다. "원칙은 좋지만, 현실은 어렵다"는 것이 위원회와 교수 사회의 중론이었다. 우선 입시 지도를 하는 일선 고등학교 교사들에게 설명하는 데 힘이 들었다. 시쳇말로 '컨셉'을 모르겠다는 항의였다. 그리고 입시 문제를 출제하는 우리 대학 교수님들 역시 "원칙은 좋은 것 같은데, '컨셉'이 불분명하고, 출제 전문가도 아닌 사람들이 어떻게 주관식 입시 문제를 출제하느냐" 하는 볼멘소리가 높았다. 새로운 입시 제도를 제안한 우리 몇몇 교수들은 출제 교수들을 설득하노라 애썼지만, 적극적인 호응을 얻기란 쉬운 일이 아니었다.

입시는 예정대로 무사히 치렀지만, 답안지를 산더미처럼 쌓아 놓고 어떻게 채점하느냐에 이르러서는 더욱 난감하였다. 영어 시험과 수학 시험 채점에 있어서는 나름대로 정답이 있으니 채점에 시간은 걸리지만, 그리 크게 문제되지는 않았다. 그러나 글쓰기 원고지를 앞에 놓고 국문과 교수들은 우선 불평과 불만으로 일관하였다. 어떻게 무슨 기준으로 학생들의 글을 평가하느냐 하는 것이 가장 큰 문제였다. '논리의 일관성', '주장의 논리성', '철자법', '문학적 창의력' 등으로 기준을 만들어 보았으나 채점하는 교수들의 생각과 지향성이 각각 다르기 때문에 일관된, 정당한 평가는 역시 난관에 부딪쳤다.

가장 치명적인 것은, 입시 개혁의 시도는 좋았으나, 우리 학교만의 노력이어서, 우리 학교 지망생들이 우리의 새로운 입시 제도를 기피하고 타 대학을 지망하게 된 것이었다. 지망생들이 감소하고, 따라서 우수한 학생들이 우리 입시를 기피한다는 것이었다. 몇 년을 강행했을까 기억을 되살리지만, 오래 가지는 못했다. 아마 그 이후 국가시험 제도가 생기면서 자연히 우리 대학의 과감한 시도는 조용히 끝나 버린 것 같다. 한 10년 만이라도 계속 노력했다면 크게 성공했을 것이고, 대학 입시 제도의 정상화와 고등학교 교육에 큰 영향을 미쳤을 것이라는 신념과 '고집'은 지금도 여전하다.

그리고 몇 년 뒤, 어떤 대학의 교수 모임에서 입시 제도 평가를 논하면서 "그 때 주관식 입시 제도를 강행한 교수들은 모두 사형감이야. 그 때부터 우리 학교에 오는 신입생들의 질이 떨어졌다니까……"라는 말이 나왔다고 한다. 우리 몇 사람을 사형에 처한다 해서 대학 사회의 고질적인 병폐인 입시 제도가 개선되었을까. 아직도 나는 대학 입시 제도는 '필요악'에 불과하다고 생각한다. 대학에 들어오고 싶은 사람들은 모두 받아들여 학생들 스스로가 대학 공부를 계속할 수 있는지, 계속하고 싶은지를 결정하는 제도와 실행을 꿈꾸어 본다.

대학을 실험대에

박정희 유신정권은 정권의 연장과 유지를 위하여 대학 사회를 사찰하고 감시하고 학생 데모를 강력하게 저지하였고, 문제가 될 만한 교수를 지목하여 감시하고 탄압하는 정책을 강화해 나갔다. 그러면서도 대학에 자율을 준다는 명목으로 '실험대학'이라는 제도를 소개하고 지원하는 대학에 시험해 보도록 권장했다. '실험대학'이란, 문리대학 같은 단과대학의 학생들을 학과별로 선발하지 않고 이른바 문과·이과 등, 계열별로 선발하여 1년 내지 2년 동안 교양학부에서 수학하게 하고, 전공학과를 선택하게 해서 졸업하게 하는 것이다. 그러면서 대학 졸업을 위한 필수과목의 수를 줄이고, 총 졸업 이수 학점을 대폭 감소시키는 제도였다.

이화대학은 실험대학으로 지정을 받게 되었다. 당시 새로 취임한 현영학 문리대학장을 위원장으로 한 몇몇 교수가 준비위원이 되어 이를 위한 준비 작업에 나섰다. 나는 미국에서 이러한 제도 밑에서 학부를 졸업한 경험을 살리라는 지시를 받아 준비위원회의 일원으로 참여하였다. 현영학 학장의 임기 중, 실험대학 제도 아래 입학한 학생들이 2학년이 되면서 전공 학과 선택은 많은 이들의 관심사가 되었다. 예상대로 400여 명의 문리대학 입학생 중, 영문학과에 지원한 학생 수가 무려 200여 명이었는 데 반해, 철학과에 5, 6명, 기독교학과에 5, 6명,

물리학과와 수학과에 각각 10명 안팎의 학생들이 진학하는 꼴이 되었다.

전공 학생 수가 너무 많은 학과의 교수들의 아우성이 높아만 갔다. 학생들은 너무 많고 그 비례로 교수 인원은 과부족이라는 것이다. 이해할 만했다. 그러나 학생들의 자율적 결정을 존중한다는 원칙을 파기할 수 없었다. 그렇다고 교수 인원을 증원한다는 것도 학교 재정상 불가능한 일이었다. 다른 한편 전공 학생 수보다 교수 인원이 더 많은 학과의 아우성은 나름대로 일리가 있었다. 그러나 해당학과의 학생들은 행복했고 대만족이었다. 이 당시의 소수 학생으로 진학한 철학과와 기독교학과 졸업생들은 거의 100% 국내·국외에서 박사학위를 취득하고 국내·국외의 대학에서 강의하는 우수한 학자들이 된 것은 실험대학의 성공 사례로 말할 수 있을 것 같다.

그러나 한국의 학부모들은 이러한 제도에 대해서 이해하기 어려웠던 것 같다. 대학 졸업 후의 취업도 문제가 되었고, 대학의 유명 브랜드 학과에 대한 선호도 같은 것을 고려하면 이해될 만도 했다. 결국 실험대학은 실험에 그치고 말았다. 나는 현영학 학장의 뒤를 이어 2년 동안 이 실험대학을 유지하고 발전시키려고 많은 애를 썼지만, 한국사회의 대학에 대한 인식까지 바꾸어 놓지는 못했다. 내가 박정희 대통령의 비극적 종말로 인한 정치적 변동의 소용돌이 속에서 문리대학장과 교수직에서 물러날 때까지, 불평과 불만 속에서 실험대학을 지킬 수밖에 없었다. 대학 개혁의 제2의 실험과 모험에서 다시 실패한 아픔을 가슴에 묻게 되었다.

문리대학의 일과 실험대학의 어려운 일을 맡기 전에 나는 한국문화연구원의 원장 책임을 맡기도 하였다. 신문방송학과 교수였던 정충량 교수가 집필한 『이화 80년사』에 의하면 "한국문화연구원이 설립된 때는 6·25사변 등을 거쳐 환도하고 각 대학들이 학교 재건을 끝내고 확장을 하던 때였다. '한국학'이라는 새 용어가 소리 없이 일어나려 할 때 한국에 관한 제반 문화 영역을 학술적으로 연구하며 그 결과를 발표함으로써 민족문화를 과학적으로 이해하고 그 발전에 기여하는 동시에 이를 해외에 소개하려는 의도하에 1958년 5월 1일, 연구원을 개원하였다"(555~6쪽)는 것이다. 학교가 설립한 연구기관으로 대학 교수들의 연구를 독려하고 재정적으로 연구비를 지원하고 연구 결과를 연구원 학술지에 게재하도록 하는 일을 관장하고 관리하는 책임을 진 것이었다.

나는 교수들의 연구를 독려하는 일에 더하여 연구원 독자적으로 한국 문화 연구 프로그램을 만들어 진행하고 싶었다. 당시의 학생들이 한창 심취하고 있던 탈춤 공연이나 판소리 공연과 맥을 같이하여 한국 종교에 대한 집중적인 연구 프로그램을 만들어 나갔다. 연구원의 운영위원들은 원장의 의도에 찬동하였고 학교 당국은 이를 위하여 연구비를 지원하였다. 나는 우선적으로 한국 무속 연구와 발표회를 계획하여, 한국 무형문화재 무속 전승자를 초청하여 본관 뒤 잔디밭에서 '지노귀굿'을 실연하였다. 학생들과 교수들, 교외의 많은 연구가들이 운집한 가운데, 3일이 필요하다는 굿을 압축하여 오후 한나절 진행하였다. 우리는 많은 것을 배웠다. 그러나 학교 안팎의 기독교인들이 반발하고 나섰다. 기독교 신학자인 원장이 '미신'인 무당굿을 학교 안에서 공개적으로 한다는 것은 기독교 학교의 창학 정신에 어긋나는 것이며 반(反)기독교적이며 반선교적이라는 비난이 쇄도하였다.

우리 여성들이 불행하게 살라고요?

그럼에도 불구하고 나는 좌절하지 않았다. 새로운 일감을 찾아서 사방을 기웃거렸다. 1970년대 초에는 미국과 유럽에서 여성해방운동이 전개되고 있었다. 1860년대 미국에서 흑인 노예해방운동과 남북전쟁의 여파로 여성 유권자 운동이 전개되면서 여자대학이 창립되었던 것처럼, 1960년대 흑인 민권운동의 승리와 대학 언론 자유화 운동의 확대로 여성해방운동의 재연과 여성학 연구가 시작되고 있었다. 이러한 세계적 학문적 추세를 지켜보면서 '여성해방의 요람'으로 출발한 이화대학에 여성학 개발의 필요성을 인식하게 되었다.

때마침, 미국의 여성 정치학자인 컬럼비아대학교의 케이트 밀레트(Kate Millett) 교수의 *Sexual Politics*라는 명저를 우리 대학의 정의숙 교수와 조정호 교수가 공역하여 『성의 정치학』이란 이름으로 출간하였다. 획기적인 저서이며 획기적인 번역판이었다. 교내외로 이 책의 한국어판 출간은 장안의 화제가 되었다. 당시 주한 미국대사관의 사회개발국(?)이라는 부서에서 근무하고 있는 여성 책임자가 우리 학교를 자주 왕래하면서 한국의 여성 교육에 큰 관심을 보이고 있었다. 나는 상호 방문의 기회가 있을 때마다 우리 학교에서 여성학을 보급하거나 여성학 연구를 시작할 포부를 말하였다. 하루는 좋은 소식이 있다고 그녀가 연구원으로 찾아왔다. 미국 AID(Agency for International Development)에서 도시빈민과 제3세계 여성 지위 향상을 위한 프로젝트를 지원한다고 하니 이화여대에 여성학 과목 신설을 지원 받을 수 있게 되었다는 것이었다. 1년여에 걸친 프로젝트 신청 준비에 5만불의 지원을 3년 동안 받게 되었다.

여성학(Feminist Studies) 과목은 당시 미국에서는 많은 연구를 거쳐 여러 대학에서 개강하고 있었고 여성학으로 석·박사학위 취득자가 배출되고 있었지만, 우리나라에서는 여성학 학위 취득자가 전무한 상태였다. 그래서 미국의 유수한 여자대학의 여성학 연구소 등에 연락하여 자료들을 수집하는 것으로 연구 작업을 개시하였다. 그리고 여성학 과목을 선택 교양으로 3, 4학년 학생들에게 개강할 준비를 했다. 강의할 전문 교수가 전무한 상태여서 각 분야의 여성 의식이 있는 교수들로 여성학개강준비위원회를 구성하여 연구 모임을 시작하였다.

여성학은 다(多)학문이 함께 아우러져 하는 학제간(學制間) 연구과제이어서, 심리학·의학·생물학·사회학·철학·종교학·역사학·법학과 등 교수 총 15명이 교과과정 준비와 강의 준비에 참여하였다. 한 달에 한 번 내지 두 번씩 모여 각 분야의 교수가 여성학 내용과 자료를 제시하고 논문을 발표하는 시간을 가졌다. 교수들의 참여는 적극적이었고 책임 의식과 함께 여러 학문 분야의 교수들의 공동 연구에 참신한 충격과 공동체 형성의 의의를 발견하는 귀한 기회를 가지게 되었다. 1년을 연구 기간으로 잡고, 발표한 논문들을 편집하여 한국 최초의 『여성학』 교과서를 이화여대출판부에서 간행하기에 이르렀다.

1975년 한국 대학에서는 최초로 선택 교양과목으로 〈여성학개론〉을 개설하였다. 전 대학에서 300명이 넘는 학생들이 등록하였다. 한 주일에 두 시간 강의를 듣고 한 시간은 강의를 중심으로 하는 질의응답과 토론의 시간을 가지기로 하고 토론 시간을 이끌어 갈 TA (Teaching Assistant), 혹은 강의 조교들을 20여 명 훈련시켜서 학생들과 대화하는 시간을 가지도록 하였다. 학생들의 호응은 거의 열광적이었다. 강의하는 방식도 참신했고, 다학문적인 접근도 새로웠지만,

주일마다 바뀌는 학교 최고의 교수들의 명강의는 대단한 인기를 끌기에 충분했다. 강의 조교와 작은 수의 학생들이 모여 앉아 참신한 학문에 대한 토론을 할 수 있었던 것은 또 하나의 경험이 되었다.

많은 학생들이 "여성학이라고 해서 여자들이 결혼하면 필요한 예절이나 꽃꽂이 같은 것을 가르칠 줄 알고 왔는데, 뜻밖에 여성해방이니 남녀평등이니 하는 골치 아픈 이야기를 듣게 되어 놀랐다"라고 평가하기도 했지만, 그렇다고 학기 도중에 과목을 탈락한 학생은 한 사람도 없었다. 어떤 학생은 교수들을 찾아와 "우리 여자들이 불행해지기를 바라는 것이냐. 선생님들이 가르치는 대로 하면, 시집에서 쫓겨나거나 소박맞기 꼭 알맞을 것 같다"는 불평 아닌 불평을 하기도 했다고 한다. 그러나 대부분의 학생들은 학문으로서의 여성학과 의식화 교육으로서의 여성학을 진지하게 수용하였다.

여성학 과목 개설은 성공적이었다. 이제는 여성학 연구를 위하여 여성학 연구소 창설의 필요성을 실감하였다. 김옥길 총장은 이 요청에 호응하여 교무회의에서 여성학 연구소를 학교의 직속 연구소로 개설할 것을 결의하기에 이르렀다. 내가 총장실에 호출을 받고 가니, 총장님은 여성학 개설에 대한 치하를 해주시고, 우리나라 최초의 여성연구소의 소장을 맡아 달라고 하시는 것이었다. 나는 주저하지 않고 고사했다. 남자가 이화여자대학의 여성연구소의 최초의 소장이 된다는 것은 모든 면에서 문제가 있는 것이라고 역설하였다. 나는 역사학과의 김영정 교수를 천거하여, 그렇게 발령이 난 것을 다행으로 생각했다. 김영정 교수는 추후에 한국 정부 최초의 여성개발원 원장을 거쳐 여성부장관과 국회의원으로 여성 지위 향상을 위하여 헌신하게 되신 분이다. 한국여성연구소는 역대의 쟁쟁한 유능한 여자 교수들의 지도력으로 계속 발전하여, 1980년대에 이르러서는 정의숙 총장의 발의로 대학원에 여성학과를 신설하게 이르렀고, 2010년 현재까지 국내외에서 인정받는 교수진을 양성하는 데 크게 기여하고 있다. 한국여성연구원의 확장은 아시아여성학센터로 발전하여 아시아 지역의 대학에서 그 활동 영역을 확대하고 있는 것은 자랑스러운 일이다.

"잠깐 나오십시오"

김옥길 총장님은 1961년엔가 박정희 정권이 집권하면서 대학 총장의 연령 제한을 60세로 정하는 바람에 은퇴하게 된 김활란 총장님의 뒤를 이어 임명된 지 18년이 된다면서 1979년 봄, 은퇴를 결심하신다. 문리대학장 자리를 지키고 있던 나를 불러 하시는 말씀, "나, 총장 노릇 너무 오래 했어. 이제 그만 둘 때가 된 것 같아. 그동안 열심히 일해주어서 참 고마워요. 다음 총장을 위해서도 열심히 일해 줘요……." 총장이 장기 집권을 하면 사람들의 비판의 말이 듣기 싫어지고, 누가 좋은 일을 제안하게 되면, "나 그거 다 해봤어" 하며 새로운 시도는 하지 않게 되고 결국 매너리즘에 빠지게 되니 학교에 발전이 있을 수 없다는 지론이셨다. 결국 그해 가을 정의숙 대학원장에게 총장 자리를 인계하고 이화학당 이사장직을 맡으시면서 물러나셨다. 그리고 하향하셨다. 충청북도 문경새재, 아름다운 신선봉 산 밑에 이화수양관을 건축하고 가까운 곳에 한옥 사택을 짓고 그곳으로 은퇴하신 것이다. 이화학당 이사회 같은 학교의 중요한 행사 때에만 상경하신 후에는 급히 하향하시곤 하였다. 많은 이들이 섭섭해 했고, 새 지도부나 새 총장 역시 서울 가까운 곳에 계시면서 많은 자문에 응해 주시기를 바랐으나 단호히 거절하셨다. “새 사람이 일을 제대로 하게 나는 멀리 있어야 해” 하시면서.

그러나 세월은 김옥길 박사를 시골에 두고 보지 않았다. 1979년 10월 26일, 박정희 대통령은 김재규 당시 중앙정보부장의 총탄에 암살당한다. 국무총리였던 최규하 씨가 대통령직을 인수하면서 김옥길 총장을 문교부장관으로 영입하게 된다. 같은 해 12월에 일어난 일이었다. 김활란 총장 시절 총장 비서실 직원으로 이화에서 일하기 시작하여 김옥길 총장 비서실장을 역임한 나의 아내 함선영은 문교부 비서관으로 발탁되어 중앙청에서 신임 문교부장관을 보필하는 일을 맡게 되었다.

한국의 대학생들과 유신정권하에서 민주주의를 위하여 투쟁하여 온 노동자들과 지식인들 그리고 진보적 종교인들은 유신헌법을 개헌하고 민주 인사들이 새로운 민주 정부를 수립할 것으로 기대하는 희망에 부풀어 있던 시대였다. 이른바 ‘서울의 봄’이 찾아왔던 것이다. 박정희 대통령이 시해된 그해 12월에 이미 유신정권의 재건을 획책하던 신군부 세력들은 국민들의 민주화 여망을 억제하기 시작했다. 급기야 1980년 5월에는 계엄령을 전국으로 확대하면서 야당 정치인들과 유신정권을 반대해 오던 민주 세력 지도자들을 일망 타진하였다. 그중에는 1974년 정부가 날조한 ‘민청학련’ 사건에 연류되어 재판을 받고 형을 살다가 석방된, 김옥길 총장의 친동생 연세대학교의 김동길 교수와 같은 대학교의 신학대학 김찬국 교수 등을 위시하여 김대중 야당 인사들이 다수 포함되어 있었다. 5월 18일 광주 지역 일대에서 신군부에 반대하여 일어선 민주화 운동 세력은 정부의 무차별적인 무장 대응으로 무참하게 짓밟혔고, 진압의 과정에서 수많은 무고한 시민들이 학살당하는 비극이 일어났다. 서울 거리와 대학 캠퍼스에는 무장 군인들이 진입하여 학생들과 교수들의 출입을 통제하였다. 그리고 온 세상이 조용해졌다.

나는 김옥길 총장 재직시부터 추진하여 온 문리대학의 자연과학 계열 연구실과 강의실 및 실험실을 확장하기 위하여 자연과학대학관 건축을 추진하던 중이었다. 독일 교회의 EZE에 지원을 신청하여 막대한 금액의 지원을 약속 받고 건축 회사를 지정하여 설계를 시작하고 있었다. 삼엄한 계엄하에서도 문리대학 소속 자연계열 학과장 회의를 열고 매일같이 과학관 신축에 열을 올리고 있었다. 방학 아닌 방학이 깊어 가는 7월 초, 자연계열 학과장 회의를 주재하고 있는데, 학장실에 전화가 왔다. "학장님, 잠깐 나와 주셔야 하겠습니다." 술에 취한 것 같은 걸쭉한 남자의 목소리였다. 데모하는 학생들을 잡아가고 민주인사들을 잡아다가 고문한다는 신군부의 '합동수사본부'에서 나왔다는 것이다. 학교 앞에 있는 이화 식구들이면 모두 다 아는 다방에서 전화한다는 것이었다. 나는 지금 중요한 학과장 회의를 하고 있으니 회의가 끝나는 대로 나가겠다고 했다. 그리고 회의를 계속했으나 10분도 못되어 같은 목소리가 전화를 걸고, 곧 나오라는 명령을 내리는 것이었다.

잠시면 된다고 해서 학장실 책상을 어질러진 채 두고 그 자리에서 회의를 중단하고 학교 앞 다방으로 나갔다. 사복형사 두 사람이 '김대중 정부 전복 음모 사건의 참고인'이라고 적힌 쪽지를 내보여 주더니 "잠깐만 합동수사본부에 가서 조사를 받으시면 됩니다" 하며 지나가는 택시를 잡아타고 금화터널을 지나 서대문경찰서 앞에서 내려 경찰서 뒤 건물 안으로 걸어 들어갔다. 그들은 하얀 콘크리트 건물의 2층으로 나를 안내하더니 헌병 두 명이 카빈총을 들고 서 있는 복도를 지나, 한 10평 정도 되는 넓은 방에 들어가라고 한다. 방구석에는 침구가 잘 개켜진 채 놓여 있고, 창가에는 철제 책상과 양쪽에 철제 의자 두 개가 덩그러니 놓여 있었다. 형사는 키가 크고 유도 선수나 씨름 선수같이 우락부락하게 생긴 험상궂은 인상이었다. 그는 술취한 것 같은 걸걸한 음성으로 바지허리의 혁대를 풀라고 했다. 그리고 주머니에 있는 모든 소지품을 책상 위에 내어 놓으라는 것이었다. 지갑에 들어있는 현금을 검사하더니 그것만은 주머니에 다시 넣으라고 하면서 "학장님, 사모님에게서 용돈을 이것밖에 못 받으시는 모양이죠" 하며 비웃듯이 말하고는 의자에 앉으라고 하더니 방을 나가 버렸다.

얼마를 기다렸는지 모르겠지만 다시 들어와서는 우리집으로 가자고 하면서 나를 데리고 봉원동 집으로 갔다. 아내는 반갑게 맞아 주었지만, 형사들은 집안을 수색한다는 것이었다. 안방에 들어가서는 허락도 없이 장롱을 뒤지는 것이었다. 무엇을 찾느냐는 질문에는 들은 척도 안하고 아내의 속옷들을 하나씩 꺼내서 방바닥에 내동댕이치는 무례를 자행하고 있었다. 아내는 눈물을 훌쩍이고 서 있는 수밖에 없었다. 내가 숨겨 둔 불온문서라도 찾을까 보아 뒤지는 것 같았으나, 일종의 강압적인 공권력의 횡포이며 비상식적인 인권 유린이며 협박 공갈이었다. 그리고는 문리대 학장실로 안내하라고 하더니 형사 둘이 학장실의 서류함을 마구 뒤집어엎다시피 해서 서류철을 무작위로 꺼내 들고는 책장에 꽂힌 많은 외국 책들 가운데 빨간 표지만 골라서 가지고 온 가방에 쑤셔 넣는 것이었다. 다시 서대문경찰서 별관으로 돌아와서 한참 있자니 편지지 같은 종이 뭉텅이와 볼펜 한 개를 들고 들어왔다.

“자, 이제 내가 하는 말, 잘 들으세요, 학장님.” 이 형사는 말끝마다 “학장님, 학장님……” 하는 것이었다. 듣기에 거슬렸지만, 내 직함이 그런 걸 어떻게 하랴. 참기로 했다. “이제부터 범죄 자술서를 쓰시는 겁니다. 할아버지, 할머니 때부터 어떤 가정환경에서 자라났으며, 아버지, 어머니는 어떤 분들이었고, 어떤 학교에서 어떤 선생님의 영향을 받고 교육을 받았는지, 박사학위 받을 때까지 학력을 모두 적으세요. 미주알 고주알 자세하게 한 가지도 놓치지 말고 모조리 쓰셔야 합니다. 어떻게 철없는 학생들을 선동해서 반정부 데모를 하게 만들었는지 하나도 숨김없이 미주알 고주알 솔직하게 모두 써야 합니다.” 이 형사는 다른 참고인들에게도 ‘미주알 고주알’이란 말을 많이 했을 것이라는 생각이 들었다. 평생 잊을 수 없는 말투였다.

같은 층에 있던 화장실 출입은 자유로웠다. 화장실에서 당시 이화대학의 학무처장직을 맡고 있던 정용재 박사가 내 옆방에서 조사를 받고 있다는 소식을 들었다. 그리고 다른쪽 옆방에서는 숭실대학의 문리대학장을 지내던 철학자 조요한 학장이 조사를 받고 있다는 것이다. 그리고 복도에서는 우리 학교 영문과의 유종호 교수가 조사를 받다가 다른 곳으로 이송되었다는 소식을 들었다. 그 양반은 고향 이야기를 쓰라고 해서 “나의 살던 고향은 꽃피는 산골……” 하고 시작했다가 호되게 야단을 맞았다는 소문을 듣기도 했다. 모두 ‘화장실 통신’의 일부였다.

나는 주위가 조용한 독방에 앉아 아직 다 살지 못한 자서전을 쓰게 된 기회가 생긴 것을 고맙게 생각하기 시작했다. 이런 귀한 기회가 주어진 것이 뜻밖의 선물로도 생각되었다. 고대 기독교의 신학자 어거

스틴도 썼고, 계몽시대의 프랑스 철학자 루소도 참회록을 썼으며, 나치 치하에서 히틀러 암살을 계획하다 체포된 신학자 본회퍼도 감옥에서 신학을 썼는데, 이 얼마나 좋은 기회인가. 나의 신학을 점검해 보고, 나의 일생을 회고하는 기회가 생긴 것이다. 글을 쓸 적마다 전화나 회의 때문에 방해를 받아야 했는데, 이제 전화도 없고 회의도 없는 절대 자유로운 시간과 환경에서 글을 쓰게 된 것은 특권 아닌 특권이었다. 게다가 하루 세 끼 꼬박꼬박 근처 한식당에서 배달되는 식사를, 그것도 무료로 제공 받고 있으니 말이다.

담당 형사는 거의 한 시간마다 한 번씩 방에 들어와서는 내가 쓴 자술서를 몇 장씩 가지고 나갔다가 다시 들어와서 몇 마디 한다. 대체적으로 잘 쓰고 있다는 평이었다. 그러다가 나의 선친이 평양에서 교회 목사 일을 보다가 반공 목사로 몰려 6·25전쟁이 일어난 지 얼마 안 되어 인민군에게 납치되어 총살을 당해서 대동강 기슭에 떠 있는 것을 발견하여 장사지내고 온 대목을 읽고서는 "그러니까 학장님은 적어도 빨갱이는 아니지 않습니까? 방공 순교자의 아들이 왜 반정부 데모하는 학생들을 선동하고 앞장서는 나쁜 일만 하신 겁니까? 이해가 안 됩니다" 하고 말했다. 그 다음부터 형사의 말투가 좀 부드러워진 것을 느낄 수 있었다. 아, 나를 용공분자 빨갱이로 몰지는 않을 모양이구나 생각하게 되었다. 그리고 부산으로 피난 와서 대한민국 해군에 소년 통신병으로 입대했고, 졸병으로 미국 해군의 종합학교에서 기뢰병으로 훈련 받은 이야기를 읽고서는 더더욱 용공분자가 아닌 명예 제대를 한 대한민국 국민으로 대하는 것 같았다. 그러다 미국에 유학 가서 박사학위를 취득하고 귀국하여 이대에서 교수로 봉직하기 시작한 대목을 읽던 형사가 하는 말, "학장님은 참 이해가 안 갑니다. 다른 미국 박사님들은 모두 다 청와대다 국회다 하는 데 들어가 떵떵거리며 일하는 데 왜 학장님은 반정부 인사가 된 겁니까? 왜 같은 유학 생활을 한 사람이 한자리 하고 잘살 생각이나 하지 학생들 데모하는 데 섞여서 이런 고생을 하느냐 말입니다." 공부한 값을 왜 안 하느냐? 다그치는 말에 할 말이 없었다. 대꾸해야 이해할 것 같지도 않았기에.

두 주일이 지났던가. 탈고가 된 시기라고 느꼈을 때 형사는 편전지와 봉투를 들고 들어오더니 나더러 이화여대 총장 앞으로 사직서를 쓰라는 것이었다. "일신상 사정으로 학교를 사직하겠다"라고 쓰라는 것이다. 이 사직서를 안 쓰면, 김대중 사건 연류자로 기소되어 군사재판을 받게 되고 학교에도 돌아갈 수 없을 뿐더러 형을 살게 된다고 협박 공갈을 늘어놓았다. 나는 군사재판이 무서워서라기보다는 학교를 쉬고 싶은 마음이 더욱 간절하여 하라는 대로 하기로 하고 사직서를 그 자리에서 썼다. 우편 봉투에는 이화대학 주소와 총장 이름을 적으라는 대로 적었다. 그러나 봉투 뒤편의 발신자 주소를 형사에게 물었다가 야단만 맞았다. "아니 학장님, 지금 농담하며 놀자는 겁니까? 발신자 주소는 으레 학장님 댁 주소로 써야 한다는 것쯤 상식 아닌가요?" 소리를 버럭 지르며 하는 말이었다. 그리고 내 도장을 내어 주며 찍으라는 것이다. 나중에 아내에게 들은 말이지만, 그날 그 시간 도장을 찍기 전에 집에 전화를 걸어 도장을 가지고 나오라고 해서 내가 도장 찍을 때까지 기다렸다가 다시 받아 가지고 집으로 돌아왔다는 것이다.

석방되기 직전에 서대문 합동수사본부 책임자인 파견 검사가 사직서를 쓴 대학 교수들을 만나서 몇 마디 하는 절차가 있었는데, 이 글을 쓰고 있는 지금 기억나는 동료 교수로는 조요한 교수밖에 생각이 나지 않을 뿐더러 그 검사가 무슨 소리를 했는지도 전혀 기억이 없다. 지금 그때 서대문경찰서 별관에 두고 온 나의 '범죄 자술서', 200자 원고용지로 거의 300매가 되는 원고 뭉치를 구할 수만 있다면 출판하고 싶은 마음 간절하다. 나는 그렇게 학교를 떠났다. 서대문경찰서에서 나오자마자 정의숙 총장님을 찾아뵙고 하직 인사를 했다. 선생님은 수고했다는 말 한마디만 하시고 울기만 하셨다. 나도 할 말을 잃고 앉아 있다가 울음이 끝나는 대로 총장실을 나왔다. 그리고 4년 동안 학교 문 안 출입을 삼갔다.

"목사님, 세미나 강의 잘 들었습니다"

나는 서대문경찰서 조사실에 앉아서 자서전 아닌 자서전을 집필하면서 순교자 아버지 생각을 많이 했다. 기회가 주어졌으니 목사 안수를 받아야 하겠다는 결심이 섰다. 미국에서 신학 공부를 마치고 돌아오게 되었을 때, 마침 뉴욕에 국제재단 설립을 위해 오신 김활란 선생님에게 목사 안수를 받고 귀국하는 것이 이대에서 일하는 데 도움이 되지 않겠느냐는 자문을 구한 일이 있었다. 선생님의 대답은 의외였다. "목사 안 돼도 돼. 그런 데 쓸데없는 에너지와 시간 보내지 마." 일언지하에 반대하시는 것이었다. 교회 지도자들에 대한 불신이었을까, 아니면 지체하지 말고 속히 귀국하라는 뜻이었던 것 같다. 그러나 결국 감방에 들어앉아, 나의 미숙한 '자서전'을 써 내려가면서, 순교자 아버지의 유업을 이어 받아야 한다는 생각이 들면서 철학 공부를 하다가 신학대학원에 입학한 초심으로 돌아가야 한다고 결심한 것이다.

아버지가 속해 있던 예수교 장로회 소속 목사가 되기 위해서는 한국의 장로회 소속 신학대학에서 적어도 1년을 수학해야 한다는 규정이 있다. 외국 신학대학원에서 받은 학위, 박사학위 소지자도 1년 동안 반드시 수학하고 안수 시험에 합격하여야 한다. 해직당한 터라, 광나루 소재 장로회 신학대학에 입학하여 성실하게 학과목을 이수하고, 목사 자격 시험에 무난히 합격하여 서울 강남에 있는 강남노회 목사로 안수를 받아 목사직을 물려받게 되었다. 그리고 이미 압구정동에 있는 상가 2층에 있는 현대교회에서 일요일마다 설교하는 목사로 취임하였다.

내가 대학에서 추방되어 주일 아침, 50~60명이 겨우 모이는 교회 목사로 설교한다는 소식을 들은 친구들과 학생들이 찾아와서 예배를 드리고 인사하는 말, "오늘 세미나 좋았어요" 하며 나가는 것이었다. 나는 그렇게 4년 동안, 교회 일을 보았다. 이 교회 교인들은 주일 저녁 예배를 보사고 나서지도 않았고, 수요일 저녁에 모이자는 제안도 없었고, 새벽 기도회는 말도 꺼내지 않았고, 교회마다 금요일 밤 철야 금식 기도하면서 대학 입시하는 학부모들을 위한 기도회 같은 것도 하지 않아도 된다는 것이었다. 그러나 몇몇 부인들의 제안으로 수요일 아침 성서연구반을 열어 성서와 신학 공부를 시작한 일은 나에게 큰 도움이 되었다.

1년 정도 지나면서 일요일 교회에 출석하는 수가 조금씩 증가하더니 100명을 넘기 시작했다. 그러나 나의 설교는 그야말로 세미나 발제를 하는 것인지 강의를 하는 것인지 애매모호한 힘없는 설교로 들렸던 것 같다. 그래서 좋다는 반응도 있었지만, 불만을 가진 교인들도 있었던 것 같다. 하루는 설교가 끝났는데, 여성 교인 한 분이 나에게로 다가와서 묻는다. "목사님, 목사님은 성령의 은사를 받으셨나요?" 나의

해직중 장로회 신학대학의 외국인 학생들과 함께

대답은 서슴없는 "네……"였다. "목사님, 그러면 방언도 하시겠네요?" "그럼요." "그럼, 지금 한번 해보세요." 나의 대답, "성경에 쓰기를, '성령을 시험하지 말라'라고 되어 있습니다." 그래도 한번 방언을 말해 보라고 강권하는 것이었다. 나는 조금 머뭇거리다가 "Good morning, I love you, sister……" 혀 꼬부라진 영어로 인사말을 했다. "에이, 그건 영어 아니에요? 실망했어요, 목사님……." "성경에서 방언이라고 할 때는 알아듣지 못하는 말이 아니라, 통역할 수 있는 외국말을 말하는 겁니다. 사도행전 2장을 다시 자세하게 읽어 보세요." 그이는 다시 교회에 나타나지 않았다.

1984년 전두환 장군의 제5공화국이 자리잡기 시작하면서 우리 해직 교수들이 복직될 것이라는 소문이 돌기 시작했다. 해직되어 직장을 잃은 교수들의 생계를 위해서 한국기독자교수협의회의 이름으로 해외의 교회 단체와 기독교 교육재단 등에 호소하여 생계비와 해외 연수 지원을 요청하여 좋은 호응을 얻었다. 국내에서는 당국의 책임자들과 만나서 복직 운동을 게을리하지 않았고, '해직교수협의회'를 조직하고 총무 일을 맡아 동분서주하며 복직 운동을 전개하기도 했다. 해외의 석학들과 목회자들이 우리 해직 교수들을 위로한다고 내한해서 모임을 가지기도 하였다. 방문객들은 한결같이 해직 교수들이 농담을 나누고 기죽지 않고 즐겁게 지내는 것을 보고 놀라워했다. "살아있는 순교자의 모습들"을 본다고 오히려 용기를 얻고 돌아간다고, 돌아가서 우리 구명 운동에 적극 참여하겠다고 하면서 눈물을 감추지 못하였다. 이대 동료 교수들이 나를 위로하고 격려한다고 우리집을 찾아 주고 식사 대접을 해주었다. 당시는 이런 일이 위험한 일이었고, 당국의 주목을 받는 일이었다. 그런 것을 마다하지 않고 찾아 준 동료 교수들과 학생들에게 아직도 감사한 마음, 따뜻한 마음 간절하다. 학교는 학교 나름대로 해직 교수라기보다는 집나간 식구로 생각하여 철마다 먹을 것을 보내고 거액의 위로금도 보내 주었다. 분에 넘치는 사랑을 어떻게 보답하랴.

연세대학교에서 해직당한 김동길 박사가 주동이 되어 동네 교수들이 모여 서예를 시작하였다. 서예가이신 난곡 김응섭 선생님을 모시고 정식으로 시작한 서예 공부는 해직 교수에게는 가장 적격이었다. 서예 연습을 하는 데는 많은 시간이 필요했고, 집중적으로 정신을 통일시켜야 하기 때문에 직장을 잃은 '백수'에게는 안성맞춤이었다. 서예가, 학자로 유명한 추사 역시 유배지에서 글씨를 쓰지 않았던가. 해직당하고 퇴직당한, 특히 억울하게 정치적 이유로 일자리에서 추방당한 사람에게는 최고의 소일거리고 가장 생산적인 공부였다. 먹을 가는 것도 수양이고, 붓을 들어 흰 종이에 글을 써 내려가는 것도 더없는 수양이다. 글씨를 쓰면서 가슴속에 끓어오르는 분노, 억울함, 증오, 후회, 죽고 싶은 수치심 등과 싸운다. 서예는 나와의 싸움이었다. 마음을 가라앉히고 미움을 연민으로, 복수를 원수 사랑으로, 나 스스로와의 싸움에서 이겨 나가는 일이었다.

시간이 나는 대로 충청북도 문경새재 신선봉 기슭 고사리마을에 낙향하신 김옥길 선생님의 시골집을 자주 찾아가 뵙느라 문경새재를 몇 번이나 넘었는지 모른다. 소년 시절부터 시작한 테니스도 열심히 하고 우리 아이들도 가르쳤다. 겨울에는 서울시 교외의 화전 논밭에 임시로 만들어 놓은 스케이트장에서 아이들 가르친다는 것을 핑계삼아 대동강 얼음 위를 지치던 실력을 확인하기도 했다. 용평스키장이 개장하고부터는 아이들을 데리고 가서 스키를 가르쳐 주면서 평북 강계 산골에서 대나무로 만든 스키를 타던 추억을 되살리면서 해직의 아픔을 달래기도 하였다.

우리 기독교인 대학교수들이 대거 정치적인 이유로 해직당했다는 소식이 해외에 알려지자 미국 대학의 교수들과 교회 지도자들은 한국 당국에 구명을 위하여 청원 성명서 등을 발표하기 시작하였다. 그리고 해직 교수들을 대학에 초청하여 강의도 하게 하고, 연구를 위해 장학금을 지원해 주는 등 힘을 써 주었다. 덕분에 나는 수많은 강연 초청을 받았고, 세계교회협의회(WCC)와 YMCA 등에서 요직을 맡아 회의 참석차, 강연차, 해외 여행을 빈번하게 하게 되었다. 내가 설교하던 현대교회에서 잦은 해외 출장을 감내하고 허락해 준 것은 지금까지도 잊을 수 없는 호의다.

해직 중 뉴욕의 한 주립대학의 초청으로 한 학기 동안 연구하며 집필한 영어 책, *Korean Minjung in Christ*가 아시아기독교교회협의회(CCA)에서 1991년 출판되었다. 나의 민중신학 영어 저서였다. 현대교회 목회를 도와준 동역자, 차선각 목사의 수고를 여기에 기록하고 싶다. 이런저런 사업에 실패하고 교회 목사를 지망하여 늦은 나이에 신학 공부를 시작한 기독교 학생 운동가를 우리 교회 전도사로 영입하였다. 그의 인품과 사명감은 교인들의 환영을 받았다. 교인들은 농담 반 진담 반으로 "차선각 목사님과, 서광선 교수님을 모시고 있습니다"고 말할 정도였다. 해외 출장이 잦은 담임목사를 모시고 신학교 공부까지 해야 했던 차선각 전도사는 그 이후 목사 안수를 받고 현재 고대 대학병원의 원목실장으로 수고하고 있고, 최근에 한국 YMCA 전국연맹의 이사장으로 청년운동을 계속하고 있다.

"서목사는 거짓말쟁이야!"

1984년 가을 학기에 이화여대 강의실로 복직하였다. 나는 가르치는 데 굶주렸던 사람처럼, 있는 정성을 다해서 강의 준비를 했고, 학생들 앞에서 내가 아는 모든 것을 쏟아붓고 있었다. 나는 나의 남은 정열을 학생들에게 모두 쏟아부었고 학생들 한 사람 한 사람에게 사랑을 아끼지 않았다. 그야말로 오래간만에 아무 보직도 없이 학생들을 가르치고 논문을 지도하는 일만 한다는 것이 그렇게 자유롭고 신날 수가 없었다. 복직이 되어 현대교회 목사 일을 사퇴하고 강의하는 데 신나 하는 나에게 초등학교 6학년밖에 안 된 둘째아들이 던진 말, "난 아빠가 왜 교회를 버리고 대학으로 돌아갔는지 모르겠어요. 대학교수가 목사보다 높은 자리가 돼서 그런가요?" 나는 어린 아들의 이 말에 놀랐다. 교수는 내 천직이 아닌가. 목사는 내가 교수직으로부터 해직되었을 때, 궁여지책으로 임시로 택한 일이 아니었던가. 교수하면서 목사일은 부차적으로 필요할 때 할 수 있는 것 아닌가. 나 혼자 변명도 해보고 했지만, 아들의 그 때 그 질문은 오늘도 내 가슴을 쓰리게 한다. 나의 선택이 잘못되었던 것은 아닌가 하고.

학교에서는 나의 해직 기간 동안의 급료의 반액을 계산해 주었다. 그 당시 돈으로 3천만 원이 조금 넘었다. 그동안 아내의 봉급으로 긴축 생활을 했으나 미국 천주교 매리놀선교회에서 받은 연구비로 책도 쓸 수 있었고, 굶지 않고 아이들 잘 먹이며 살 수 있었으니, 이 돈은 덤으로 생긴 것이다. 아내의 동의를 얻어, 이 돈을 3등분해서 이화대학교회 예배당 신축 기금으로 헌금하고, 다음 천만 원은 기독교학과에서 시작하는 이화여성신학연구소 기금으로, 그리고 나머지 천만 원은 나의 신학교 모교인 유니언에 장학금으로 기증하기로 했다. 나의 해직 기간 동안에 받은 사랑을 이렇게나마 보답할 수 있어서 감사했고 흘가분하고 마음 뿌듯했다.

정의숙 총장님은 내가 평교수로 강의하는 데 집중하고 즐기고 있는 것이 못내 아쉬웠던지 얼마 안 가서 나에게 교목실장의 중책을 맡기셨다. 감리교 학교로 알려진 이화대학에서 장로교 목사가 교목실장이 된 것은 역사상 처음 있는 일이었다. 월요일에서 금요일까지 매일 4,000명 학생들 앞에서 채플을 인도하고, 설교를 해야 하고, 외부 강사를 초청하고, 채플에 흥미를 가지게 하기 위해서 각양각색의 프로그램을 기획하는 일을 해야 하는 것이다.

철학과 교수들과 이대 교정에서. 왼쪽부터 남경희·정대현·신옥희·서광선·소흥렬 교수

나는 재직하는 동안, 학생들이 의무적으로 한 주일에 한 번 채플에 참석해야 하는 일에 대해서 회의적이었다. 어떻게 하면 자율적으로 채플을 운영할 수 있을까 많은 고민도 했다. 학생들이 입학할 때는 전체 입학생의 30%만이 기독교인인데 나머지 비기독교인 학생들이 '강제' 채플을 어떻게 생각할까, 항상 마음이 편치가 않았다. 그래서 너무 강압적인 종교적인 설교나 프로그램을 피하고 교양과 인성 교육과 정서 교육을 하는 방향으로 프로그램을 기획했다. 그래서 기독교 도그마나 일방적으로 주입하는 채플이 아니라 이화 공동체가 한자리에 모여서 인간 실존의 문제, 종교적인 물음, 사회와 문화에 대한 관심을 가지게 하는 시간을 갖도록 노력을 기울였다. 가끔 졸업생들을 만나게 되면, 학생 때 가장 기억에 남는 것이 채플 시간에 들은 말씀, 찬송을 불렀던 이야기, 내가 한때 학생수첩의 찬송가 뒤에 붙어 있던 〈아침 이슬〉을 채플 시간에 준비 찬송으로 불러서 신났던 이야기, 채플 시간 끝에 마음을 가라앉게 하는 올갠 소리 등등이라고 회상할 때 기독교 대학의 채플의 의미를 음미하게 된다.

나는 한 주일에 하루도 '안식일'이 없었다. 그래서 "대학의 교목들은 안식일을 지키지 못하니 죽어서 천당 가기는 다 글렀다"는 농담을 나눈다. 교목실장이 당연직으로 대학교회 담임목사 일을 보기 때문이었다. 중강당에서 매주일 예배를 드리는데, 나의 전임자 목사님들의 훌륭한 목회로 하루 두 번 예배를 드릴 정도로 교인들이 많이 출석하였다. 나의 교목 일과 대학교회 담임목사 일을 도와주는 기독교학과 조교들이 있어서 크게 도움이 되었다. 교목실장과 대학교회 담임목사 재직 기간 동안 거의 매주일 졸업생들과 대학교회 교인들의 결혼식을 주례하게 된 것도 큰 보람이었다. 크리스마스 전날 밤, 대학교회 교인 전원이 뒷산에 올라가 크리스마스 캐럴을 부르던 일도 즐거운 추억이다. 그리고 크리스마스 저녁 음악 예배에 온 교인이 사중창으로 할렐루야 코러스를 합창한 것도 자랑스러운 일이었다.

대학교회는 1936년에 김활란 총장님의 제안으로 연세대학교 총장이셨던 백낙준 박사님과 함께 두 대학의 교수와 학생 그리고 학부모들이 일요일에 모여서 예배드리던 공간으로, 같은 해 준공된 이대 중강당에서 집회가 시작되었다. 300명 정도 수용할 수 있는 공간이 협소하고 대학교회로만 사용할 수 있는 교회 건물의 필요성을 절감하여 1980년대부터 교회 신축 비용을 위하여 건축 헌금을 시작하였다. 나는 대학교회 담임목사로 취임하면서 이 일을 적극적으로 추진하였다. 대부분의 교인들이 이 사업에 적극적으로 호응한다고 생각했는데, 대학생 교인으로부터 한 통의 편지를 받았다. "예배 장소가 비좁지만 역사적인 아담한 건물 중강당에서 오붓하게 예배드리는 것이 왜 불편하다고 하는지 모르겠습니다. 주일 하루 동안에 두 번 세 번 예배 보는 교회가 많은데, 왜 우리 교회는 안 되는 겁니까? 목사님이 두 번 세 번 설교하시는 것이 힘드시면 젊은 부목사님과 나누어서 해도 되지 않겠습니까? 대학 안에 새로 큰 예배당을 짓는 것보다는 강의실이나 실험실을 짓는 것이 대학에서는 더 급선무라고 생각합니다"라는 요지의 교회 신축 반대의 호소문이었다.

나는 교회건축추진위원회에 이 편지를 소개하여 자문을 구했으나, 거의 만장일치로 원안대로 건축 헌금을 추진하기로 하였다. 그 이후 한 독지가의 거액의 헌금으로 교회 건물이 신촌 기차역 바로 옆자리에 들어서게 되었고 1,000명이 넘는 교인들이 주일마다 가득 자리를 메우고 장엄한 예배를 드리게 되었다. 예배 처소로만이 아니라 신학대

대학교목실장 겸 대학교회 담임목사로

학원이 들어서서 이화여대의 신학적 기반, 영성 훈련의 장으로 큰 역할을 다하고 있는 것은 보람 있는 일이다. 그러나 화려하게까지 느껴지는 신축 대학교회에 들어설 때마다, 교회 신축을 반대한 그 학생의 편지가 떠오른다. "예배 처소는 크고 화려하지 않아도 됩니다" 했던 그 말이. 선지자 아모스도 "하나님은 화려하고 웅장한 너희 제사가 역겹다"고 하지 않았던가.

내가 교목 일을 보고 있을 때, 김옥길 총장님은 지병이 악화되어 대수술을 받고 입원해 계셨다. 이화의 교수님들과 함께 병문안을 가게 되었을 때 일이다. 기도를 하고 난 다음, 선생님이 고통스러워하시는 모습이 안타까워 "선생님, 선생님이 아파하시면 저희들도 아픕니다. 아프지 마십시오" 했다. 진심이었다. 그런데 선생님은 병상에서 벌떡 일어나시더니 "서목사, 거짓말하지 마. 내가 얼마나 아픈지 알기나 해? 서목사가 아프면 그래 나만큼 아프겠어?" 하셨다. 나는 어쩔 줄을 몰랐다. 그 후 퇴원하신 뒤 선생님을 뵐 때마다 새로 만나는 손님에게 인사를 하게 될 때면 거의 빠짐없이, "서목사인데, 거짓말을 잘 하는 목사님이셔……" 하시면서 즐거워하시는 것이었다. 그 뒤 총장공관 뜰에서 7순 잔치를 받으시고 얼마 동안 자택에서 투병하시다가 1990년 8월 25일 하늘나라로 떠나셨다. 나는 교목실장으로 선생님의 마지막 가시는 길을 배웅하는 장례식 집례와 설교를 맡는 슬픈 영광을 가지게 되었다.

김옥길 선생님을 추모하는 글을 동아일보가 간행하는 월간지 『신동아』에 기고했다. 그 글의 제목을 '영혼이 아름다운 여성'이라고 했다. 항간에서는 선생님을 가리켜 '치마 입은 남자'라고 할 정도로 선생님은 결단력이 있고 담대하고 신뢰할 수 있는 믿음직한 지도자였다.

선생님 자택의 대문은 누구나 들어오라고 항상 열려 있었다. 그래서 좀도둑이 든 적도 여러 번 있었다고 한다. 총장실은 항상 개방되어 있었다. 총장이기 이전에 자상한 언니 같고 누나 같고 어머니 같은 분이셨다. 감옥에 간 학생의 학부모를 돌보고 정치 교수로 몰려 일자리를 잃은 가족을 찾아가 쌀가마니를 전하기도 하는 '자선사업가'였다. 1970년대 중반, 총장실에 해직 교수 명단이 '전통'(전화통신)으로 하달되었을 때, 선생님은 정부 요로의 '높은 사람'들을 찾아가 "이 교수들 목을 자르려면 내 목부터 자르시오" 했다고 한다. 당시 전국적으로 300여 명의 교수들이 '무자격' 교수로 추방당할 때, 우리 학교의 문제 교수 3명은 총장의 힘으로 해직을 면했다고 한다. 그 명단 중에 나도 끼어 있었다고 하지만, 김옥길 총장님은 무덤으로 가실 때까지 침묵하셨다. 현영학 교수님이 몇 번 이 사실을 확인하려 하였으나 실패했다는 후일담이 아직 남아 있다.

이화여대 남자 교수 최고의 직책

김옥길 이화학당 이사장님은 하늘나라로 향하는 길에 새로운 총장으로 법학과의 윤후정 박사가 취임하는 것을 지켜보실 수 있었다. 같은 때 나는 대학원장으로 임명되었다. 여자대학인 이화대학에서 대학원장은 교무회의 석차에서 총장 바로 옆자리에 앉는 위치에 있다. 그래서 이화여대에서는 남자 교수로서 최고의 자리이며 그 이상은 생각도 말라는 격언 아닌 경구가 있을 정도이다. 나의 정년 퇴임까지 5년, 나의 교수 생활 마지막 기간이라고 생각하고 정리도 할 겸, 최선을 다

할 것을 다짐하면서 취임하였다.

윤후정 총장님 시대의 위기는 1987년 이래 한국 정치의 민주화 과정에서 거의 모든 분야와 대학 사회에서 겪어야 했던 노사문제의 분출이었다. 우리 학교도 예외는 아니었다. 직원 노조가 결성되고 노동시간과 임금 문제 등을 제기하고 파업에 나섰다. 분규가 고조되는 한가운데서 나는 10여 년 전 젊은 나이에 경험도 부족한 사람이 문리대 학장으로 취임했을 때 기억을 되살렸다. 선배이신 전임 학장 현영학 선생님에게 학장의 마음가짐을 충고 받고 싶었다. "뭐, 잘 할 텐데…… 무슨 충고가 필요하겠나" 였다. 간청하는 나에게 조용히 하시는 말씀. "당신이 아무리 겸손하게 행동해도, 사람들은 건방지고 교만하다고 보고 있거든. 그래서 윗사람들도 좀 조심하게 되고, 아랫사람들은 자기네 편이 아니라고 생각하기 쉬워요. 윗사람들보다 아랫사람들 편이 되도록 노력해요. 선생들보다는 학생들 생각을 먼저 하고, 학교 간부들보다는 사무직원들, 청소부들, 수위들, 장애인, 직원과 학생들, 소수 의견자들, 가난한 학부모들…… 그런 사람들 편이 되도록 노력해요."

그 이후 그 말씀은 나의 이화 생활과 목회 생활과 나의 신학에 있어서 잊지 못할 좌우명이 되어 왔다. 그 말씀이 예수의 가르침의 기본이라고 확신하고 그대로 살아 보려고 노력해 왔다고 생각한다. 노사 분규의 와중에서 충돌이 격화되었지만 우여곡절 끝에 평화적 타협을 얻어내는 데 일조한 것 같아 그런대로 총장을 보좌하고 학교를 정상화시키는 데 도움이 되었다고 자부하고 싶다. "너는 민중의 자식이니, 민중의 편에 서야 한다"는 기독교 성서의 가르침을 조금이나마 실천한 것 같아서.

그동안 역대 대학원장과 학교 당국은 대학원 직속 학과 신설과 발전에 노력하여 왔다. 여성학과, 한국학과, 그리고 미술사학과 등이 대학원 직속 학과들로 발전하고 있었다. 이 학과의 전임 교수 채용이 나에게 주어진 중차대한 과업이었다. 새로 영입된 교수진은 세계적인 인재들로서 자랑스러운 교수 연구 집단으로 출발하였다. 그리고 뛰어난 학생들이 모여들었다. 내가 시작한 새로운 일 중 하나는 자격 시험을 우수한 성적으로 통과한 대학원 박사과정 학생 가운데에서, 논문 내용에 따라 외국 대학에 가서 자료 수집 등의 연구가 필요한 학생을 선발하여 1학기 혹은 1년 동안 유학하게 하는 제도를 신설한 것이었다. 박사학위 청구 논문 집필을 위하여 유학할 대학원에 이 제도를 설명하고 지도교수를 요청하는 일, 그리고 필요한 경비 일부를 장학금으로 지급하는 일 등의 사무 절차는 대학원장이 책임지고, 학생 선발 등 정책 문제는 특별위원회를 구성하여 진행하였다. 학생들의 호응이 좋았다. 미국 대학원만이 아니라 중국과 일본, 유럽으로 떠나는 학생들이 늘어났다. 귀국하여 우수한 박사학위 논문을 제출하여 엄정한 심사에 합격하는 학생들에게 학위 수여를 하게 된 기쁨과 보람은 대단한 것이었다.

1993년 3년의 임기를 무난히 마치고 1년 동안의 안식년, 아니 연구년의 특권을 받았다. 한 학기 동안 집에서 쉬면서 준비를 한 후 미국의 정부 장학 기관인 풀브라이트(Fulbright)의 연구교수로 모교인 뉴욕의 유니언신학대학원에서 1994년 여름까지 머물면서 평생의 숙제인 신학개론 교과서를 집필할 수 있었다. 이화여대 재직 중 출판한 마지막 저서 『기독교 신앙과 신학의 반성』(이화여대출판부, 1995)이 바로 그것이다. 1994년 여름, 세계YMCA연맹의 세계대회가 영국에서 열렸다. 천 명이 넘는 120여 개 국 YMCA 대표들이 운집한 가운데 런던 YMCA

창립 150주년 기념 대회가 런던의 Westminster Abbey에서 대대적으로 열렸다. 엘리자베스여왕이 직접 참여한 기념식에 나는 아내와 함께 참여하게 되었다. 그 해 나는 세계 대회에서 4년 임기의 세계YMCA 연맹 총재로 선출되었다. 엘리자베스여왕의 개인적인 축하 인사는 인상적이었다. 내 손을 잡으며, "YMCA 총재로 당선된 것을 축하합니다. 이제부터는 온 세계를 다니면서 일해야 하겠군요." 그러면서 옆에 서 있는 아내를 쳐다보며 미소를 지었다. "수고 많이 하세요. YMCA를 통해서 세상이 달라졌으면 좋겠습니다." 그런 내용이었다. 귀국하여 많은 축하 인사를 받았다. 신문에도 보도되었다. 청와대로부터도 축하 화분을 받았다. 그런데 축하 카드에는 "세계YWCA 회장 취임을 축하한다"고 적혀 있었다. 이름 탓인가, 아니면 내가 이화여자대학 소속인 탓인가, YMCA가 아니라 YWCA 회장으로 된 것이다. 청와대만이 아니었다. 우리 학교 신문, 『이대학보』 역시 "서광선 교수 세계YWCA 회장 취임"이라고 보도했다.

1996년 여름 정년 퇴임하기까지 1년 동안은 가장 바쁘고 귀중한 인생의 정리 시간이었다. 보직 책임 없이 1년 동안 고별 강의하듯 열심히 강의했다. 연구년 동안 집필한 신학 교과서가 출판되어 교과서로 사용할 수 있었다. 새로 집들이한 인문학관 연구실을 정리하는 것도 큰일이었다. 내가 미국 유학으로부터 돌아올 때 배로 싣고 온 2천여 권의 책은 해직당했을 때 모두 대학 도서관에 기증하였기 때문에 두 번째 퇴임할 때는 책을 정리하기가 무척 쉬웠다. 기독교학과에 기증하기도 하고 세일에 내어 놓기도 하면서 정리하였다. 교정에서 우연히 만나는 졸업생들 가운데에는 내가 기증한 철학과 신학 관계 서적 덕분에 학위 논문 작성에 크게 도움이 되었다고 인사를 하는 사람들이

1996년 정년 퇴임식에서

있다. 장 상 · 소홍렬 엮음으로 되어 있는 『신학하며 사랑하며: 한국 기독교의 거듭남을 위하여』(문학과지성사, 1996)는 나의 정년 퇴임을 기념하기 위하여 동료 후배 신학자들이 내어 놓은 '서광선 교수 퇴임 기념 논문집'이다. 책머리에 이 책의 공동 편자인 철학과의 소홍렬 교수는 이렇게 썼다.

> 서광선, 그의 지성은 항상 철학으로 무장되어 있었다. 언어분석을 기술로 하는 철학의 날카로운 칼날이 감추어져 있었다. 그의 신학은 민중 신학과 여성 신학의 혁명적 정신에 바탕을 두고 있지만, 철학적 신학의 깊이와 문화 신학의 폭을 더해 갔다. 「고전의 해체: 신의 죽음과 신학의 해체」라는 자신의 글 제목이 자유로운 그의 정신을 말해 준다. 규칙적인 그의 생활 습성 속에는 모든 것을 해체시키려는 자유에의 갈망이 꿈틀거리고 있다. (책머리에, vii)

"규칙적인 생활과 습성 속에 숨어 있는 자유에의 갈망"은 나의 삶의 모습과 내면적인 갈등과 고뇌를 꿰뚫어 보는 말이다. 미국 유학 수속을 마치고 서울에서 여권을 들고 해군 근무지였던 진해로 가던 길에 한 기인과 만난 일이 있다. 부산진 시가지 버스 정류장에서 진해 가는 버스를 기다리고 있었다. 새벽 5시인가 6시였던가, 산기슭에 안개가 자욱한 것이 바로 선경이 거기 있었다. 혼자 버스를 기다리고 서 있는데, 수염이 하얀 할아버지가 나타났다. 내 얼굴을 관상 보듯이 찬찬히 '감상'하고 나서 하시는 말씀, "자네, 해군이군. 지금 어디로 가는 길인가?" 나는 이제 미국 유학 가게 됐다는 자랑을 누구에겐가, 아무에게라도 간절히 하고 싶던 마당에, 큰소리로 "지금 진해로 가서 짐 싸

가지고 미국 가서 공부하게 됐습니다. 미국이요, 미국!" 할아버지는 동요하시지 않고 정색을 하며 말씀하셨다. "아니야, 자네 관상은 군인 관상이야. 미국에 가서 공부하는 것보다는 군에 그대로 있는 것이 자네 팔자야. 군에서 조금만 더 참고 기다리면 좋은 일이 생길걸세. 미국 가는 거 다시 생각해 보게."

그러는데 버스가 와서 나는 올라탔다. 차가 움직이기 시작했고 나는 자리에 앉아 창 밖으로 할아버지를 찾았는데, 할아버지는 어디로 사라졌는지 보이지 않았다. 진해로 가는 길 내내, 할아버지가 한 말씀을 되새겼다. 나는 할아버지가 싫었다. 나는 그 길가의 할아버지 말씀을 거역하고 미국 유학길에 올랐다. 하긴 나의 할아버지는 조선조 말에 무과에 합격한 무인이었다고 한다. 군대가 일제에 의하여 강제 해산되었을 때 의분에 못 이겨 의병대장으로 나가 함경도 지역에서 일본 군대와 싸우다 잡혀서 사형선고를 받았다는 집안의 전설이 있다. 우리 아버지 자신도 교회 목사였지만, 할아버지의 피를 속일 수 없을 만큼 과격한 무인의 성품으로 교회 일을 추진하였고, 일제하에서는 항일 신사참배 반대 목사로, 북한 공산정권하에서는 반공 목사로 사시다가 결국 6·25전쟁 중 납치되어 총살당하셨다. 그 부산진 길가의 할아버지는 이와 같은 우리 집안 내력을 꿰뚫어 보셨는지도 모른다.

나는 엄격한 교회 목사 아들로 성장했다. 어른들 말 잘 듣고, 공부 착실히 하고, 우등생이어야 하고, 품행이 방정한 순종형으로 교육 받았다. 아버지의 교육이 그랬고 일제하 학교 교육이 그랬다. 규칙을 엄수하는 규격형 인간으로 시간 잘 지키고, 매사에 철저하고 성실하고, 청결하고 반듯하고, 인사성 바르고 바른말만 골라 하고 등등. 그래서 나는 자유를 갈망했다. 어른들 생각과는 좀 다른 생각, 선생님이 말씀하시는 것하고는 다른 좀 특이한 생각도 하면서 다른 아이들처럼 반항도 하고, 자기 하고 싶은 대로 놀고 공부에는 신경도 안 쓰는 아이들이 부러웠다.

일제하의 강압적인 학교 교육에 잘 적응하면서도 나는 자유가 무엇인지 모르면서도 자유를 원했다. 공산 치하의 북한에서는 공산주의 의식화 교육에 반항심만 키웠다. 자유가 무엇인지 잘 알지도 못하면서……. 대한민국 해군이 5년 동안 나에게 키워 준 것은 엄한 군기, 거의 매일 당하는 구타와 폭력, 명령과 복종 속에서도 자유에 대한 갈망이었다. 규칙적인 생활 습관을 기르고 모범적 군인 생활이 몸에 배어 있으면서도, 그만큼 자유에의 갈망은 커지기만 하였다.

군대에서 명예제대를 하고 미국 대학에 유학하면서 강의실에서, 미국 사회와 가정에서, 자유라는 것이 무엇인지 마음으로 몸으로 터득하면서 나는 자유인이 될 것을 다짐하였다. 학문의 자유, 사상의 자유, 언론의 자유, 생각의 자유, 행동의 자유, 생활양식의 자유, 먹거리 선택의 자유 등 인생의 모든 영역에서 자유를 구가하고 익히고 즐기고 배웠다. 1960년대 미국의 대학 생활을 통하여 미국 흑인들의 자유 민권운동을 지켜보았고, 베트남전쟁으로부터의 자유, 평화운동을 체험하였고, 대학 캠퍼스에서의 자유 언론 쟁취 운동에 참여하였다. 그러면서 자유민주주의의 가치를 배우고 익히고 숭배하였다. 기독교의 창조신은 자유의 여신임이 틀림없다는 신념이 생기기까지 하였다. 유태교의 야웨 하느님은 최초의 인간에게 자유를 허락했다. 그것이 원죄의 씨앗이 되었지만.

자유민주주의와 자유주의 신학에 심취하여 '자유'는 나의 생활신조가 되었고 신념으로 실천하였다. 가정교육에서도 아이들에게 생각의 자유와 선택의 자유를 허용하였다. 부모의 소원과는 판이한 인생을 선택했지만 아이들은 넉넉지는 않아도 행복하게 자유롭게 살고 있다. 대학에서도 학생들이 자유롭게 생각하고 창의적이고 창조적인 삶을 선택하도록 인도하는 선생이 되고 싶었다. 주입식으로 내 생각과 학문을 강요하는 강의가 아니라 스스로 생각하게 하고 독창적인 사고를 할 수 있는 힘을 기르도록 용기를 주고 기회를 주기 위해 대화를 시도하였다. 선생 중심의 강의가 아니라 학생 중심의 교육이 대학 교육의 이상이라고 믿었다. 국민의 자유가 억압되고 축소되는 나라는 번영할 수 없듯이, 자유가 없는 학문 사회, 대학 사회는 몸과 마음이 죽어 버린 대학이다. 교수와 학생이 학문의 자유를 누리고 행사하고 지킬 수 있는 대학이 번성할 때, 그 나라는 풍요와 행복을 누리는 세상으로 변할 것이라고 믿는다.

자유·사랑·평화 그리고 통일

나는 너무도 많은 사랑을 받고 살아왔다. 감사하다는 말을 몇천 번 몇만 번 해도 부족하다. 인생의 갈림길에서 나는 기적적으로 살아났다. 북한에서 인민군으로 끌려갔을 때 군의관이 "너는 기관지염 환자야. 너는 군대 갈 놈이 아니야"라고 판정해서 신체검사실에서 집으로 돌아와 6·25전쟁에서 살아남을 수 있었다. 나의 목숨은 주어진 것, 사랑의 선물이었다.

대한민국 해군 졸병으로 미 해군종합학교에서 훈련 받을 때 만난 미군 졸병 친구가 훈련을 마치고 귀국할 때쯤 나를 붙잡고 묻는 말,

"귀국하면 얼마나 더 해군에 근무해야 하는 거야?" "미국에 와서 특수 훈련까지 받았으니 아마 평생 해군에 있어야 되지 않을까?" 그는 내 말에, "아니야, 너는 해군에서 썩을 놈이 아니야. 우리 동네에 작은 기독교 대학이 있는데, 거기 와서 공부하고 싶으면 내가 학교에 가서 입학 수속도 알아보고 근처 교회에서 재정보증도 알아봐 줄게. 꼭 공부하러 다시 와……"라고 말했다. 이 졸병 친구는 자신은 대학 근처에도 못 가본 중학교 중퇴 학력이라고 했다. 고향은 미국 서부, 카우보이의 나라 몬태나 주였고. 1953년 한국전쟁이 휴전협정 체결로 마무리되던 때였다. 그렇게 헤어진 후 2년 동안 아무 소식이 없어서 나는 잊어버리고 있었고, 그의 이름도 생각나지 않던 바로 그런 상황에 그 친구가 말한 대학에서 입학 허가서와 함께 근처 교회의 여자전도회에서 재정을 보장한다는 편지가 날아온 것이다.

"David는 미국에 남아 있을 사람이 아니야. 한국에 돌아가서 이화에서 일해요." 김활란 박사님의 초청의 말씀이었다. 그래서 나는 이화에 몸담게 되었고, 이화에 헌신하였다. 그리고 나는 많은 사랑을 받았다. 분에 넘치는 극진한 사랑을 받았다. 감사하다는 말로도 다할 수 없는 그 사랑을 언제 어떻게 보답하랴. 받은 사랑만큼 사랑을 나누었는지 후회할 일이 많다. 받은 것만큼 준다는 것, 쉬운 일이 아니다. 사랑의 빚을 지고 살아가고 세상을 떠나게 되는 것 같다. 사랑의 빚을 지고 갚지도 못하고 가게 되는 수많은 이들에게 미안하다, 죄송하다는 말밖에 못할 것을 생각하면 다시 미안해지고 죄송스러워진다.

이 모든 사랑의 선물을 통틀어 하느님의 사랑이라고 말할 수 있겠다. 나는 하느님의 보이지 않는 사랑의 손에 떠밀려 오늘까지 살아온 것이다. 그야말로 평북 강계 촌놈 염소가 넓은 세상에 태어나 성장하여 이화 풀밭에 나타나게 된 것이다. 상상을 뛰어넘는 하느님의 은혜이다.

그러나 돌이켜 보면 알게 모르게, 의식적으로나 무의식적으로, 동료 교수들이나 후배들, 제자들, 학생들, 함께 일해 온 직원들, 동네 이웃들에게 말과 행동으로 상처를 입힌 일이 한두 가지가 아닐 것 같다. 생각나는 대로 한 분 한 분 찾아뵙고 용서를 구하고 화해하고 대화를 나누고 싶다. 이 자리를 빌어서 부족한 대로 "미안합니다. 용서를 빕니다" 하고 참회하는 마음을 전하고 싶다.

1988년 한국기독교교회협의회가 발표한 남북평화통일선언(88선언) 기초에 참여했다는 이유로 남한 교회를 대표하여 세계교회협의회(WCC)가 주선한 남북한 교회 대화 모임에 몇 번 참석한 일이 있다. 북한 교회 대표단의 통역을 맡은 한 젊은 여성이 1988년 가을엔가 제네바회의에서 북한 교회 대표의 영어 통역을 하다 말고 나에게 대신 통역을 부탁했다. 나는 회의 진행을 돕는 뜻으로 북한 대표의 우리말 연설을 영어로 통역하는 일을 했다. 북한에서 온 이 여자 통역관이 하는 말, "서교수님, 저 이화여자대학에 가서 영어 배우고 싶어요. 더 늙기 전에 서울에 가서 공부할 수 있게 도와주세요." 간절한 부탁이었다. 나는 그의 부탁을 들어줄 수 없었다. 2005년엔가 미국 교육재단을 대표하여 평양을 방문하여 그곳 지상 교회 봉수교회의 초청으로 예배에 참가했을 때 나이 든 그 통역관을 다시 만날 수 있었다. 아직도 이화에 와서 영어 배울 생각이 있느냐고 묻는 내 말에, "이젠 너무 늙었지요. 우리 아들이 벌써 김일성대학을 졸업하고 군대에 입대하게 된걸요……." 황혼의 노을처럼 그의 얼굴에 홍조가 비쳤다.

통일의 그날이 그립다. 평화롭게 통일되는 그날까지 살아남을 수 있을까. 죽어 가는 노구를 이끌고 고향 땅, 평북 강계의 산천, 그리고 맑은 하늘을 보고 거기에 묻히고 싶다. 영원한 자유를 누리며, 영원한 사랑의 빚을 갚으며, 영원한 평화의 하늘나라에 다시 돌아가고 싶다. 오늘날, 나의 간절한 기도이다.

이화 반세기의 보람과 고뇌

안광식

1931년 충남 공주 출생.

서울대학교 문리대 영문과 졸업(문학사), 미국 컬럼비아대학교 저널리즘 대학원 졸업(MS 석사), 서강대학교 대학원에서 문학박사 취득.

코리언 리퍼블릭 외신부장, 뉴욕에서 UPI통신사 본사 국제부 근무.

1967년부터 1996년까지 30년간 이화여자대학교 신문방송학과 교수로 봉직하면서 이대학보사 주간 역임. 현재 이화여자대학교 명예교수.

미국 컬럼비아대학교 연구교수, 언론중재위원회 부위원장, 한국언론학회 회장, 한국방송공사(KBS) 자문위원회 위원장, 방송위원회 심의위원회 위원장, 국회 방송자문위원회 위원.

국가유공자(6·25 참전 해병대위).

주요 저서로는 『한국 언론과 투표행태 연구—대통령 선거를 중심으로』(2008), 『한국 언론과 사회』(1996), 『커뮤니케이션과 사회변동』(역, 1984) 외 다수.

머리말

이화의 양띠 교수들이 팔순을 맞으면서 무슨 뜻있는 일을 남기자고 1년 전에 합의했었다. 처음에는 학술 발표회를 갖자고 했다. 그리고 책을 쓰고 출판 기념회도 함께 열자고 했다. 우리 양띠 모임은 30년 전쯤에 재임 시절 때부터 모였던 동갑내기의 친목회이다. 학교에 몸담고 있을 때는 서로 바빠서 자주 모이지 못했었다. 퇴임 후에도 그랬다. 3년 전부터 모임을 정기적으로 가져오면서 팔순 기념 사업을 구상해 왔다. 처음의 의도는 학술 발표회 개최가 위주였는데 이화 회고록을 쓰는 것으로 계획이 바뀌었다. 고맙게도 이대출판부에서 우리의 회고록을 출간해 주겠다고 해서 서둘러서 이 글을 쓰게 된다.

이화에서 30년 동안 겪었던 희노애락의 글을 무더위와 씨름하면서 2개월 안에 쓴다는 것이 8순의 나이에 무리가 아닐 수 없다. 출판부의 요청에 의해서, 그리고 팔순의 나이가 지나기 전에 책이 나오려면 무리를 감내할 수밖에 없기 때문에 극심한 인내심을 갖고 30년의 지난날을 더듬어 보려고 한다. 글의 순서를 대략 다음과 같이 잡고, 좀 특이했던 일들과 관련하여 재미있게 써 보려고 한다. 그러나 정년 퇴임한 지도 14년이나 되었고 소급하면 거의 반세기 전의 일들을 기억에 의존해서 써야 하니 한계가 있을 수밖에 없을 것이라는 점을 독자들이 이해하여 주기 바란다. 글의 차례는 머리말에 이어서 1. 이화와의 깊은 인연과 취임 배경 2. 다양했던 초기의 교수 생활 3. 즐거웠던 농촌봉사 4. 파란만장의 학보사 주간 시절 5. 뉴욕에서 연구 교수의 보람 6. 연구와 사회참여에 전념한 80년대 7. 이화를 빛낸 어른들: 김활란·김옥길 선생님 8. 이화 교가 작곡가의 복권 9. 정년 퇴임 이후와 맺는 말 등으로 구성했다.

우리 남자 양들이 찬란한 이화의 역사 속에서, 그리고 격동기의 한국 역사 속에서 이화의 발전을 위해서 어떤 흔적을 남겼는가를 읽어주시고 공감하여 주신다면 이 글을 쓰는 보람을 더욱 느낄 수 있을 것이다.

이화와의 깊은 인연과 취임 배경

이화와의 깊은 인연

내가 이화여자대학교와 인연을 맺게 된 것은 결코 우연의 일치가 아니라 여러 측면에서 필연적으로 맺어진 결과라고 보아야 할 것이다. 나는 3대째 기독교인으로 특히 감리교와 깊은 인연을 맺어 온 집안에서 자라났다. 이화대학이 미국 감리교 선교사들이 창립하고 성장시켜 온 학교라는 것은 두말할 나위도 없이 잘 알려져 있는데 우리 집안의 어른들이 그 선교사들과 밀접한 관계를 맺고 있었다는 것이 이화와의 인연의 시작이 된다. 1920년대에 나의 선친(안신영 전 기독교방송국장·배재교장)이 아펜셀러 교장에게 한국어를 가르쳐 준 것을 비롯하여 나의 삼촌(안시영 전 원산 누씨고녀 교사)이 영문과 미스 칸로 선생에게 우리말을 가르쳐 주면서 그의 총애를 받아 수양동생과 같이 지냈으며, 나의 고모 또한 칸로 선생과 한집안같이 왕래했었다는 사실 등을 미루어 볼 때 우리 집안이 오래전부터 이화의 가족이 되었다는 것을 시사해 준다. 그리고 이화의 교가를 작곡하고 1930년대 초에 이화여전 음악과 교수였던 안기영 선생이 나의 백부라는 것 또한 이화와의 인연을 한층 더 깊게 만든다.

우리 안씨 가족은 이화여전 초기에 이미 이화와 밀접한 관계를 맺으면서 이화에서 화제의 대상이 되었던 집안이었다. 뿐만 아니라 나의 모친 또한 이화여전 출신으로 졸업 후 공주영명학교(미 감리교 선교사 설립)에서 교사를 지내기도 했다. 모친은 평양에서 서울로 유학 와서 이화여고, 이화여전을 다녔는데 서은숙 선생님(전 이화재단 이사장)과 동창으로 절친한 사이였고, 이모 또한 이화여전을 다닐 때, 고모는 이화여고 때 김영의 선생님(전 이화여대 음대 학장, 이사장)과 가까운 친구였다. 그래서 나는 어릴 때부터 이화에 관한 이야기를 너무나 많이 들어왔다. 그리고 내가 어릴 적(5~8세) 평양에서 살 때 이화여전 음악과를 졸업하고 부친과 함께 평양의 정의고등여학교에서 음악 교사로 교편을 잡았던 이철경 선생님(전 금란여고 교장)이 우리 집에 자주 오셔서 내가 그분을 몹시 따랐던 것으로 기억된다. 나는 어렸을 때부터 이화인들의 주변에서 자랐고 이화에 관한 소식을 많이 들으면서 성장했다.

내가 신촌의 이화 캠퍼스에 처음으로 발을 디뎠던 것은 여덟 살 때인 1938년이었다. 부친이 정의고녀 제자들을 면회하러 그 당시 기숙사였던 본관 뒤의 선관을 찾았을 때였다. 서울에서 교외선 기차를 타고 신촌역에서 내려 한참 동안 벌판을 걸어서 산 밑에 세워진 이화의 석조 건물에 도달했을 때 나는 어린 마음에 그림책 속에 나오는 천국의 마을에 온 것같이 느꼈었다. 그 뒤에 나는 북아현동에 살면서 여름방학 때면 지금의 후문 쪽에 있었던 계곡에서 가재와 매미를 잡으러 이화 캠퍼스를 드나들던 생각이 난다.

제2차 세계대전이 시작되기 직전에 미국 선교사 선생님들이 한국땅을 떠나게 되었던 때였다. 미스 칸로 선생님이 선교사들의 거처였던 영학관(지금 음대 아래 위치)으로 안씨 집안 식구 모두를 초청하여 고별 모임을 베풀어 준 적이 있었다. 내가 아마 열 살 때쯤으로 기억된다. 그 영학관의 한 구석방이 그로부터 거의 반세기가 지난 뒤에 한때 나의 교수 연구실이기도 했다. 이화에 취임하기 전에 이화와 관련되었던 사소한 이야기들은 이만 줄이기로 하고 이화에 취임하게 된 동기와 배경을 더듬어 보기로 한다.

취임 배경

내가 신문학과에 취임한 것은 1967년 3월이었다. 나는 1963년에 미국 컬럼비아대학교 저널리즘대학원을 졸업하고, 뉴욕에서 UPI통신사 본사 국제부 및 W.R. Simmons 여론조사연구소에서 근무하다가 귀국했을 당시에는 대학에서 반드시 교수 생활을 해야겠다는 생각을 하지는 않았다. 미국 유학을 떠나기 전에 영자신문 *The Korean Republic*에서 5년간(1956~61) 기자(기자·외신부장) 생활을 한 적이 있었으므로 언론계로의 복귀를 고려하기도 했다. 그러나 그 당시 한국의 언론 자유가 상당히 제한되어 있었기 때문에 언론계에서 얼마나 뜻대로 일을 할 수 있으며 과연 평생직으로 보람을 느낄 수 있을 것인가에 대한 회의를 갖게 되었다.

한편으로 1960년대에 각 대학에서 신문학과(지금의 언론학과)가 신설되기 시작하고, 저널리즘과 커뮤니케이션에 관한 연구와 교육이 개척 단계에 있으면서 새롭게 도전해 볼 만한 가치가 있다고 생각되어 언론계보다 대학의 교육계를 택하는 쪽으로 마음을 굳혔다. 1960년대 후반기에 외국에서 언론학을 전공하고 귀국한 사람은 손에 꼽을 정도로 몇 명 되지 않았으며, 누가 어떤 대학을 택하느냐가 관심사였다.

나를 이화대학에 오도록 김옥길 총장에게 추천해 준 분은 대한감리교 감독을 지낸 이환신 목사님이다. 그 시절에 나의 선친이 감리교 대표로 이화학당 이사를 역임하고 있었는데 김옥길 총장에게 직접 자식을 부탁한다는 것이 쑥스러우셨던 모양이다. 선친과 이환신 감독은 1910년대의 연희전문 동창으로 평생을 교계와 학계에서 가깝게 지냈다. 이환신 감독의 장남이 바로 영문과의 이근섭 교수이며, 나는 또한 이교수와 이화에서 절친했다.

1967년 1월에 김옥길 총장께서 만나자고 해서 총장실로 갔다. 총장실로 안내한 교수가 학무과장이던 윤정은 교수였다. 그는 바로 나의 고종사촌 누님이어서 총장실에 들어갈 때부터 편한 분위기였다. 또한 본관에 들어가기 전에 캠퍼스에서 뜻밖에 유태영 교수를 만난 것 역시 그날 나의 기분을 좋게 만들었다. 유교수는 서울대학교 문리대 영문과 동기이면서 6·25사변 때 해병대 장교로 함께 복무한 친구이다. 오랜만에 만난 유교수가 이화대학에 있다는 것을 전혀 몰랐던 것이다.

그날 나를 선보이는 김옥길 총장과의 첫 번째 만남은 시작부터 자연스럽게 잘 풀렸다. 그분은 나의 학력과 경력보다도 종교적, 가족적 배경을 잘 알고 있었기 때문에 나를 이화가족의 한 사람으로 이미 간주하고 있다는 것을 즉시로 감지할 수 있었다. 나 역시 제대로 내 집을 찾았다는 느낌이었으며 내가 이화의 일원이 될 것이라는 확신을 갖게 했다. 내가 처음 뵌 김옥길 총장은 사람을 편안하고 부드럽게 대해 주면서도 강하게 이끌고 가는 리더십과 카리스마가 있는 분같이 보였으며 가족적 분위기의 신뢰가 가는 큰 어른이라는 점을 느끼게 했다.

취임 발령이 나기 전에 김갑순 문리대학장을 찾아뵈었더니 반갑게 맞아 주어서 또한 다행이었다. 그분은 워낙 온화한 분이고 우리 가족의 이화와의 인연과 내막을 잘 알고 계셨기 때문에 나를 구면같이 맞으면서 호의를 베풀어 주었다. 다음에는 내가 몸담아야 할 신문학과에 들렀는데 때마침 학과장이었던 이해창 교수가 계셨다. 그분과는 물론 초면이고 나는 그분에 관해서 아는 바가 전혀 없었다. 인사를 드렸더니 알고 있었다면서 전혀 반가워하는 기색이 없이 무뚝뚝하게 사무적인 말만 해줄 뿐이었다. 그리고 나의 의견은 물어보지도 않고 무슨무슨 과목을 맡아 달라는 명령조였다. 그런데 나의 주전공이 아닌 과목을 맡아 달라는 것이 문제였다. 그날은 그냥 알겠다고 하고 돌아왔지만 그렇게 퉁명스럽게 불친절하고, 완고하게 권위주의적인 분과 같은 학과에서 지낼 것을 생각해 보니 여간 어렵지 않을 것이라는 예감을 갖게 했다. 그리고 처음부터 나의 주전공도 아닌 과목을 가르쳐야 한다는 것이 보통 부담스러운 일이 아니었다.

그때는 대학이나 언론사 취업이 지금같이 어렵지도 않았으며 언론학 교육의 초기 단계로 외국에서 언론학을 전공하고 돌아온 사람들은 희소가치가 있었다. 그런 시절이었으므로 나를 반겨 주고 마음대로 가르칠 수 있는 곳을 택하지 내가 구태여 이화대학 신문학과로 갈 필요가 있겠느냐는 회의를 갖게 했다. 충동적인 반응이었지만 이화를 포기할까 하는 생각마저 들었다. 취임 발령만 남겨 둔 상황에서 그만

두겠다고 하는 것이 너무나 경솔하고 무책임한 것같이 여겨져서 그냥 모든 것을 참고 타협하는 쪽으로 마음을 돌렸다. 그리고 며칠 후 종로에 있는 '낭만'으로 이해창 교수를 초청하여 그분과 대화를 나누어 볼 수 있는 기회를 마련했다.

나는 인간관계에 있어 교제를 잘 할 줄도 모르고 정치적 계산 같은 것은 아예 싫어하였고 할 줄도 모르는 사람이다. 서로 가식없이 믿을 수 있고, 진심을 주고받을 수 있으면 그것으로 만족하고 마음의 문을 열고 사귄다. 이해창 교수와 몇 시간 동안 대화를 나누는 과정에서 그렇게 무뚝뚝하고 퉁명스럽다고 여겼던 분이 그게 아니라는 것을 즉각적으로 느낄 수 있었다. 체격이 당당한 분이 오히려 세심하면서 온정적인 면도 엿보였으며 전혀 가식이 없고 솔직담백한 분이라는 것을 또한 직감할 수 있었다. 처음의 인상과는 딴판의 분위기가 조성, 감지되어 안도감과 더불어 10여 년이나 연상인 그분을 모시고 함께 일해도 좋을 것이라는 심증을 굳히게 되었다. 나의 예감은 들어맞았으며, 그 이후로 나는 그분을 신문학 연구의 선배 어른으로 깍듯이 모시면서 오히려 가깝게 지냈다.

이화여대 신문학과는 1960년 당시 총장이셨던 김활란 선생님의 선견지명에 의해서 전국의 신문학과 중 두 번째로 창설되었으며, 최초의 학과장은 영문과의 김세영 교수가 잠정적으로 맡았었다. 그 뒤에 이해창 교수가 학과장을 맡고 신문학과의 토대를 세우는 데 지도적 역할을 했다. 이해창 교수와 함께 초창기에 신문학과를 개척한 분들은 김동철·윤희중·정충량 교수들이었다. 김동철 교수는 워낙 일하기를 즐기고 좋아하는 합리적인 분이었고, 윤희중 교수는 나의 전 직장인 *The Korean Republic* 후배 동료 기자여서 친근하게 느껴지고 성품이 남자

못지않게 대담하고 시원한 분이었으며, 정충량 교수는 저명 여류 문인으로 학과보다 이대학보사·이대출판부 일에 분주했으며, 그 교수들이 모두 신문학과 초창기의 기반을 닦는 데 애쓰신 분들이다. 그분들은 모두 나의 신문학과 동참을 호의적으로 받아들였다.

다양했던 초기의 교수 생활

1967년 3월에 나는 드디어 이화여자대학교 신문학과 교수로 부임하게 됨으로써 나의 인생 항로의 일대 전환점을 맞게 된다. 나는 30대 중반까지 국내외에서 주로 언론계와 그 밖의 분야에서 사회생활을 하다가 교육계와 대학 사회에 진입한 것이 처음이었기 때문에 우선은 생소했다. 그러나 교육자의 집안에서 성장했다는 것이 나의 교육계로의 전환을 당연시했는지 모르겠다. 내가 이화의 식구가 되었다는 것 또한 조금도 어색하거나 신기한 일이 아니었으며, 이화와의 오랜 인연 때문이었는지 교육 생활을 한다면 마땅히 이화에 와야 하지 않겠느냐는 일종의 의무감마저 들었다. 그 같은 전환적 환경에서 나의 언론학 연구와 교육은 이화대학에서 시작되었다.

교수로서의 초창기는 연구보다도 무엇을 어떻게 잘 강의할 것인가의 교육과 학생 지도에 전념할 수밖에 없었다. 교편의 경험도 없었고 신문학과의 연륜도 몇 해 되지 않았으며, 언론학 또한 이론과 실제적 측면에 있어 정착되지 않은 단계에서 교육을 한다는 것이 쉬운 일이 아니었다. 그러나 언론학 초기 단계의 교수로서 수십 년간의 항로를 출범하기 시작했다.

내가 첫 번째 인연을 맺은 신문학과 학생들은 1967년에 4학년생들이었던 5회 졸업생들(68년 졸)이지만, 최초로 강의하러 들어간 반은 당시 3학년이었던 6회 졸업생들(69년 졸) 반이었다. 솔직히 말해서 그 교실에 들어가기 전에 좀 떨렸던 것만은 사실이다. 먼저 인사를 나누고 책 소개(최준 교수의 『방송론』)를 시작하자마자 한 학생이 "뭐, 최희준(인기 가수)이요?"라고 반문하면서 나의 반응을 살피는 것이었다. 나는 즉각적으로 "그 사람은 찐빵(별명)이고……"라고 대꾸했더니 웃음이 한바탕 터져 나와서 첫날부터 강의 분위기는 순조롭게 풀린 셈이 되었다. 나를 놀리려던 그 학생(박정순)은 지금 경북대 교수가 되었다.

내가 신문학과에 부임해서 정성을 쏟았던 과목은 〈보도기사론〉이다. 수업시간에 기사 자료를 주고 시간 중에 직접 기사를 작성하도록 하는 과목이었다. 40여 년 전에는 그런 방식의 수업이 생소한 것이었으며, 내가 미국에서 공부할 때와 같이 학생들의 원고를 일일이 수정해 주고 학생들 개개인을 모두 면담까지 하면서 신임 교수로서의 정성을 아끼지 않았다. 그 과목 시간에 학생들은 보도 기사(straight)뿐만 아니라 기획 기사(feature), 해설 기사, 문예 평론, 사설까지 쓰느라 힘들어했지만 신문학과생으로서 어려운 과정을 마치면서 희색이 만면했다. 내가 컬럼비아 저널리즘 스쿨에서 배웠던 수업 방식을 적용해 본 결과 적중한 셈이었다. 그래서 나는 그 학년과 자연스레 친근한 사이가 되었으며 40년이 지난 지금에도 가깝게 지내고 있다.

첫사랑의 제자들

내가 이화에서의 첫 번째 제자들이 바로 그 5회 졸업생들인데 나는 그들을 나의 '첫사랑의 제자들'로 생각하고 있다. 나는 물론 모든 이화

1970년 신방과 8회 졸업여행시 합천 가야산에서 이해창 교수(오른쪽)와 안광식 교수(왼쪽)

의 제자들을 '나의 애인들'이라고 선언한 적이 있다. 그런데 다른 학년의 제자들이 나의 5회 졸업생들에 대한 '편애'를 싫어하고 질시한다. 그 학년 학생들과 난생 처음으로 속리산에 수학여행을 갔을 때였다. 저녁에 두 학생이 갑자기 무엇을 잘못 마셨는지 몸을 제대로 가누지 못하면서 불편하다고 해 부축을 해줄 수밖에 없는 상황이었다. 그런데 내가 그 때 총각 교수였기 때문에 두 처녀 학생을 양팔에 끼고 도와준다는 것이 여간 거북한 노릇이 아니었다. 그러나 조금도 내색을 할 수 없었던 것은 초임 교수로서의 체면과 입장을 지켜야 했기 때문이다.

한번은 그 학년의 한 학생이 나를 잠깐 보자고 해서 광화문 쪽에 만나러 나간 적이 있다. 12월 24일 크리스마스 전날이었다. 나에게 크리스마스 선물을 준다고 해서 집에 와서 보니까 귀한 파커50 만년필이었다. 나는 그 만년필을 갖고 수십 년 동안 많은 원고를 집필했다. 20여 년 뒤에 신문방송학과 동창회 행사였던 것으로 기억된다. 동창회에서 주는 선물로 파커50 만년필을 또 받았다. 크리스마스 전날 선물했던 그 제자가 동창회 임원으로 있으면서 나에게만 특별히 선사한 것이 아닌지 아직도 의문이다. 두 번째 만년필로 수십 년 동안 책도 쓰고 원고도 또 많이 썼다. 나는 아직도 그 만년필을 간직하고 있다.

1967년 2학기에 나는 부임 후 처음으로 들어갔던 3학년 학생들과 '매스 미디어가 사회에 미치는 영향에 관한 조사 연구'를 실시한 바 있다. 〈조사방법론〉 시간에 실습의 일환으로 당시 새로운 매체였던 텔레비전이 사회에 미치는 영향을 조사하기 위해 3학년 60명 전원을 서울의 구석구석까지 찾아다니게 하면서 조사에 모든 열성을 기울였다. KBS에 가서 서울의 전체 시청자 6만 가구를 모집단으로 해서 등간격으로 샘플 6백 가구를 뽑았기 때문에 지정된 가구를 직접 찾아가서

면접 조사를 하느라 학생들의 고역이 이만저만이 아니었다. 면접을 하러 가면 여학생들이 고생이 많다면서 극진한 대접을 받기도 했으며, 모나미볼펜 사장 집에서는 볼펜 선물을 받아 와서 수업 시간에 모두 나눠 갖기도 했다. 면접을 하러 갔다가 오히려 질문 공세를 당하는 경우도 적지 않았다. 한 학생은 집주인을 만나려고 하니까 부인이 "왜 젊은 여자가 남의 남편을 만나려고 하느냐?" 고 해서 당황한 경우도 있었다고 한다. 학생들이 직접 코딩, 분석을 해서 그 결과를 한국신문연구소가 발행하는 『신문평론』지(68년 가을호)에 특집 부록으로 게재하고, 각 신문에서 또한 이 결과를 대대적으로 보도함으로써 우리 학과의 위상을 높였다. 그때 수업 시간에까지 와서 우리의 조사 연구에 도움을 많이 준 분이 현재 상지대학교 유재천 총장이다.

그것은 나 개인의 연구 업적이 아니라 이화여대 신문학과 3학년생들의 업적이었으며, 전국의 신문학과(당시 모두 5~6개 대학밖에 없었음)에서 그 같은 조사 연구를 한 것은 처음 있는 일이었다. 그 때 학년 대표였던 탁은희 동창(『철학과 현실』 전 편집장)은 『시니어 저널』이라는 언론학부 창설 50주년 기념 특집호에서 그 당시를 다음과 같이 회고했다.

> 우리나라 최초로 방송에 대한 여론조사를 우리에게 시키셨고 그 발표가 신문지상에 나왔던 것으로 기억된다. KBS에 가서 시청자 명단을 추려내고, 팀을 짜서 가가호호 방문하여 직접 인터뷰하며 이루어 낸 여론조사를 통해 우리는 많은 경험을 하였다. 안교수님과 유재천 교수님과 함께 그 통계를 내느라 몇몇이 교수님 댁으로 불려가 한여름 땀을 흘리기도 했지만 틈틈이 뉴욕 브로드웨이에서 뮤지컬 표를 사려고 담요를 뒤집어쓰

고 밤새 기다렸다던 열정, 유학 시절의 이야기, Fiddler on the Roof 뮤지컬 레코드를 몇 차례 들려주시며 좋아하시던 모습들의 시간들은 우물 안 개구리였던 나에게 세상 밖, 또 다른 문화에 대한 호기심과 눈을 뜨게 하기에 충분하였다. 또 중앙일보사에 인턴으로 보내주셔서 실제 현장을 배우도록 배려해 주셨었다. 교수님 고맙습니다!

우수 신문상 받은 학과 실습지

신문학과 실습지인 『쥬니어 저널리스트』지가 예전에는 신문반 학생들만의 과외 활동지였는데 1968년부터 〈신문제작론〉이라는 내 과목의 수업 시간에 실습지로 전환되었다. 그래서 나는 그 시간에 학생들과 함께 지면 기획을 하고 기사는 학생들이 직접 쓰고 편집을 해서 지금 프레스센터 자리에 있었던 대한공론사(코리아 헤럴드)에 가서 조판, 교정까지 모두 실습시키는 제작 과정을 거쳤다. 그런데 때로는 조판이 늦어져서 마지막 OK가 나올 때가 밤 11시를 넘기는 경우도 더러 있었다. 그 때 통행금지는 밤 12시였다. 학생들은 조판공 옆에 줄곧 서서 함께 판을 짜야 했기 때문에 발이 아프고 피곤하다면서도 열심히 오자를 골라내고 신문 제작에 정성을 쏟던 모습이 지금도 생생하게 기억된다. 학생들이 본격적으로 매달 제작하기 시작한 『쥬니어 저널리스트』는 당시 교내에서뿐만 아니라 대학 사회에서도 평판이 좋아서 1970년에는 전국의 대학신문들을 제치고 우수 학생신문으로 선정되어 문공부장관으로부터 우수신문상을 받기도 했다. 그 실습지의 기획 기사 중에는 한 학생(정영애 전 중앙일보 기자)이 일간 신문의 여기자 전원을 대상으로 실시한 「한국 신문의 여기자 의식에 관한 연구조사」를 실시해서 나온 결과를 기사화하기도 했다. 그 결과는 또한 『신문평론』지에 자세하게 게재되었다.

1970년에는 학과 창설 10주년을 맞아 처음으로 8면 특집을 발행하느라 학생들이 애를 많이 썼는데, 당시 현역 기자로 일하던 장명수(한국일보 고문)·이경순(전 영상물등급위원회 위원장) 두 동창 선배들이 학교에 와서 직접 편집을 지도하는 등 도움을 많이 준 것에 대하여 고맙게 생각한다. 장명수 동창은 신문학과 1회 졸업생으로 한국에서 정상급 여성 칼럼니스트일 뿐 아니라 중앙 일간지 최초의 여성 주필·사장(한국일보)을 지낸 신문방송학과가 자랑하는 상징적 인물이다. 이경순(4회) 동창 또한 대한일보 기자와 방송 평론가로서 활동하였고, 30년 뒤에는 방송위원회 심의위원을 나와 함께 역임했으며, 신방과 동창회장으로 오랜 동안 애를 많이 썼다.

『쥬니어 저널리스트』에 학생들이 쓴 신랄한 비판적 기사들이 때로는 학교 당국을 거스르게도 했다. 한번은 본과의 커리큘럼이 못마땅하다는 내용의 학생이 쓴 사설 때문에 당시의 학과장에 의해서 배포 중지 처분을 당한 적도 있다. 일개 학과의 실습지에 불과하지만 이사장·총장·상무이사·학장·교수들에 이르기까지 인터뷰 시리즈를 게재하는 등 종횡무진으로 이화의 문제뿐 아니라 한국 언론의 문제, 중대한 정치 사회적 이슈까지 다루면서 학생들과 신문 제작의 즐거움을 만끽했다.

다른 학년들보다 유난히 공부에 극성을 부리던 학년은 7회 졸업생들(70년 졸)이었다. 나는 그 학년 전원을 1969년에 시내 주요 일간지와 방송사에 인턴 실습생으로 보내어 실무를 훈련시켰는데 우리나라 신문방송학과에서 처음 있었던 일이었다. 결과적으로 그 학년 졸업생들의 언론사 입사율은 당시 국내 최고 수준이었으며, 한 학생은 중앙 일간지에 톱으로 선발되는 영예를 차지하기도 했다. 그 학년 학생들이 졸업한 해를 기해서 이대 신문방송학과의 위상은 더욱 공고히 다져졌으며 사회적으로 높이 평가되는 학과로서의 전통을 확립하게 되었다. 그리고 그 이후에 졸업한 학생들 또한 그 같은 전통을 이어갔다. 나의 강의 초기 단계에 보도기사를 유난히 잘 쓰는 것으로 기억된 학생 중에 임영숙(전 서울신문 주필)·이옥경(내외신문 이사, 전 방송문화진흥회 이사장) 등이 있었다. 내가 우리 신문방송학과 학생들을 자랑스럽게 여기는 것은 그들이 현실에 안주하여 만족하기보다는 개혁적, 진보적 성향이 강하다는 것과 개방적이고 자유로우며 미래지향적인 학생들이 많았다는 것이다.

안광식 교수 인터뷰

다음은 참고삼아 1968년 9월 30일자로 『주니어 저널리스트』지에 실린 학생 기자(박필옥)가 쓴 나에 관한 인터뷰 기사를 전재한다.

> 신문학과 유일한 총각이라면 누가 안광식 교수를 연상 못하랴. 멋지게 파도치는 머리하며 항상 웃음기가 가시지 않는 입언저리의 까만 사마귀 하나가 몹시 애교 있다.
>
> 서울대학교 문리대 영문학과에 재학 중 6·25사변으로 공군에 하사관으로 입대, 해병대 대위로 제대한 군인 출신. 휴전 후 대학을 마치고 현재 『코리아 헤럴드』의 전신 『코리언 리퍼블릭』에서 기자와 외신부장을 지내면서 신문학을 체계적으로 연구할 결심을 했다고 한다.
>
> 1961년 도미, 컬럼비아대학교 언론대학원에서 신문학을 전공하여 MS 학위를 획득했다. 계속하여 뉴욕의 UPI본부 외신부에서 다시 실제 경험을 쌓았으며, NBC 보도부, W.R. Simmons 여론조사연구소 등에서 근무

한 화려한 이력의 소유자이다.

2년 전 귀국하여 한국신문연구소 간사직을 지냈으며, 신문학과에서 1년 반 전부터 〈보도기사론〉·〈라디오·TV〉·〈신문연습〉 등을 강의하고 있다. 자연스런 수업 분위기로서 학생들을 강의에 열중케 만드는 교수법으로 학생들은 시간이 다 가도록 지루한 줄 모른다. 때론 유머가 있는 대담으로 학생들이 폭소를 터뜨리면 오히려 얼굴이 빨개지는 순진한 면은 총각임을 여실히 증명하고도 남는다. 종로구 견지동 자택에서는 슬하에 3남 1녀를 둔 자애로운 부모님들의 의젓한 장남인데도 강의 외에도 여러 부문의 일에 쫓겨서 도통 여가라고는 없을뿐더러 데이트할 틈도 내기 힘들다는 웃음기어린 불평. "결혼은?" 하는 물음에 "곧 해야지"라는 즉각적인 답변이 꼭 정해놓은 상대가 있는 것 같은데도 안교수는 그렇지 않다고 한다.

클래식 음악을 즐기며 고교시절에는 특히 농구와 수영에 열을 올렸다는 다취미파. 우리 신문학과를 이론 위주에서 실습 장려로 이끈 데 주동역할을 한 안교수는 한국의 신문학과들이 너무 이론에만 치중돼 있다는 점은 시정해야 할 것이라고 토로한다.

언론계에서 여성이 할 수 있고 또 해야 하는 분야를 지적하며, 여성이 신문계에 종사함은 필요한 일이라고 여성과 신문을 결부시킨다. 또 "현대는 여성이 가정 생활과 직장 생활을 병행할 수도 있다"고 여성의 사회진출을 장려하는 진보주의자이다. "지금 신문학을 공부하는 젊은 세대층이 사회에 많이 나가서 우리나라 언론계의 당면 문제점을 발굴, 개선하여 새로운 방향으로 이끌어 갈 지도적 입장에 서라"고 당부한다. 끝으로 학생들에게 "첫째는 실력 배양에 주력하고, 시간이 남으면 즐기라"고.

박필옥

1968년 인터뷰 당시의 안광식 교수

부담스러웠던 총각 교수 시절

여자대학교에서 4년 동안이나 총각 교수였다는 것은 부담스러운 일이었으며, 나로 하여금 각별히 조심을 하도록 했다. 딸기골 앞에서 학생들과 함께 버스를 기다리고 있어도 퇴근하던 김옥길 총장이 이상한 눈으로 쳐다봤으며, 부임 초기에 수강생 수가 비교적 적은 대학원 강의를 이해창 학과장이 내게는 아예 맡기지 않았다. 왜냐하면 그때 대학원 학생 중에는 비교적 미모의 학생들이 있었기 때문이다. 그중에는 나중에 신방과 교수가 된 송유재 교수도 포함되어 있었다. 총장·교수·학생들이 모두 나를 유난히 감시하는 것 같았으며, 한번은 어떤 학생이 나의 퇴근길을 살펴보기 위해 뒤따라온 일도 있었다.

1971년에 학생들에게는 극비리에 결혼을 하고 첫 수업 시간에 들어가니 수업이 제대로 될 리가 없었다. 데이트를 주로 어디서 했고 어떻게 성사가 되었느냐는 것이었다. 그래서 이화의 눈들이 하도 많기 때문에 데이트는 주로 교외인 일영과 송추에서 했다고 했더니 며칠 후 학생들이 그 당시 우리 과에서 가장 젊었던(?) 이상희 교수(전 세계일보 사장)를 졸라 그분 시간에 한 학년이 모두 교외선을 타고 송추로 놀러가는 낭만적인 사건이 벌어졌다. 그날 따라 서울로 돌아오는 교외선이 연착이 되어 신촌역에 11시 반경에야 도착했는데, 통행금지가 있던 그 시절, 학생들을 급히 귀가시키느라 이교수가 무척 애를 먹었다는 것이다. 나 때문에 그런 해프닝이 유발되었는데 화는 이교수가 당한 셈이다. 결혼 후에도 우리 두 사람은 부부가 같은 대학에 있다는 것이 또 다시 부담스러웠고 눈치가 보였다. 그래서 캠퍼스 안에서는 되도록 서로 멀리하려고 애썼다. 이화대학 교수끼리 결혼한 것도 화젯거리였는데 그 뒤에까지 화제의 대상이 되고 싶지 않았기 때문이다. 신문방송학과 학생들은 우리 집사람(임숙자 의류직물학과 교수)이 강의하는 〈의복과 현대 사회〉라는 교양과목에 집단적으로 수강 신청을 하는 해프닝을 벌이기도 했다. 여하간에 말썽 많던 총각 교수라는 딱지를 떼고 나니 한결 홀가분해졌다.

즐거웠던 농촌 봉사

취임 초기에는 무엇보다도 학생들을 가르치는 강의에 전념하는 일이 급선무였다. 그러나 이화 취임 전에 마무리를 못한 한국신문연구소에서의 간사직 수행, 책 번역 출판, 신문 기고 및 방송 출연, 타 대학 출강, 농촌 봉사 활동 참여 등으로 나는 바쁜 일정을 보냈다. 농촌 봉사의 지도 교수로 참여한 일부터 적어 보려고 한다. 생전 처음으로 학교의 명을 받아 1969년 여름방학 중 이화여대 하계 봉사대 지도교수의 일원으로 농촌 봉사를 가게 되었다. 처음에는 나와는 거리가 먼 일로 여겨져 탐탁하지 않았지만 학교에서 초임 교수라고 뽑혔으니 별 도리가 없었다. 그러나 줄곧 도시인 노릇밖에 못 해봐서 농촌에 대한 일종의 동경 내지 호기심이 있었으며, 어렸을 때 읽었던 심훈의 『상록수』에서와 같은 낭만적 농촌 봉사를 해보고 싶은 마음이 간절했다. 그런 심중에 찾아간 곳이 강원도 춘성군 동면 원창 1리였다. 1969년 7월 15일부터 2주일간 이근수 교수(사회생활과)와 나의 인솔하에 33명의 학생들이 봉사단을 조직, 그곳에서 계몽과 봉사 활동을 벌였다. 우리는 이 마을에 있는 동산초등학교 교실을 빌려 기거하면서 부녀자와 청소년, 어린이들을 대상으로 활동을 시작했다.

그 전해 여름과 겨울에 이어서 세 번째로 이 마을을 찾은 학생들은 이화여대 사회교육위원회와 농촌봉사연구회 회원들로 식품영양학과 12명, 간호학과 14명, 그 밖의 여러 학과 2학년 학생들로 구성되었다. 그곳에서의 봉사 활동은 일반 대학의 서클 활동과는 달리 봉사 활동에 관한 리포트를 제출, 학점을 얻는 정규 과목의 실습 기간에 해당하였다. 학생들은 원창 1리의 6개 자연부락별로 5~6명씩 조를 편성, 이들 각 조는 다시 4H반·부녀반·탁아반·청소년반 등으로 나누어 일을 분담, 지도했다. 일손이 바쁜 낮에는 탁아소 역할, 어린이의 교과 지도와 환자를 돌보거나 마을 청소를 했다. 학생들이 바빠지는 때는 밤이었다. 모든 일을 끝낸 부녀자들을 모아놓고 교양·양재·위생·가족계획·레크리에이션 등 다양한 강좌를 통해 농촌 부녀자를 계몽, 지도하였다. 그러느라 학생들의 일과는 자정이 돼서야 끝이 났다.

그곳은 춘천에서 1시간가량 떨어진 곳이었으나 그 당시 전기조차 들어오지 않아 저녁만 되면 칠흑 상태였고, 저녁 봉사는 등잔불을 켜놓고 할 정도였다. 함께 간 이근수 교수는 농촌 봉사 활동의 전문가였으나 나는 전혀 문외한으로서 그 때에서야 비로소 60년대 농촌의 사정을 알기 시작했으며 농촌을 배우게 되면서 관심을 많이 갖게 되었다. 학생들이 낮에 봉사 활동을 하러 가면 나는 나대로 농촌의 상황을 파악하기 위해 마을의 지도자들을 찾아가거나 따라다니면서 질문하고 문제점을 토론하는 데 시간을 보냈다. 학생들 또한 봉사 활동보다도 우리나라의 농촌이 얼마나 낙후되어 있는가를 인지하고 배우는 것이 그들에게 큰 도움이 되었다. 그 때만 해도 농촌의 문제는 한두 가지가 아니었다. 이농 현상의 시작, 고질적 위생 관념, 가난과 교육 문제, 체념 의식 등 봉사 활동으로는 해결할 수 없는 문제들이 허다했다.

그러나 즐거웠던 것은 젊은 여학생들이 낙후된 농촌을 위해서 조금이라도 무엇인가를 기여해 보겠다는 갸륵한 성의와 행동의 발로가 한 여름의 농촌 봉사가 아니었던가 추억된다. 비록 전기도 안 들어오고 열악한 환경이었지만 그 마을에 흐르는 냇물은 맑고 아름다웠으며 한여름에 학생들을 피해서 나 홀로 냇가에서 한 목욕은 일품의 청량제였다.

원창 1리의 6개 부락 중 2개 자연부락은 우리 본부(초등학교)에서 멀리 떨어진 곳에 있었기 때문에 그곳에 배정된 학생들은 부락에서 기거하면서 봉사 활동을 했다. 그래서 나는 학생들의 상황을 살펴보기 위해 오지의 부락을 방문한 적이 있었다. 밤늦게 돌아올 때는 버스를 타고 왔는데 좀 졸았는지 깨어 보니 불빛이 환한 곳을 달리고 있었다. 내려야 할 곳을 지나쳐서 춘천에 도착했던 것이다. 그 버스가 막차여서 다시 되돌아갈 버스는 물론 없었고 하는 수 없이 춘천에서 하룻밤을 지내게 되었다. 그날밤 봉사대 본부에서는 안교수가 행방불명이 되었다고 걱정하면서 일대 비상이 걸렸다는 것이다. 다음날 아침에서야 되돌아간 나는 참으로 쑥스럽고 계면쩍었다.

여대생이 본 농촌

나는 서울에 와서 농촌에 관한 강연도 몇 번 하고, 중앙일보 〈생활시편〉란에 「여대생이 본 농촌」이란 제목으로 다음과 같은 글을 썼다 (1969. 9. 2.).

박봉으로 생활을 근근이 꾸려 나가는 서울의 중산층까지도 언젠가는 전화·텔레비전·냉장고·세탁기·자가용차가 그들의 생활 목록에 포함되어야 한다는 생각으로 가득 차 있는 것 같다. 그러나 그와 같이 근대화의 물결에 휩쓸려 가고 있는 도시인에게, 같은 나라에 살면서도 근대화의 대열에서 제외되어 있는 농촌 주민들의 사정은 먼 아프리카의 일과도 같이 생각될는지 모르겠다.

농촌 계몽을 다녀온 한 서울의 여대생은 도시와 농촌의 격차가 그다지도 심한 것인가를 새삼스럽게 실감했다면서 이렇게 말한다. 미국이나 일본과 유럽의 이야기는 많이 들었어도 우리의 농촌 사정이 어렵다는 것을 이제야 조금 알게 된 것을 부끄럽게 여긴다면서 "우리 자신들을 좀 더 알 필요가 있지 않겠느냐"는 것이다. 그 학생이 다녀온 곳의 한 국민학교 아동은 5학년인데 한글도 제대로 못 쓰더라는 것이다. 1년의 학습 일자가 2백 10일이건만 그곳의 아동들은 논과 밭일을 돕느라고 평균 90일 정도밖에 등교하지 못하는 형편인데 이것은 일할 만한 젊은이들의 이농현상 때문에 노동력이 달리기 때문이라고 한다.

도시에서 대학을 다닌다는 것은 예사인 것 같지만 그 농촌의 사정은 국민학교에서 중학교에 진학하는 율이 10%밖에 안 되므로 대부분의 어린이들은 그 나이에 벌써 장래에 대한 체념 의식이 따르게 마련이라는 것이다. 그 여대생이 낮에 돌봐주던 한 아이는 귀에서 고름이 오랫동안 나왔었는데 약도 쓰지 않고 치료도 않고 있었다. 1백 50호가량 사는 6개 자연부락에 병원은 고사하고 진료소조차도 없었으며 병원은 버스로 약 40분이나 가야 하는 곳에 있는데 부모들이 돈도 없지만 위생관념이 서 있지 않은 것이 더 문제라고 했다. 또한 소·돼지·닭을 기르기는 하나 팔아서 생활에 보태 써야 하므로 고기 종류라고는 1년에 2~3번밖에 맛보지 못하며, 7~8명의 식구가 쓰는 한 달의 잡비는 그 여대생의 한 달 용돈보다도 못하다는 것이다. 하루에 14시간 이상의 노동을 해야 겨우 끼니나 이어가는 형편이다. 유일한 희망은 자신들의 전철을 자녀들에게는 모면시키자는 자녀 교육까지 앞길이 막히니까 체념 의식에다 자포자기에 빠져 버린다는 것이다.

농민들의 말은 "비료 값이 비싸고 곡가는 싸기 때문"에 구태여 농사를 힘들여 짓느니보다는 될 수만 있으면 농촌을 떠나 도시로 가서 '막벌이'라도 하겠다는 것이 그곳의 공통된 의견으로 나타나 있다는 것이다. 농촌에서는 '바캉스' '코로나' '도르트문트' '코피'니 하는 외국어가 그들의 생활 술어가 되기에는 요원한 일같이 생각되며 우선 전깃불만이라도 들어왔으면 좋겠다는 것이 그 여대생의 바라는 바이다.

어딘지 무엇이 잘못돼 있음을 절실히 느낀다면서 우리나라 농촌들이 모두 자기가 갔던 곳같이 그렇게 불우하지는 않겠지만 '마이카'를 바라는 도시인과 "자식을 중학교에라도 보낼 수 있기를 바란다"는 농촌 주민과의 격차는 혹시나 한국과 미국과의 생활 차이와도 같지 않겠느냐고 말하면서 그 여대생은 눈시울을 적시는 것이었다.

파란만장의 학보사 주간 시절

내가 학보사와 인연을 맺게 된 것은 신문학과 교수로서 신문 저널리즘이 전공이었기 때문이라는 것이 첫 번째 사유였으며, 또 다른 이유는 아마도 다음과 같은 연유 때문이 아니었는지 모르겠다. 나에게는 이화대학에 부임한 지 4년째 되는 해로 어느 정도 정착이 되었던 시기였다. 그런데 그 때 세 군데 다른 대학에서 와 달라는 요청이 있었다. 나로서는 이미 기술한 바와 같이 이화와의 가족적 인연도 있고 해서 그냥 사표를 내고 떠나 버릴 수가 없는 처지였다. 김옥길 총장과의 개인적 관계에 있어서도 그렇게 할 수가 없었다. 그래서 총장실에 가서 차분히 나의 진로에 관하여 의논을 드렸다. 김옥길 총장께서는 내가 처음 뵈었을 때 이런 말씀을 해준 적이 있었기 때문이다. "남자 교수들이 여자대학에서 때로는 보람을 느끼지 못할 경우도 있으니 언제라도 떠나고 싶으면 떠나도 좋다"라고 말씀하셔서 이분이 통이 매우 큰 분이라는 것을 느꼈었다. 그런데 정작 이화를 떠날 것을 의논했더니 생각해 보자고 하면서 얼마 후에 학보사 주간으로 발령을 내 버렸다. 이렇게 해서 나는 발목을 잡힌 셈이 되었다.

1970년대의 나의 교수 생활은 파란만장했던 학보사 주간 직의 임무 수행이 거의 전부였다고 해도 지나친 말이 아니다. 7년 동안이나 계속된 주간 시절이 유신 시절과 맞물렸기 때문에 평상시의 주간으로서의 임무 수행과는 너무나 판이하게 전력을 소진해야 할 지경이었다. 유신 시절에 학문 연구는 물론 거의 불가능했지만, 나의 경우 강의는 부차적인 임무였고 거의 모든 시간을 학보사에서의 임무 수행에 바칠 수밖에 없는 상황이었다. 학생들과 함께 학보 제작을 위한 편집회의, 논설위원들과의 논설회의, 논란의 대상이 될 만한 기사에 대한 원고 점검 등으로 금요일 저녁까지 원고 마감을 끝내고, 토요일이면 외부 신문사(처음에는 신아일보, 뒤에는 조선일보)에 가서 문선, 조판, 마지막 OK가 나올 때까지 지켜봐야 하는 과정을 거쳤다. 7년 동안 학기 중에는 토요일도 없이 지내야 하는 슬픈 교수 생활을 한 셈이다.

시간을 그렇게 뺏기는 것은 괜찮은 편이었고, 신문 제작 과정에서 울화통이 터지고 속을 뒤집어 놓는 일이 너무나 빈번했다는 것이 문제였다. 학보와 정보 당국과의 갈등, 때로는 학생들과의 마찰 등으로……. 나의 주간 시절에 영문과에서 만들었던 영자 신문 *Ewha*

*Voice*가 이대학보사로 이관되어 월간으로 영자지의 제작까지도 나의 책임 아래 있게 되는 부담을 가졌다. 이대학보사에서는 계간으로 『책소식』도 부록으로 발간했는데 다른 대학 신문뿐만 아니라 일간 신문에서도 그 같은 부록을 만들어 내지 못했으므로 평판이 아주 좋았다.

『이대학보』는 다른 대학 신문과 마찬가지로 초창기에는 대학의 기관지로서의 역할과 기능을 수행했다. 총장이 발행인이고 교수인 주간이 편집인이기 때문에 당연히 학교 신문의 성향이 짙었다. 그러나 1970년대에 들어서 대학 신문은 학교 신문에서 학생 신문으로 전환되는 과도기적 성향을 띠게 되었다. 70년대에는 학보가 '대학 신문'과 '학생 신문'의 이중적 성향의 신문으로 만들어졌다. 학생 신문으로서의 전환점은 『이대학보』가 1972년에 대학 신문 중 처음으로 학생 편집장이 논설회의에 참여하여 학보 사설을 쓰도록 제도화한 데 있었다.

당시 학내에서 학보사의 지위는 그 위세가 대단했다. 그리고 학교에서 『이대학보』를 중요시했기 때문에 이대학보사 사무실을 본관의 총장실과 교무처장실 등이 있는 1층에 두었다. 이대학보사에서의 주간의 위상도 아마 지금보다 더 컸다고 볼 수 있다. 역대 주간의 면모를 살펴보면 학내에서도 중견급 교수들이 주간직을 맡아 왔다. 초대 주간은 영문과의 저명한 영문학자 이석곤 교수, 2대 주간은 불문과에서 인기 절정이었으며 뒤에 주불대사가 된 최완복 교수, 3대 주간은 국문과의 지명도 높은 문인 이헌구 교수, 4대는 신문학과의 여류 수필가 정충량 교수 등 모두가 쟁쟁한 분들이었다. 뿐만 아니라 『이대학보』 기자 출신으로 장명수 한국일보 고문을 비롯하여 저명 언론인, 학자, 문인, 그 밖의 사회 지도자들이 많이 배출되었다. 그래서 『이대학보』

는 대내외적으로 위상이 높고 컸었다고 여겨진다.

기자들 또한 진보적이고 낭만적 색채가 가득한 학생들로 구성되었기 때문에 정치적으로 극심한 통제 상황에서도 그들은 시국의 흐름에 굴하지 않고 반체제적, 비판적 기사를 쓰려고 애를 많이 썼다고 기억된다. 언론의 자유가 지극히 제한된 상황 아래서도 『이대학보』는 주간과 기자와 편집자들이 일치단결하여 언론의 통제를 교묘히 피하면서 학내 문제뿐만 아니라 사회적, 국가적 문제를 파헤치도록 온갖 노력을 기울였다.

유신과 언론 탄압

학보사 주간으로서 나의 첫 번째 난관은 정부가 유신을 단행하면서 유신을 찬성, 지지하는 사설을 쓰라는 것이었다. 학보에 대한 언론 통제는 유신을 앞두고 조직화되기 시작하면서 일간 신문보다 대학 신문을 더욱 경계하여 극심하게 통제했다. 중앙정보부·문교부·보안사·서대문경찰서 등의 정보 사찰 기관에서는 학보 제작을 감시하고 통제하는 데 전력을 기울였다. 그런 시절에 정부의 사설 요청을 거부할 수는 없는 상황이었다. 모든 일간 신문과 대학 신문에 강요된 요청이었다. 그렇다고 내가 유신을 지지한다는 사설을 쓸 수는 도저히 없었다. 궁리 끝에 학보의 논설위원 선생님 중에 정부의 자문위원격인 평가 교수 한 분이 있었는데 그분의 글은 항상 명확하지가 않은 문체가 장기였다. 정부 요청의 취지를 알리고 적당히 사설을 써 달라고 부탁했다. 결과적으로 그 사설은 무슨 취지인지 내용이 불분명했지만 유신에 대한 언급을 한 셈은 되었다. 그 사설에 대한 반응은 좀 엇갈렸다. 다른 대학 신문의 주간은 그렇게 써도 괜찮았느냐고 안부를 물어왔고, 교내의 어떤 교수는 『이대학보』도 유신을 지지하느냐고 비꼬았다. 유신을 겪으면서 그 정도로만 끝난 것도 다행이었다.

유신 시절에 대학에서 시대적 주요 이슈는 물론 '반유신 운동'이었지만 그 당시 지면에는 반체제적 내용의 기사가 거의 들어갈 수 없었던 것이 엄연한 현실이었다. 언론 상황은 해방 이후 최암흑기였으며, 그 때의 상황을 지금으로서는 상상조차 할 수 없을 것이다. 그런 상황 아래서 신문을 만든다는 것은 여간 어려운 일이 아니었다. 학생들의 데모는 연속적으로 일어났고, 어떤 때는 한 학기에 수업한 날보다 휴교한 날이 더 많았으며, 어떤 학기는 따라서 학보도 휴간한 적이 더 많았다. 그리고 사회적, 국가적 문제를 다루지 못하니 반사적으로 학보는 학내 문제를 유난히 많이 취급하는 결과를 빚었다. 다행히 김옥길 총장께서 학생들의 상황을 너무나 잘 이해하여 주셨기 때문에 학내 문제에 있어서는 과도하게 남용된 언론의 자유를 만끽한 시대였다고 평가된다. 따라서 교내 선생님들의 학보에 대한 불만이 빈번했다.

채플, 금혼 학칙, 교육과정, 시설 미비, 식당, 보건소, 도서관 등에 이르기까지 학보에서 건드리지 않은 교내 문제가 거의 없었다. 그래서 『이대학보』는 다른 대학 신문들의 선망의 대상이 되기도 하였다. 70년대에 들어와서 대학 사회에서는 학생 파워가 커지기 시작했으며, 자신들이 '학교의 주인'이라는 주장을 내세우면서 파워를 더욱 굳혀 나갔다. 이 같은 학생 파워의 신장을 고무하는 데 기선을 잡고 앞장선 것이 학보였으며, 한편으로는 무분별하게 행사하기 쉬운 학생 세력을 정당한 방향으로 이끌어 가도록 견제한 것도 학보였다. 주간으로서의 나의 역할은 물밀 듯이 닥쳐오는 학생 파워의 육성과 전통적 대학 사회의 가치를 보존하기 위한 조정과 균형을 잡아 주어야 했다. 심지어는 대학 사회에서 처음으로 교수 평가제를 도입해야 한다고 주장한 기사가 『이대학보』에서 나왔다. 그 당시 대학 신문 주간 세미나가 있었는데 고려대학교의 학보사 주간이었던 신일철 교수가 나에게 『이대학보』가 너무 앞서 가는 것이 아니냐고 불만스러워한 적도 있었다.

학보 사설의 필화 사건

유신 시절에 학보가 난관에 봉착한 사건 중의 하나는 김대중 씨가 일본에서 정보원들에게 납치되어 한국으로 끌려온 사건을 『이대학보』에서 사설로 취급한 데서 비롯되었다. 그 시절에 그 사건은 일간 신문에서조차 제대로 보도되지 못했거니와 사설에서 논평한다는 것은 있을 수 없는 일이었다. 학보 논설회의에서 논설위원 중 한 교수가 사설로 쓸 것을 주장하여 합의가 되었으며, 가능한 범위에서 내용을 부드럽게 완화하여 내보냈다. 아니나 다를까, 예상했던 대로 중앙정보부에서 불똥이 튀기 시작했다. 누가 썼느냐는 것이다. 말할 수 없다니까 나한테 다그치기 시작했다. 우리 집으로 계속 전화를 걸어왔는데 집사람이 전화를 바꾸어 주면 자꾸 끊어 버리고 하면서 심리적으로 나를 교란시키는 작전을 몇 번씩 되풀이했다. 『이대학보』가 김대중 씨의 정치적 노선을 지지해서 그랬다기보다 당시 유신 정부의 정치적 탄압과 언론 통제 정책에 반기를 크게 한 번 들어본 만용(?)이었는지 모른다.

정보기관에서 노발대발했을 뿐 아니라 문교부에서 전국의 대학 신문 주간들을 소집하여 그와 같은 보도와 논평은 하지 말라는 특명을 내렸다. 그 때 나는 얼굴에 철판을 깔고 그 회의에 참석했다. 정보기관에서 『이대학보』는 또 다시 최고로 경계의 대상이 되었다. 그 후에 문교부는 대학 신문 주간들을 대상으로 통영에서 세미나를 열었는데 나보고 주제 발표를 하라는 것이었다. 주제는 「국가 이익과 보도 여부의 문제」였다. 소위 나보고 속죄하라는 뜻에서 시킨 주제 발표였다. 그러나 나는 나대로 주제 발표를 함에 있어 교묘하게 비켜 나갔다. "보도를 함으로써 국가 이익을 오히려 초래하는 경우가 있는가 하면 보도를 하지 않음으로써 국가 이익을 위배하는 경우가 있기 때문에 경우에 따라서 결과가 다를 수 있으며, 한마디로 보도를 억제하는 것만이 능사가 아니다"라고 각종의 외국 사례를 들어서 발표했다. 정부 당국에서 나의 주제 발표에 실망했을지 모르지만 나는 저널리즘의 원칙을 강조했을 뿐이었다. 그들을 또 실망시킨 것은 그날 저녁에 참석자들을 위한 리셉션이 있었는데 나와 타 대학 주간 몇 사람이 우리끼리의 회식에 열중하느라고 본의 아니게 보이콧을 한 셈이 되어 버린 것이다. 그래서 그들을 또 한 번 아연실색케 했다.

유신 시절에 문교부에서는 대학 신문 주간들을 무마시킨다는 취지에서 그랬는지 가끔 산업 시찰, 일선 방문 등을 시키면서 정부 쪽에 응원을 해 달라고 간접적으로 부탁했으나 허사였다. 70년대 중반에 대학 신문 주간들뿐만 아니라 각 대학 및 언론계 등의 주요 간부들을 수원의 새마을훈련소에 입교시켜 한 주일인지 두 주일인지 새마을교육을 받게 한 적이 있었다. 지금 생각하면 당시의 새마을운동은 농촌 근대화를 위해서 크게 기여했다고 평가되지만, 그 때 우리 지성인들은 그런 교육에 대한 거부 반응이 심했다.

『이대학보』가 창간 20주년을 맞은 1974년 3월 8일 자부터 종래의 종서 체제 신문을 횡서 체제 신문으로 바꾸었다. 『이대학보』는 그 전해 11월 16일 자로 지령 500호를 발간했을 때 사설을 통해서 "시대가 변천하고 대학인의 의식구조가 변화함에 따라 학보는 기능상으로나 편집상으로 새로운 방향을 찾아 일대 혁신을 감행하겠다"고 다짐한 바 있었다. 그 당시만 해도 신문을 제외하고는 모든 인쇄물이 횡서 체제를 택하고 있었으며, 젊은 세대들이 17년의 피교육 생활 동안 줄곧 횡서로 읽고 쓰던 습관의 연속성을 대학 신문에서도 유지하자는 취지에서였다. 그 당시 신문에서 종서를 횡서로 바꾼다는 것은 일대 혁신적 사항이 아닐 수 없었다. 우리나라에서 신문 편집 체제의 관점에서 볼 때 선도적 역할을 한 셈이다. 후일에 일간 신문들이 『이대학보』의 횡서 편집 체제를 본받고 뒤따랐다고 해도 지나친 말이 아니다.

횡서 신문 체제로 전환함에 있어 나는 김미령 편집국장과 사전에 각종의 시험과 연구를 거쳤다. 1면은 『뉴욕 타임스』지의 7단 체제를 따랐으며, 내면은 기획 기사로 채워지기 때문에 한 단의 폭이 넓은 독일의 권위지 『프랑크프루트 알게마이네』지의 6단 편집 패턴을 따르는 등의 시험을 상당 기간 가졌다. 횡서로 바꾸는 데 있어 당시 실제로 학보의 횡서 편집을 감당한 김미령 편집국장의 노고를 높이 평가하며, 나의 주간 시절에 처음부터 끝까지 파란만장한 풍파 속에서도 묵묵히 학보 제작에 전념한 그에게 고맙게 생각한다. 그리고 학보사에서 함께 애썼던 학생 기자들과 김순진(편집)·김경애(사진, 현 동덕여대 교수, 전 한국여성정책연구원장)·안석자(교정)·김미자(광고) 씨 모두에게도 감사한다.

한편 1974년 유신 정국의 와중에 난데없이 이대생들이 3년 동안 모금하여 7년 전(1967년)에 쾌속정 한 척을 마련, 부산에서 진수시킨 '이화호'가 여수에서 방치 상태에 있다는 보도가 나왔다. 학보사 기자들

이화호 취재차 남해안 일대를 둘러보는 이대학보 기자들과 안광식(왼쪽)·김은우(가운데)·전찬화(오른쪽) 교수

이 가만히 있을 리 없었다. 그래서 이대학보사에서는 특별 취재반을 편성하여 학생 기자들이 현지까지 내려가서 사실 여부를 취재했다. 물론 나와 몇 분의 논설위원들이 인솔하여 가서 본즉, 이화호는 그 때 여수시 오동도 근해에서 어업 지도선으로 한 달에 15일가량 출동을 하고 있지만 기관이 낡아서 속력을 제대로 내지도 못하여 본래의 기능을 발휘하지 못하고 있었다. 그리고 4년 전에 여수로 이관된 당시부터 깨진 유리창이 브릿지 전면에 그대로 남아 있는 등 외관상으로도 초라해 보였다. 학보의 취재 결과에 따라 이대생들은 관계 당국에 이화호의 기능을 회복시켜 달라고 건의를 하였다. 이대학보사에서는 모처럼 유신의 혼돈된 정국을 피해서 이화호 취재를 핑계 삼아 부산 해운대,

진해, 남해안 일대, 여수, 송광사까지 둘러보는 여가의 시간을 가졌다. 그럼에도 불구하고 유신 정국에 너무 시달려서였는지, 아니면 짧은 시일에 강행된 여정 때문이었는지 나도 그렇고 학생들도 즐거운 안색들이 아니었다.

학교 사택으로 이주

학보사 주간 일에 밤낮으로 매달려야 했기 때문에 학교 근처로 이사를 왔으면 하던 차였다. 이화유치원 옆에 학교 소유의 집이 하나 있었는데 그 집이 곧 비게 된다는 것을 알게 되었다. 서광선·함선영 부부 교수가 살던 집이었다. 그리고 그 전에는 현영학·윤보희 부부 교수가 살았었다. 즉시로 김옥길 총장에게 우리도 부부 교수이고 학보사 일을 하기에도 가까운 곳이니 우리가 살도록 해 달라고 부탁드렸다. 낡은 집이 돼서 허물기로 했는데 원한다면 당분간 살라고 해서 1973년 여름인가 그곳으로 이사를 갔다. 집은 허름했지만 대지가 제법 넓고 쓸 만한 나무도 몇 그루 있어서 쾌적한 곳이었다. 무엇보다도 학교 바로 옆에서 살 수 있다는 것이 학보사 일을 보고 있던 나에게는 너무나 다행스러운 일이었다. 나보다도 집사람이 두 어린 아이들을 키우면서 학교 가까이에서 살 수 있게 되어 더 좋아했다. 아이들 또한 유치원을 비롯하여 캠퍼스 전체가 놀이터였으며 뒤에 이화유치원, 이대부속국민학교를 다님으로써 또 다른 이화의 후손이 되었다. 우리는 그곳에 살면서 대학교회를 다녔으며 아이들 또한 한준석 목사님의 집례로 그곳에서 세례를 받았다. 유신 시절에는 대학교회도 편치 않았다. 김홍호 목사가 교목이던 시절에 가끔 김동길 교수에게 설교를 부탁했는데 김교수가 설교할 때면 이상한 불량배들이 소리를 지르면서 설교를 방해하는 경우가 종종 있었다. 유신 정국에서 종교 탄압까지 한 사례가 된다.

나는 그 사택에 살면서 틈만 있으면 집 바로 앞에 있던 테니스장에 나가서 공을 두들기곤 했다. 정치, 사회적 상황 및 학보사 일 때문에 쌓이는 스트레스를 해소하는 최상의 방법이었다. 나뿐만이 아니었다. 수업 시간만 끝나면 남자 교수들이 테니스장에 나와서 공치기에 열중했다. 사범대의 이기호·주낙원·유태영·송준만 교수, 문리대의 현영학·강윤호·김영일·서광선·김대환·안광식 교수, 법정대의 이건호·김순겸 교수들이 주멤버들이었다. 가끔 테니스 대회도 열었는데 내가 한 번은 B조에서 우승한 적이 있다. 스트레스 해소도 좋았지만 교분을 맺기 어려운 교수들 간의 친목이 좋았다고 추억된다.

사택에서 사는 동안 집사람은 가끔 학보사 기자들을 불러서 뜰에서 불고기 파티를 베풀어 주었다. 우리가 학교에서 가까운 곳에 살기도 했거니와 밤늦게까지 일을 해야 하는 기자들을 위로해 준다는 취지도 있었고, 내 말을 좀 잘 들어 달라는 뜻도 있었다. 불고기를 먹는 동안은 모두 즐거워하면서 상냥하고 고분고분하게 보였지만 막상 돌아서면 딴전을 부렸다.

유치원과 정구장 옆을 통해서 우리 집 쪽으로 나오는 곳에 조그만 서문이 하나 있었다. 정문과 후문 쪽은 경찰이 철통같이 지키고 있어서 데모대가 못 나가고 때로는 서문 쪽을 통해서 나가기를 시도했다. 그 때는 각 대학마다 학생 데모대가 학교에서 얼마나 멀리 나가느냐가 경쟁거리였으며 신문에서는 고작 몇 미터 나갔느냐가 1단짜리 데모 기사의 뉴스거리였다. 하루는 이대생 데모대가 서문 앞 100미터도 채 못 나갔는데 경찰이 페퍼포그를 쏘고 학생들을 뒤쫓았다. 갑자기 들이닥친 학생들을 우리 집에 감춰 주느라 부산을 떨기도 했다.

대강당 철야 농성과 특종 기사

1971년에서 1976년까지는 특히 유신체제 반대를 위한 데모와 휴교가 악순환의 연속선상에 있었기 때문에 학보 제작에 있어서도 매우 어려운 시기였다. 학보의 배부 중지, 재조판, 폐기 처분, 비밀 작전 등 『이대학보』 제작 사상 최악의 수난 시절이었다. 1973년으로 기억되는데 대강당에서 3천여 명의 이대생들이 유신 반대 철야 농성을 벌였다. 그때는 대학에서 그렇게 많은 학생들이 밤을 새면서 유신 반대 농성을 벌인다는 것은 상상조차 할 수 없는 일이었다. 마치 대강당에서 유신 반대를 위한 일종의 축제를 벌이는 것 같았다. 교직원들은 농성하는 학생들을 보호한다는 의미에서 함께 밤을 새웠다. 나는 그날 저녁에 끼니를 못 때운 일부 교수들을 우리 집으로 모시고 와서 숨을 좀 돌리게 하고, 집사람은 들통을 들고 신촌역 앞에서 사온 설렁탕으로 저녁 대접을 하느라 분주했다. 그날 철야 농성을 주도했던 주인공은 그때 총학생회 회장이었던 김선욱 신임 총장이다.

다음날 아침 일찍 김옥길 총장을 비롯하여 선생님들이 학생들을 설득하여 농성을 풀고 일단 해산을 시켰지만, 교무회의에서는 농성의 취지를 지지하는 결의를 하고 성명을 발표했다. 학보에서는 그 사실을 가장 먼저 입수하여 비밀리에 학보에 기사화하기로 했다. 주간이 성명 내용을 편집국장에게만 건네주어 편집하도록 하고, 국장이 조판까지 혼자 하도록 했다. 그 학보야말로 그 때의 시대적 특종이고 일대 쾌거였다. 그 당시로는 도저히 있을 수 없는 일이었다.

정부와 정보기관에 밉보인 학보는 드디어 1975년 4월 11일 자 신문에서 배포 중지, 폐기 처분당하는 비운을 맞았다. 4월 9일 대강당 채플 후 유신헌법, 긴급조치 7호 철폐를 주장하면서 3천여 명의 본교생이 시위를 벌이는 사진과 기사를 크게 실었기 때문이다. 정부 당국과 정보기관에서는 발행 즉시로 배부 중지하고 모든 신문을 폐기 처분하도록 명했다. 신문을 모두 없애 버리라고 했지만 본관 2층 구석의 한 창고에 숨겨 두었는데 그 많은 신문들이 뒤에 어떻게 되었는지 궁금하다.

언론 통제가 극에 달해 정보 당국의 감시가 극심하던 때였는데 학보사에서 문제가 터졌으니 사태가 심상치 않았다. 완화책으로 궁리 끝에 당시 학보사를 담당했던 중앙정보부원을 시내 호텔 양식집에 초대하여 선처를 부탁했다. 나 혼자는 쑥스러울 것 같아 당시 학무처 차장이었던 전찬화 교수를 대동했다. 그 정보부원과 나와의 사이에 좋지 않던 오해도 풀 겸해서 그랬던 것이다. 그 사람은 드물게 열성적인 정보원이었다. 그는 임무 수행 시 대인관계에서 능숙하지 못했기 때문에 남의 속을 뒤집어엎어 놓는 경우가 한두 번이 아니었다. 참다 못해 한번은 그 사람 앞에서 책을 내던지면서 심하게 신경질을 부렸기 때문에 좀 미안한 점도 없지 않았다. 그 사람과 점심을 나눈 이후 학보사 문제가 좀 풀렸는지는 의문이다. 그렇게 속상할 때는 학보 편집실 옆에 있던 학생처장실에 가서 호재숙 학생처장과 김선심 학생과장에게 호소, 푸념하면서 자신을 달래곤 했다.

그 이후에 또 한 번 배부 중지, 재조판되는 수난을 겪은 적이 있다. 1976년 5월 28일 자로 이화 창립 90주년 특집호였다. 내 기억으로는 내면의 한 사진이 반체제적 냄새가 나니까 그것을 걷어내고 다른 것으로 대치하라는 것이었다. 이렇게 『이대학보』의 70년대는 대학 신문

중에서도 가장 밉보인 신문으로 신문이 나올 때마다 진통을 겪어야 했던 최악의 시절이었다. 그리고 대강당에서 채플 때 가끔 유신 반대 성토에 앞장 선 학생이 신문방송학과 학생이면서 학보사 기자였다는 사실도 부담스러운 일이었다.

1976년 여름 방학에 잠시나마 머리를 식힐 겸 학보사 기자들을 데리고 학교 소유의 강원도 화진포 해수욕장을 찾았다. 그 때 고맙게도 이근섭 학무처장이 우리와 함께 갔다. 화진포 해수욕장은 38선 이북에 위치한 곳으로 관동 8경 중의 한 곳이다. 6·25사변 전에는 그곳에 김일성 별장이 있었으며 지금은 군의 휴양소가 있다. 학보사 기자들과 나는 모처럼 유신 정국에서 해방되어 아름다운 동해 바다에서 해수욕을 즐기면서 휴가를 만끽했다. 그런데 어느 날 새벽 학생들이 황급하게 달려와서는 큰일 났으니 자기네 방으로 가자고 했다. 한밤중에 한 군인이 여학생들이 자는 방에 들어와서 학생들 사이에 끼어 잠을 자고 있다는 것이다. 나와 이근섭 교수가 가보니 그 군인은 그때까지도 정신없이 잠을 자고 있었다. 그 후에도 유신 정국은 더욱 악화되어 가고 대학 사회는 마비 상태에 있었으며 학보사 또한 악순환의 반복을 거듭했다.

임기도 없이 유신 시절에 7년이나 계속되었던 나의 험악한 학보사 주간직에 대하여 나는 드디어 회의를 느끼면서 스스로 폭발하기 시작했다. 학보 제작에 무슨 보람을 느끼는 것도 아니고, 심신은 지칠 대로 지치고, 정부와 학생들의 중간에서 샌드위치가 되어 불필요한 싸움만 해야 했던 것이 혐오스러웠다. 묵묵히 있으면 주간직 종사가 끝이 없을 것 같아서 총장실에 느닷없이 찾아가서 상기된 어조로 주간을 너무 오랫동안 했으니 이제는 더 이상 못하겠다고 짜증까지 부렸다. 김옥길 총장께서는 평소에 나에게 잘 해주셨고 가족같이 대해 주셨기 때문에 허물없이 무례하게 그런 불평을 드릴 수도 있었다. 총장께서는 보기에 딱했던지 드디어 나를 주간직에서 해방시켜 주셨다.

한편 학보사와 관련하여 남겨 두고 싶은 여담 하나는 이렇다. 학보 창간 50주년 기념 때(2005년), 당시 신인령 총장께서 1960년대에 학보사 기자가 되겠다고 지원했는데 불합격되었다고 실토한 적이 있다. 나는 그때 신총장께서 불합격된 것을 천만다행이라고 생각한다. 왜냐하면 그때 학생 기자들의 일은 고통스러웠고, 그들은 대개 졸업하면 언론계로 진출하는데 신총장께서도 그랬다면 명예로운 이화대학의 총장이 되지 못했을 가능성이 많았다고 보기 때문이다. 오히려 불합격된 것을 고맙게 생각해 주시기 바란다.

뉴욕에서 연구교수의 보람

학보사에서 해방이 되면서 1978년부터 처음으로 시행된 전국 대학의 해외 파견 교수 프로그램에 선정되어 그 해 9월에 내가 졸업한 미국 컬럼비아대학교 저널리즘대학원에 방문 연구교수로 갈 예정이었다. 오랜 동안 학문 연구의 공백을 충전시킬 필요성이 절실했다. 1978년 5월에 모처럼 신문방송학과 학생들과 동해안 쪽으로 수학여행을 함께 갔다. 화창한 5월의 날씨에 소금강·낙산사·설악산 등은 아름다웠다. 그런데 갑자기 몸이 아프기 시작하더니 도저히 견딜 수가 없어 함께 갔던 윤희중 교수에게 부탁하고 나만 혼자 서울로 돌아왔다. 밤새 심하게 앓다가 못 견디어 다음날 세브란스병원에 입원했더니 십이

지장 궤양이 터졌다고 해서 큰 수술을 받아야 했다. 아마도 장시일에 걸친 스트레스 때문에 축적된 궤양이 드디어 폭발했던 모양이다. 그때 고마웠던 것은 김옥길 총장께서 병원장에게 전화를 하셔서 나를 특별히 잘 봐달라고 부탁하셨던 일이다. 그리고 집사람에게 입원비 걱정까지 해주셨다는 것이다. 큰 수술이었기 때문에 회복이 오래 걸리기는 했으나 다행히 생명에는 지장이 없었다.

그런데 몸 상태로 보아 모처럼 가게 된 미국행이 가능할 것인지 의문이었다. 나는 망설였으나 집사람이 가라고 밀어붙여서 뉴욕으로 떠나 버렸다. 오랜만에 뉴욕 시와 컬럼비아대학교 캠퍼스로 되돌아온 것이다. 나는 1961년부터 6년간 뉴욕에서 살면서 공부도 열심히 하고 고생도 많이 했으며, 일도 여러 군데서 하면서 문화적 경험을 풍부하게 쌓았기 때문에 뉴욕을 좋아하고 뉴욕을 제2의 고향같이 생각한다. 뉴욕은 나의 생각을 국제화시키고 풍요롭게 키워 준 곳이다. 그런 뉴욕에 왔으니 신이 나지 않을 수가 없었다. 특별히 배정해 준 컬럼비아 언론대학원 연구실에서 조용히 연구에 몰두할 수 있는 시간과 기회를 가질 수 있다는 것이 스스로도 믿어지지 않는 일이었다. 갑작스러운 환경의 변화가 이상할 지경이었다.

학문 연구를 위한 재충전도 중요했지만 모든 측면에서 다양성의 극치를 이루고 있는 뉴욕에서 살고 있다는 것만으로도 행복한 일이었다. 매일 아침 저널리즘의 잔치를 벌이고 있는 세계 정상의 『뉴욕타임스』를 손쉽게 읽을 수 있는 것도 즐거웠으며, 때때로 링컨센터·카네기홀·메트로폴리탄 오페라 하우스에서 세계 정상급 음악을 들을 수 있었던 것도 행운이었다. 메트로폴리탄 뮤지엄과 구겐하임미술관을 방문하는 일, 브로드웨이 뮤지컬을 보러 가는 일, 그린위치 빌리지의

미국 컬럼비아대학교 연구교수 시절

재즈 음악을 듣는 일 등 이루 헤아릴 수 없이 풍요로운 문화 행사를 접할 수 있다는 것이 오래 전에 살았던 뉴욕 생활의 재판이었다. 맨해튼 시내의 멋있는 5번가(Fifth Avenue)와 파크 에버뉴(Park Avenue), 번잡한 타임스퀘어, 특이한 할렘과 차이나타운, 웅장하고 품위 있는 리버사이드 교회, 유유히 흐르는 허드슨 강, 쾌적한 센트럴 공원과 세계 일품인 맨해튼의 마천루, 내가 근무했던 NBC 방송사가 있는 록펠러 빌딩 등 이 모든 곳이 나를 반기는 것 같았으며 아직도 나의 뇌리에서 사라지지 않는 추억의 명물들이다.

1960년대 초에 학생으로 앞날의 희망을 품고 밤을 새워 공부에 열중하던 바로 그 컬럼비아 캠퍼스에서 이제는 교수의 자격으로 또 다시 학문 연구에 전념할 수 있었던 것은 다시는 돌아오지 않는 일생의 영광이었다. 뉴욕에서의 체재 중에도 이화의 사람들과는 떨어질 수 없었던 것이 아마도 나에게 정해진 행로였던 것 같다. 컬럼비아 캠퍼스 근처에 미국 교회본부 센터빌딩이 있는데 그 안에 미국 이화재단 사무실이 있었으며 홍문표 사무국장이 그 책임을 맡고 있었다. 나는 틈나는 대로 그분을 찾아가 담소했으며 그분은 나의 편의를 많이 보살펴 주었다. 이화의 선생님들도 뉴욕에 오시면 연락을 반드시 주셔서 반갑게 만나고 식사 대접도 잊지 않았다. 이동원 교수(사회학과)가 하버드대학교에 있다가 뉴욕에 와서 만나 함께 롱 아일랜드 제자 집에 같이 간 적이 있다. 김영무 교수(영문과) 부부가 뉴욕주립대학교에 와 있었는데 가끔 나를 찾아 주었으며, 강윤호 교수(국문과)도 유럽을 들러 뉴욕에 왔다. 나와 같은 학과의 김동철 교수는 인디애나대학교에 있다가 뉴욕을 방문해서 반갑게 만나 함께 시간을 보내면서 학과 걱정을 했다. 전임 교수 5명 중 2명이 동시에 해외에 나와 있다는 것이 학과 측에 미안한 일이었는데 김동철 교수 또한 이화에서 계속 어려운 보직을 맡아 잘 수행하였기 때문에 총장 선생님의 특별한 배려에 의해서 보상된 특혜였다.

어느 날 뜻밖에 김옥길 총장께서 전화를 주셨다. 잘 있느냐고, 그리고 건강은 어떠냐고. 시카고에서 열리는 미국 이화재단 이사회에 참석하셨다가 전화를 주신 것이다. 어떻게 전화번호를 알고 장거리 전화를 하셨는지 역시 리더십이 있는 분이었다. 뉴욕에는 나의 제자들도 있었으며 이화 동창들이 많았다. 해외에 나가 보면 이화 동창이 없는 곳이 없다. 나에게 배우지 않았어도 이화 동창이면 내가 가르친 것처럼 느껴지고, 그들 역시 스승같이 대해 준다. 이화를 거친 사람들은 세계 어디를 가도 한가족 같은 구성원이 된다. 아마도 이화의 세력 내지 저력이 세계 곳곳에 뻗어 있다는 사실은 이화 교육의 근간이 되고 무한한 국제적 네트워크의 가능성을 예상할 수 있는 요인이 될 수 있다고 전망된다. 새삼스러운 일은 아니지만 내가 이화인이 되고 난 뒤에 해외 방문에서 느끼게 된 사실이었다.

개인적인 일이지만 집사람이 겨울방학을 이용하여 억지로 뉴욕을 방문했다. 그 때는 부부의 동시 해외 여행이 허용되지 않았다. 지인이었던 최호중 외무부장관에게 특청을 해서 여행이 가능했다. 이유는 남편의 병간호라는 명분이었다. 그렇지 않아도 내가 서울을 떠날 때 수술 후 완쾌되지 않은 상태여서 집사람이 걱정이 되어 왔던 것이다. 모처럼 뉴욕에 왔으니 나름대로 대접을 하느라 링컨센터의 뉴욕 필하모닉 음악회 및 메트로폴리탄 오페라 하우스의 오페라 공연에 모시고 갔는데 여정이 피곤했던지 졸고 있었다. 집사람이 하루는 혼자서 시내에 나갔다가 길을 잘못 들어 할렘 한복판에 들어가 혼이 난 적도 있다. 이역만리에서 남편이라고 찾아왔는데 맨해튼 시내에 나가면 핫도그집 아니면 겨우 차이나타운에 가서 가장 싼 값의 요리(?)인 'Rice with Beef and Tofu(고기와 두부로 덮은 밥)'를 대접한 것이 고작이었다. 차이나타운의 그 일품 요리는 싸면서도 홍콩이나 런던의 중국 타운에서도 맛볼 수 없는 전통적 진미의 특산 요리이다. 내가 거의 반세기 전 돈 없던 유학 시절 즐겨 먹던 음식인데 아직도 있는지 의문이다. 아내도 그것을 좋아해서 뉴욕에 가면 또 거기 가서 그것을 시켜 먹자고 하곤 했다.

아내에게 베푼 푸대접을 만회하기 위해서 뉴욕에 또 다시 함께 갈 기회가 있으면 맨해튼의 고급 레스토랑에 가서 프랑스 요리를 시켜 주겠다고 약속했다. 작년과 재작년에 딸이 있는 예일대학교 소재의 뉴헤이븐에 간 김에 뉴욕에 들러 아내에게 진 빚을 꼭 갚기로 했다. 그런데 한 번은 내가 심한 감기가 들어서 못 갔고 또 한 번은 시간이 없어서 못 갔다. 언제나 뉴욕에 같이 갈 수 있을지 의문이다. 그러나 아내가 한 가지 즐거워했던 것은 반세기 전 나의 지도교수였던 루이 스타 교수가 코네티컷 주의 그린위치에 있는 자기 집으로 우리를 초대하여 하루 저녁을 같이 지낸 일이었다. 자기 제자가 귀국해서 교수가 되고, 다시 모교로 찾아와서 연구교수로 있다는 것이 자랑스럽고 흡족했던 모양이다. 훌륭한 고풍의 교외 저택에서 밤늦도록 사제의 정을 나눈 일이 집사람에게 보기 좋았던 것 같다. 몇 해 후에 그분은 세상을 떠났지만 우리는 아직도 그분을 가슴속에 두고 있다.

미국에서의 연구년 중에 집사람에게 또 한 가지 미안했던 것은 나 혼자만 미국에서 유럽 여행을 갔다는 것이다. 그 때까지 유럽을 가본 적이 없고 미국에서 가면 특별 세일 가격으로 훨씬 쌌기 때문에 그랬는데, 나중에 들은 이야기로는 내가 미국 체류 중 집사람이 은행에 융자를 받으러 다녀야 했고, 갑자기 딸아이가 불분명한 급성질환으로 입원하는 등 소동이 일어났다는 것이다. 이 같은 사실을 모르고 혼자서 처음 가는 유럽 여행에 감격해 하는 사연을 보냈으니 그 얼마나 한심하고 딱한 일이었는지 좀 창피할 지경이었다. 그러나 늦게나마 유럽의 미술 문화에 매료되어 눈을 뜨기 시작했다는 것이 나의 삶의 소득이었다. 그 대가로 나는 2년 뒤에 집사람이 해외 연구교수로 선정되었을 때 1년 동안 초등학생들이었던 두 아이를 맡아 키우기로 하고 그를 해방시켜 주었다. 아내는 미국 위스콘신 주립대학교 방문 연구교수로 갔었다.

연구와 사회참여에 전념한 80년대

미국에서 1년 동안의 학문 충전과 기분 전환을 하고 귀국한 뒤 나는 좀 더 성숙한 강의를 하려고 애썼으며, 보람된 연구를 하도록 지향했거니와, 한국 언론의 개혁과 발전을 위한 사회참여에 진력하였다. 한편 유신 정국의 붕괴에 이어서 5공화국의 신군부가 집권하면서 학원가는 계속된 데모와 정치체제에 대한 항거로 불안정한 상황의 연속선상에 있었다.

1970년대 중반에 본교에서는 문리대를 실험대학으로 정하고 대학에서 과별이 아닌 대학별로 신입생을 모집하여 2년 동안 탐색 기간으로 하고, 3학년 때 전공학과를 선택하는 제도적 개혁을 실험한 바 있었다. 그 발상과 취지는 좋았지만 우리나라의 현실에 맞지 않아서 개혁은 실패하고 말았다. 실험대학의 후유증으로 3학년 때 전공 선택의 다수가 영문과 쪽으로 몰리고, 2학년 때까지의 탐색 과목은 신문방송학과의 과목들로 집중되는 현상이 빚어졌다. 따라서 신문방송학과의 전공생들은 20~30명으로 줄어들었으나 우리 학과에서 제공하는 과목에는 100~200명의 수강생들이 몰려들었다. 내가 강의하는 〈방송론〉 같은 과목에는 200~250명가량의 학생들이 수강 신청하여 교양과목과 같이 되어 버렸으며, 그 같은 대형 강의에 조교조차 없이 채점도 혼자 감당해야 했던 전근대적 상황의 시절이었다. 초기에는 100~200명 강의에 마이크도 없었으니 교수가 큰 소리를 바락바락 질러도 뒷좌석에서는 잘 들리지도 않았던 것이다. 〈보도기사론〉 같은 실습 과목에 100명 이상의 학생이 수강하니 기사를 제대로 고쳐 줄 수도 없었고, 〈국제커뮤니케이션〉이나 〈비교신문론〉 같은 전공과목에 비전공생들이 학점 때문에 단순히 수강하는 것이 불필요하면서 무모한 일이었다.

그러나 한편 다른 대학의 타 학과 학생들에게 저널리즘과 커뮤니케이션에 관한 관심과 전문 지식을 갖게 하는 좋은 기회이기도 하였으며, 나 또한 대형 강의를 어떻게 효율적으로 이끌고 갈 것인가를 고심하고 정성을 쏟았다. 계열별 입학으로 저학년 때 학과의 벽이 무너진 것은 장점이기도 했으며, 고학년 때 전공은 다른 학과를 택하면서도 내가 개설한 모든 과목을 빠짐없이 수강하는 학생들도 더러 있었다. 당시 영문과 전공생이면서 나의 〈보도기사론〉을 수강했던 김순덕 학생은 졸업 후 동아일보 기자로, 지금은 논설위원으로서 저명 칼럼니스트가 되었다.

나의 경험에 의하면 이대생들은 강의 때 피드백이 다른 대학의 학생들보다 월등히 민감하다는 데 특징이 있다. 강의 내용이 좋으면 열심히 경청하고 조금만 지루하면 금방 달라지는 것도 특색이다. 그래서 이화대학에서 강의하려면 내용도 좋아야 하고 전달 방식도 능숙해야 한다. 대형 강의 때 200~300명 학생들의 시선을 완전 장악, 지배했을 때의 즐거움은 다른 어떤 대학에서도 느껴볼 수 없는 강의의 진미였다. 나는 교수로서 학생들에게 학문의 전수도 중요하지만 젊은 그들에게 올바른 가치관을 심어 주도록 해야 한다는 것이 지론이었다.

1970년대 후기와 1980년대 초기의 정치적 혼돈 상태의 난맥상과 마찬가지로 소위 실험대학이라는 명목의 문리대는 혼미 상태였다. 전공 선택을 하는 3학년이 될 때까지 소속감이 없었던 것도 문제였거니와, 교수 또한 소속이 없는 학생들을 지도하는 지도교수제가 있기는 했지만 효율적 지도가 되지 않았다. 언젠가 나에게 배정된 10명의 전공 전 2학년 학생들이 강촌으로 MT를 간다고 해서 함께 간 적이 있다.

1980년대 초기의 신문방송학과 교수들. 왼쪽부터 김동철·윤희중·송유재·안광식 교수

서로 잘 모르면서 형식적으로 마지못해 따라간 나도 어색하였거니와 학생들 또한 나의 학과생들이 교수를 대하는 것과 같은 친밀감을 보이지 않았다. 나 혼자 강촌의 빈 방에서 그저 잠만 자고 돌아온 쑥스러운 동행이었다.

또 다른 계면쩍은 지도 교수의 장면이 있었다. 신문방송학과 학생들이 전북 장수로 농촌 봉사를 갔다. 5공 초기 정국으로 학생 데모가 격렬했고 학생과 교수들은 유리되어 있었다. 이전과는 달리 농촌 봉사를 가면서 인솔 교수 없이 자기네들끼리만 가겠다고 고집해서 그렇게 허용을 했다. 그러나 학교 당국에서 불안하다고 하여 지도교수가 한번 가보라고 해서 혼자 기차를 타고 장수로 내려갔다. 어디에 기숙하는지도 모르는 시골길을 헤매면서 수소문 끝에 학생들이 있는 곳에 갔더니 농촌 아낙네들같이 차려 입고 그런대로 봉사 활동을 잘 하는 것같이 보였다. 잘 있다는 것을 확인했으니 내가 더 있을 필요도 없고 저녁 기차를 놓치면 안 되겠기에 금방 발길을 돌렸다. 아마 학생들도 나를 보고 멋쩍었을 것이다. 80년대의 교수와 학생 관계는 이상한 시국 덕분에 이렇게 서먹서먹했다. 그러나 그 봉사 활동 갔던 학생들이 나중에 나와 매우 가까운 사이가 되었다. 그들이 임연옥·오기애·이선희·장양순 학생들이었으며, 임연옥·오기애는 내가 학과 책임을 맡았을 때 조교로 근무했고, 임연옥 박사는 내가 한국언론학회장이었을 때 간사로 학회 살림을 맡아 주었으며, 나의 여러 연구 때 많은 도움을 주었다. 그들은 내가 회갑이 되었을 때 파티까지 열어 준 졸업생들이다.

다시 장수 이야기를 계속 하면 그 당시 이런 일이 있었다. 장수역에서 서울로 돌아가는 기차표를 사고 있는데 뜻밖에 사회사업학과의 이혜경 교수를 만났다. 어떻게 여기까지 왔느냐고 했더니 그도 나와 똑

같은 처지였다. 그렇지 않아도 따분한 신세였는데 동료가 나타났으니 여간 반갑지가 않았다. 그는 나의 문리대 영문과 후배여서 더욱 반가웠다. 장수에서 서울까지 아마 5시간이나 넘는 먼 길에 이런저런 이야기를 나누느라 시간 가는 줄을 몰랐다. 나의 해병대 장교 시절 원산 앞의 여도라는 섬에서 복무하면서 포탄이 날아와도 수영을 즐기던 일과, 유학 시절 돈이 없어도 뉴욕의 메트로폴리탄 오페라 하우스에서 1달러짜리 입석을 사서 오페라를 즐겼던 일 등 나의 고정 레퍼토리를 쏟아 내면서 기차를 타고 왔다. 밤 12시가 넘어서 서울역에 도착하였는데 여교수라 선배 교수로서 내가 택시로 집까지 모셔드릴까 했는데 혼자서 황급히 도망쳐 버려서 좀 민망했다.

계열별로 입학한 학생들은 유신과 5공이라는 시대적 불운이 겹치면서 전공 기간의 단축, 이수 학점의 감축 등으로, 그리고 계속된 데모와 휴교 등의 악순환 속에서 공부를 제대로 못한 불행한 세대였다. 그러나 당시의 신문방송학과 전공생들은 소수였지만 오히려 개성이 뚜렷하고 언론학 전공에 대한 집착이 더 강했던 것으로 기억된다. 그 때 학교를 다녔던 박동숙·유세경·차희원 등 현재 3명의 언론홍보영상학부 교수들이 모두 그 때 계열별로 입학한 전공생들이었다. 그 당시 공부를 제대로 못했기 때문에 공부에 대한 열의가 더 강했나 보다.

『신동아』 기사와 스키장 사고

나는 1970년대에 학보사에서 근무하느라 공백 상태였던 연구와 사회참여 활동을 80년대에 들어서 활발히 하기 시작했다. 1980년에 문교부장관의 위촉으로 사회과학계 대학평가 실시위원회 위원에 위촉되어 전국의 45개 사회과학계 대학에 있는 159개 학과를 대상으로 평가를 실시했다. 그 때가 정치적 격변기라 어려웠으나 대학을 대상으로 평가를 한 것은 처음 있는 일이었다. 혼란기의 1년 동안 함께 평가 작업을 했던 위원들은 박동서(서울대 행정학)·권태준(서울대 지역개발학)·송상현(서울대 법학)·홍승직(고려대 사회학)·오기평(서강대 정치학)·이병목(연세대 도서관학) 교수들이다. 그런 평가 작업을 선별적으로 각 대학교를 방문하여 실시했는데 대학에서는 처음 있는 일이라 평가를 받는 측에서 거부 반응을 나타내기도 했다. 위원들이 이화대학을 방문해서 평가 작업을 벌였을 때 다른 대학보다 협조적이었으나 나로서는 어색하고 거북했으며, 그래서 한마디의 질문도 하지 않았다. 그것이 대학 발전을 도모하기 위해서 실시한 평가의 효시로 지금은 정부에서뿐만 아니라 언론사에서도 시행하는 제도적 장치가 되었다.

나는 1980년대에 연구 논문을 집필하여 여러 전문 연구지에 기고하고, 각종 세미나에서 주제 발표와 토론에 참여하였으며, 여러 언론 단체의 위원으로서 활동하는 등 분주한 나날을 보냈다. 새로 출범한 제5공화국은 언론 통폐합을 단행하여 또 다시 극심한 통제 아래 방송을 국영화하다시피 하면서 외견상으로는 '공영방송'을 표방하였다. 나는 진정한 공영방송의 정체가 무엇인가를 주장하기 위해 「미국의 공공텔레비전에 관한 연구」(한국문화연구원논총 제40집, 1982) 및 「미국 공영 텔레비전 프로그램의 경향과 배경」(「방송연구」 2호, 1982) 등의 논문을 발표함으로써 정부의 언론 정책의 시정을 촉구했다. 그리고 「신매체의 개발과 방송의 변혁 전망」(「방송조사연구보고서」 제5집, 1983)·「한국 텔레비전 프로그램의 유형별 분석 고찰」(한국문화연구원 논총 제49집, 1986) 등의 논문을 발표하여 방송의 개혁을 역설했다. 이 같은 연구 논문을 집필하기 위해서 미국에 연구차 가 있던 집사람이 자료를 보내

주었으며, 차희원 · 홍경선 교수(당시 학부 재학생)들이 우리집에 불려 와서 자료를 분석해 주느라 애를 많이 썼다.

80년대 전반기에 5공의 언론 통제는 유신 시대의 직접적인 압력이나 통제와는 달리 조직적이면서 간접적으로 교묘하게 압력을 가했다. 1985년 3월이었는지 『신동아』지에서 정부의 홍보조정실에 의한 언론 통제 정책을 비판하는 글을 써 달라고 해서 좀 망설이다가 써 주었다. 그 당시는 유신 때보다도 더 무서운 시절이었다. 써 준 원고가 한두 달이 지나도 잡지에 나오지 않고 감감무소식이었다. 어디에서 잘못 걸렸는가 했더니 보류 중이라는 것이었다. 6개월 뒤인 1985년 10월에 가서야 「언론의 자유로운 분위기 보장을」이라는 제목 아래 『신동아』 통권 313호에 원고가 게재되었다. 내가 써 준 원고가 6개월이나 언론사에서 잠을 자고 있었던 것은 그것이 처음이고 마지막이었다. 적지 않은 분량의 그 원고를 비교적 시간의 여유를 갖고 쓸 수 있었던 것은 발을 다쳐서 집에서 요양 중이었기 때문이었다.

1985년 2월인지 동해의 낙산호텔에서 전체 교수회의가 있었다. 하루는 자유 일정으로 설악산 등산 팀과 진부령 스키장 팀으로 나뉘었다. 나는 진부령 팀으로 가서 난생 처음 스키를 타 보았다. 스키를 안 타는 여교수들은 썰매를 타기도 했다. 정의숙 총장도 썰매를 타고 즐거워했다. 나는 스키가 재미있어 몇 시간을 쉬지도 않고 어린아이처럼 신나게 탔다. 스키 팀이나 썰매 팀이나 교수들이 오래간만에 진부령의 설상에서 즐거움을 만끽하고 있었다. 그런데 거의 끝날 때쯤 돼서 좀 지쳤던지 스키를 타고 내려오다 넘어졌다. 스키가 엉켜 다리를 크게 다친 것 같았다. 숙소로 돌아와서 간단히 응급치료를 했으나 밤새 통증으로 고생했다. 남은 아파 죽겠는데 호텔방의 룸메이트였던 유종호 교수는 팔자 좋은 사람들은 스키타고, 아닌 사람들은 등산 갔다고 비꼬기까지 했다.

다음날 아침에 통증을 견딜 수가 없어 회의 일정 중간이었지만 같이 갔던 집사람 교수가 부축하여 속초에서 비행기 편으로 돌아오는 해프닝을 벌였다. 나는 통원 치료하면 될 줄 알았는데 발목이 부러져서 입원 치료를 해야 했고 퇴원 후에도 몇 개월을 집에서 누워 있어야 했다. 그 와중에 문제의 그 원고를 썼다. 물론 한 학기 동안 학부 강의를 못했고, 대학원 강의는 학생들이 집으로 와서 들었다. 그 해 7월에 겨우 걸어다닐 수 있을 정도로 다리가 회복되었을 때 언론중재위원회에서 유럽으로 출장을 가라는 것이었다. 그 당시 나는 언론중재위원이었으며 언론중재위원회의 사업 계획으로 유럽 몇 개국의 신문평의회 제도를 시찰, 연구하는 일정이 오래전부터 짜여 있었다. 그러나 나는 몸 상태도 완전치 않고 학교에서 한 학기 동안 강의도 못 했는데 해외 시찰 여행을 간다는 것이 체면상 안 되겠다고 거절했으나 계획을 변경할 수 없다고 하면서 정의숙 총장에게 출장을 허락해 달라는 부탁 공문을 보내왔다. 고맙게도 정총장께서 나의 난처한 입장을 이해해 주셔서 마지못한 척하면서 유럽 시찰 여행을 다녀왔다. 노르웨이·덴마크·오스트리아·스위스의 신문평의회 제도의 기능과 역할 등이 어떤 것인가를 알아보고, 우리의 언론중재위원회 제도를 보완, 개선하는 임무를 수행한 것이다.

1985년에서 93년까지 언론중재위원회 위원, 부위원장을 지내면서 한국 언론의 문제점 중에서 오보에 의한 피해 구제를 위해 정정 보도를 하도록 하는 중재 역할 및 언론의 윤리적 위상을 향상시키는 임무를 수행했다. 언론학회를 비롯하여 언론중재위원회·방송위원회·언론연구원·관훈클럽·신문편집인협회 등 언론인 단체 주최로 열린 각종 세미나에서 한국 언론의 문제점을 진단, 개선하고 발전을 위한 주제 발표 및 토론에 참여하여 언론학 교수로서 주도적 역할을 했다. 그리고 KBS 자문위원회 위원장으로 방송의 발전에 기여했다. 이 같은 모든 대외 활동을 이화여대 신문방송학과 교수라는 간판 아래 이화대학과 나의 명예를 걸고 수행하였음은 두말할 나위가 없다. 또한 이화여대출판부 〈이화문고〉 시리즈의 일환으로 1984년에 역서 『커뮤니케이션과 사회변동』을 발간하고, 다음해에 출판부 이종선 선생(전 이대학보 편집국장, 전 기획처 홍보부처장)의 권유로 평판이 좋았던 『신문과 정부와의 갈등』(역서, 1970년 발행)을 종래의 종서체에서 횡서체와 한글 전용으로 전환, 재출간했다.

한편 80년대에 들어와서 계열별 입학이 전공별 입학으로 환원되면서 신문방송학과에 대한 소속감도 회복되고 학과의 위상이 다시 살아날 수 있는 여지가 생겼다. 1987년 6·29선언 이후 모처럼 정치적 민주화가 진행됨에 따라 언론과 학문의 자유 또한 회복되고 학생들과 함께 전공 분야에 대한 본격적인 연구 조사를 할 수 있는 기회를 가질 수 있었다는 것이 고무적인 현상이었다. 예컨대 1986년 아시안게임 직후 「TV 스포츠 프로그램에 대한 시청자 반응 조사」 및 서울올림픽과 관련하여 「서울올림픽 방송의 정치, 사회적 가치 형성에 관한 연구」, 1987년 제13대 대통령 선거와 관련하여 「매스 미디어와 투표 행태에 관한 연구」(최선열 교수와 공동 연구), 제14대 대통령 선거와 관련 「한국 언론이 대통령 선거 때 유권자들에게 미치는 영향에 관한 연구」 등을 수행함에 있어 우리 학과 학생들의 조사에 대한 적극적 협조와 열성이 없었으면 그같이 의미 있는 연구가 성사되지 못했을 것이다. 우리 학과에 대한 긍지를 갖게 되는 것은 바로 이 같은 학문 연구에 대한 교수와 학생들 간에 공동의 열의가 컸다는 데서 찾아볼 수 있다.

일련의 공동 연구를 함에 있어 최선열 교수의 도움이 컸으며, 올림픽과 대통령 선거 등에 관한 큰 연구의 조사 및 통계 분석을 감당했던 임연옥 박사(당시 조교)에게 감사한다. 덕분에 나는 1991년 독일 바덴바덴에서 열린 서울올림픽 국제 세미나에서 나의 연구 결과를 발표하는 영광을 누렸다. 뿐만 아니라 내가 20여 년 전에 한국언론학회 회장을 맡고 있는 동안 임연옥 학회 간사와 우리 대학원생들의 헌신적 도움이 없었다면 언론학회가 활성화되고 그 위상이 지금과 같이 커질 수 없었다고 생각된다. 또한 1996년에 정년 퇴임을 하고 『한국 언론과 사회』라는 책을 펴낼 수 있도록 재정적 부담을 감당하고, 프레스센터에서 성대한 퇴임식까지 열어 준 신문방송학과 동창생들 모두에게, 그리고 특히 책의 제작 및 교정까지 도와준 F. 커뮤니케이션 김미령 대표와 김훈순 교수에게 다시금 진정으로 감사하게 생각한다.

정년 퇴임을 앞두고 한 가지 심각하게 느낀 점을 부연하면, 신방과에서 수십년 동안 최연하의 남자 교수로 있었기 때문에 나는 그때까지도 자신을 젊은 교수로 착각하고 있었다는 것이다. 다음 세대인 유의선·이재경 교수들이 부임하고 나서야 비로소 내가 젊지 않다는 것을 깨닫게 되고 자신의 분수를 새삼 알게 되었다. 그래서 나는 정년 퇴임을 기정사실로 수용할 수밖에 없었다.

학생운동의 방향 전환 촉구

6·29선언 이후 민주화를 지향한다는 6공화국 시절에도 학원 사태는 또 다시 요동치기 시작하여 나는 「학생운동의 방향 전환을」 촉구한다

1991년 독일 바덴바덴에서 열린 서울올림픽 3주년 기념 국제학술대회에서 주제 발표하는 안광식 교수(왼쪽부터)와 신동호 스포츠조선 사장, 김지운 · 유재천 교수

는 취지에서 다음과 같은 교수 칼럼을 『이대학보』에 게재했다(1989년 7월 24일자). 이 칼럼은 단순히 나의 글이어서라기보다 20년 전의 학원 사태의 양상이 어떠했는가를 되돌아본다는 의미에서 전재하는 바이다.

몇 주 전에 후문을 통해서 학교에 들어가려는데 전경들이 가로막고 검문을 하고 있었다. 그 며칠 전에도 나는 그와 꼭 같은 일을 겪어야만 했다. 무슨 이유에서 그랬던지간에 어떻게 학교의 주인이 출입하는데 경찰이 차단하고 검문을 할 수 있는 것인지 나의 평범한 상식으로는 도저히 납득이 가지 않았다. 학교 수위는 아예 제쳐 놓고 경찰이 문을 지키면서 학생과 교직원들의 출입을 도맡아서 단속을 하고 있으니 세상이 도대체 어떻게 돌아가고 있는 것인지 의아해질 수밖에 없었다.

나의 기억으로는 유신 때나 5공화국 시절에도 그런 일을 당해 본 적이 없는 것 같은데 민주화의 방향을 간다고 자처하는 6공화국의 경찰당국이 시행착오에서 그랬는지 또는 의도적으로 그랬는지 모르겠으나, 결과적으로 요즘에 석연치 않은 일들이 적지 않게 일어나고 있기 때문에 몇 가지 측면에서 생각해 보기로 한다.

경찰이 대학의 출입문을 가로막고 있었던 사실은 이유 여하에 불구하고 틀림없이 권위주의적 공권력의 재발동이라고 할 수밖에 없다. 그런데 그것이 학원 사태와 관련하여 학원의 혼란을 방지하고 질서를 회복하기 위한 순간적 조처라고 보아야 할 것인지 또는 그와 같은 현상이 소위 좌익 학생들을 척결하고 운동권에 제동을 가하기 위한 통제 정책으로의 회귀를 의미하는 것인지 분석해 볼 필요가 있다. 그렇지 않아도 요즘에 일련의 정치·사회적 사태로 미루어 볼 때 지금의 6공화국이 지난날의 5공화국의 시절로 되돌아가는 것이 아니냐는 의문이 제기되고 있다는 것은 결코 바람직하지 않은 사회적 현상이라고 지적된다.

과거 2년 동안 우리 사회가 극심한 정치·사회적 진통을 겪어온 것은 역사적 발전을 위한 전환기적 현상이라고 우리는 자위하면서 모든 혼란과 고난을 감내하여 왔던 것이 사실이다. 또한 지난 2년 동안 사회·정치적 혼란의 원인은 여러 측면에서 생각될 수 있을 것이다. 즉 학원 사태와 노사 분규로 인한 사회적 갈등과 민생 치안의 부재, 정부와 정치 지도력의 무능, 정치권의 무력과 언론의 서투른 역할 등이 복합적으로 작용하여 정치적 전환기의 혼미 상태가 더욱 복잡하게 가중되면서 정치적 해결의 실마리를 풀기는커녕 더욱 얽혀만 놓고 있었던 것이 사실이다.

이와 같은 상황에 대하여 정부를 비롯, 대학과 노조 및 경영 측과 언론계 등 각계각층과 심지어 국민 모두가 혼란에 대한 책임을 마땅히 져야 한다. 그러나 누구보다도 이 나라의 자유민주화의 실현을 위해 깊은 사명의식을 가져야 할 사람들이 대학인들이라는 데 이론이 있을 수 없다. 그리고 이 나라 역사의 방향을 바로잡고 바람직한 정치·사회적 가치와 이념을 추구하며, 우리 국민들이 진정으로 바라는 자유민주화를 구현하는 데 앞장서야 할 사람들은 다름 아닌 우리 대학인들이라는 점을 재인식해야 할 것이다. 그러나 지난 몇 해 동안 대학은 대학 본연의 사명과 역할을 제대로 수행하였다기보다 소수의 운동권 학생들에 의해서 그 기능이 부분적으로 지배된 채 나라의 발전을 위한 방향을 제대로 잡아 주지 못하고 그 해결의 실마리를 더욱 얽혀만 놓은 상태에서 이제는 학생운동의 방향 감각마저 잊어버리지나 않았는지 의심스럽다.

문제는 국민 대다수가 운동권 학생들의 학생운동과 그들의 투쟁 방식에 대하여 이전에는 어느 정도 공감도 하고 동조도 했으나 요즘에는 운동권을 외면 내지 비난하고, 심지어는 일부 학생들의 폭력적 수단 방법과

맑스·레닌주의에 입각한 주사파적 이념의 사고방식을 혐오의 대상으로까지 삼고 있다는 데 유념해야 할 것이다. 그리고 대부분의 교수들도 유신과 5공 시절에는 학생운동에 때로는 동조, 격려도 하면서 그들의 행동에 동참하기도 했으나 최근에는 운동권의 편향된 이데올로기에 대한 집착과 맹종, 그리고 패권주의적, 극단적 폭력주의에 의거한 계급혁명론을 외면하기 시작했다는 것이 전체 학생운동의 방향을 전환하지 않을 수 없게 만들고 있다.

6공이 5공의 상태로 되돌아가지 않게 하고, 소위 한국판 매카시즘의 발동을 멈추게 하며, 언론 자유가 침해당하지 않고, 5공 비리의 척결을 촉진시키며, 극우파 세력의 재기를 억제하고, 불합리한 제도와 구조적 모순을 개혁하는 방향을 모색하려면 학생운동이 새 학기부터 좀 합리적이고 이성적이며 비폭력·비극단적인 새로운 이념의 방향을 찾는 것이 대학 사회를 위할 뿐 아니라 이 나라의 정치·사회적 발전을 위해 공헌하는 길이라고 전망된다.

이화를 빛낸 어른들—김활란·김옥길 선생님

해방 이후 이화를 이끌어 가는 데 주도적 역할을 한 분들은 김활란·서은숙·김영의·김옥길 등 네 분이었고, 1980년 이후에는 정의숙·윤후정 두 분이라고 할 수 있다. 이미 앞에서 조금 언급했지만 서은숙 선생님은 나의 모친과 1910년대 후반기에 이화여고, 이화여전 동창으로 친한 사이였고, 김영의 선생님은 나의 이모와 이화여전 동창으로 가까운 사이였으며, 그 두 분이 모두 우리 부친의 집안과도 잘 아는 처지였으나 내가 그 두 분들을 모시면서 일할 기회는 없었다. 내가 그분들을 위해서 해드릴 수 있었던 것은 신문방송학과에서 만드는 신문에 두 분의 인터뷰 기사를 실어드린 것밖에 없다. 서은숙 선생님(당시 상무이사, 뒤에 재단이사장)께서는 내가 이화에 부임하고 왜 진작 찾아오지도 않았느냐고 꾸지람을 주셨다. 김영의 선생님(음대 학장, 뒤에 이사장)께서는 1930년대 당시 음악과에 함께 있었던 나의 백부(월북한 안기영 선생)의 소식을 듣느냐고 물으신 적이 있다.

시대를 앞서 간 김활란 선생님

김활란 선생님은 내가 이화에 부임했을 때 이미 현직에서 떠나서 재단이사장으로만 계셨기 때문에 그분을 모시고 일할 기회는 없었다. 그러나 그분이 주관한 이화발전위원회, 컬럼비아 동창회, 그리고 그분의 서거 시 내가 해드린 일과 관련하여 서술해 보려고 한다.

어렸을 때부터 집안에서 이화에 관한 이야기가 나오면 그분이 자주 언급되어서 김활란 선생님이 어떤 분이라는 것을 나는 어렴풋이 알고 있었다. 내가 그분을 처음으로 뵌 것은 1942년경으로 기억된다. 제2차 세계대전 중이었으며 내가 열한 살 때쯤이었을 것이다. 부친을 따라서 인사동에 있는 기독교 태화사회관에 갔었는데 유형기 감리교 감독, 김활란 선생님, 나의 부친, 그리고 또 한 분이 무슨 모임이 끝난 후 태화사회관 뒤뜰의 운동장에서 게이트볼을 하고 계셨다. 나보고 인사를 드리라고 해서 그때 처음으로 김활란 선생님을 뵈었다. 어렸지만 그분에 대한 첫인상은 외견상으로도 대단한 여성 지도자같이 보였다. 그때도 선생님 특유의 단발머리 스타일과 멋진 안경테에다 통치마를 입은 모습은 작은 체구였지만 카리스마가 넘쳐 보였으며 한국 여성으로서 독특한 분이라는 것을 느끼게 했다. 그분이 아마 그때 40대 초반이었을 것이다.

그로부터 25년이 지난 1967년 이화에 부임한 해에 한 미국 기자가 학교를 취재하는데 나보고 안내를 하라고 해서 이사장의 인터뷰를 주선한 적이 있다. 외국 기자가 마침 나와 같은 컬럼비아 저널리즘 동창이고, 김활란 선생님도 컬럼비아 출신이라 학교에서 그때 처음으로 반갑게 뵈었다. 내가 그 이전에 찾아뵙고 인사를 드렸어야 했는데 주변머리가 없어서 그러지 못했었다. 그러나 그분은 나를 매우 친근하게 대해 주셨다. 그 다음 해였던가 그분의 주도 아래 미래 이화의 비전을 전망한다는 취지에서 중진 교수들을 선별하여 '이화발전위원회'를 발족시켰다. 그리고 나보고 위원회 간사 일을 보라고 해서 마지못해서 맡기는 했으나 이화에 온 지 1년밖에 안 된 풋내기였기에 쑥스러웠다. 게다가 나보고 이화 미래의 비전이 무엇이어야 하는가에 대한 기본 개념과 철학을 제시, 작성하라는 분부가 떨어졌다. 솔직히 말해서 이화와 교육계에 발 들여놓은 지 얼마 되지도 않은데다 나 자신의 교육관조차 서지도 않은 상태에서 신참 교수가 어떻게 그 어려운 과제를 제대로 할 수 있을 것인지 한심하기 짝이 없었다. 그 당시의 중견 교수들이었던 김영정 대학원장, 이태영 법정대학장들과 함께 발전 계획의 초안을 만드느라 애쓰면서 진땀을 뺐던 일이 어렴풋이 생각난다. 그 때 무엇을 어떻게 썼는지 전혀 기억이 나지 않는다.

나는 컬럼비아대학교 동창회가 있는 것조차 몰랐는데 1960년대 말기에 김활란 선생님이 동창회장을 맡고 있었으며, 이효재 교수(사회학과)가 간사 일을 보았다. 그리고 동창회 모임을 선생님이 사셨던 후문 건너편의 '새집'에서 가졌다. 지금의 하늬솔빌딩 자리이다. 나는 이효재 교수의 간사 일을 도와주었으며 동창회 모임에 관여하면서 김활란 선생님과 좀 더 가까이 지낼 수 있는 시간을 가졌다. 그 때 모였던 컬럼비아 동창회 회원들은 해방 전후, 그리고 50~60년대에 재학했던 올드 멤버들이었으며 분위기는 화기애애했다. 김활란 선생님이 저녁도 내주시고 가족적 분위기로 이끌어 주셨다. 새집에서 마지막 모임인 것으로 기억되는데 동창회 모임에 피아니스트 장혜원 교수를 특별 손님으로 초청하여 피아노 연주를 듣기도 했다. 장혜원 교수는 독일에서 공부하고 이화에 온 지 얼마되지 않았던 때였다. 잊혀지지 않는 것은 그날 동창회가 끝나고 귀가길에 선생님께서 나와 장교수에게만 선생님의 자동차를 내주시면서 같이 타고 가라고 했던 일이다. 그 때 나와 장교수는 미혼자들이었다는 것을 알고 베풀어 주신 의도적 호의였는지 모르겠다.

내가 선생님에게 마지막으로 해드릴 수 있었던 일은 몇 해 뒤인 1970년 2월에 그분이 세상을 떠나셨을 때 장례위원회에서 홍보 임무를 성심껏 수행한 일이었다. 선생님께서 세상을 떠나시기 몇 달 전에 김옥길 총장께서 나보고 선생님에 관한 기사를 미리 준비해 놓으라는 분부를 하셨다. 자료를 뒤지고 여기저기 물으면서 만약을 대비해서 신문방송용으로 보도 자료를 준비해 두었었다. 그분 일생의 업적뿐만 아니라 숨은 이야기도 포함했다. 서거 즉시 보도 자료를 돌려서 언론에서 대대적으로 취급해 주었다. 물론 선생님의 인물 자체가 보도 가치가 컸기 때문이었다. 신문 중에서도 특히 크게 잘 취급해 준 신문이 조선일보였으며, 조만식 선생의 자재 조연흥 기자와 나의 제자 이명원 기자(신방과 5회 졸)가 쓴 기사였다. 이화로서는 매우 큰 행사였던 장례를 치루는 과정에서 언론이 매우 협조적이었으며, 이화를 빛낸 분이 마지막으로 찬란하게 저세상에 가실 수 있도록 내가 일역이나마 감당했다는 데 대하여 스스로 흡족하게 생각한다.

이화의 모든 지혜를 모아서 베풀어드린 장례 과정은 한국의 장례 문화를 현대적으로 바꾸는 데 선도적 역할을 했으며, 그분의 유언에 따라 그분이 지어 놓은 대강당에서 장례식을 임원식 선생이 지휘하는 KBS교향악단에 의한 음악회로 거행했다는 것 또한 앞서 가는 이화의 상징적 행사였다.

동생같이 돌봐주신 누님 총장

김옥길 선생님에 관한 글은 내가 '영원한 친구 김옥길' 제하의 책(정우사, 1995)에 썼던 나의 글을 전재하는 것으로 대신한다. 다음은 내가 「동생같이 돌봐주신 누님 총장」이란 제목으로 쓴 글이다.

"안선생도 나이가 드니까 나 말고 누가 이래라 저래라 하는 사람이 없을 거야."

언젠가 나에게 무심코 던지신 말씀이다.

선생님은 학교에 계실 때나 학교를 떠나신 뒤에도 한결같이 나 개인의 일뿐만 아니라 집안일까지 걱정해 주시면서 늘 '이래라 저래라' 타일러 주시곤 했다. 이제는 나에게 그렇게 타일러 주는 분을 내 주위에서 또다시 찾아볼 수 없어 아쉽다.

내가 그분을 처음 뵌 것은 1967년 1월이었다. 총장실에서 신임 교수 채용을 위한 회견 때였다. 그분에 대한 첫인상은 총장으로서 중압감을 주었다기보다 우선 편안하고 따뜻하며 진심을 주고받으면서 가족적 분위기의 관계를 맺을 수 있는 분이라는 느낌이었다. 이화와 인연을 맺은 그 첫 만남에서 느낀 그분에 대한 나의 인상과 확신은 수십 년 동안 변함없이 그대로 실현되었다. 선생님은 나를 일개 교수로 생각했다기보다 한 가족의 동생같이 여기면서 어려운 일들을 보살펴 주셨고 나로 하여금 그분의 신세를 많이 지게 했다. 그러나 나는 선생님을 누님같이 생각하면서도 그분을 위해서 해드린 것이 별로 없기 때문에 지금 매우 송구스럽고 후회스럽다. 그분이 수십 년 동안 나와 나의 가족에게 베풀어 주신 따뜻한 사랑과 은혜가 어떤 것이었으며, 내가 선생님에게 진 빚이 얼마나 되는가를 더듬어 보려고 한다.

나는 선생님이 낭만적 기질을 지닌 분인 줄 미처 몰랐다. 1968년 여름으로 기억된다. 여름방학 중인데 공적인 일로 선생님과 점심을 먹은 뒤 갑자기 충남의 비인 여름 캠프장에 같이 가자고 하셨다. 나는 아무 준비도 없이 그냥 선생님을 따라나섰지만 지금 생각하면 그런 돌발적인 일은 선생님이 아니면 할 수 없었다. 서울에서 비인까지 드라이브를 하는 동안 여러 가지 재미있는 이야기를 주고받으면서 나는 선생님이 그렇게 소탈하고 자상하며 따뜻한 분이라는 것을 처음으로 알았다.

그분은 나를 여러모로 생각해 주셨다. 내가 이화여대 취임 뒤 몇 해 동안 총각 교수였기 때문에 총장으로서 걱정이 되셨는지 선생님께서는 후문으로 퇴근을 하시다 내가 '딸기골' 앞의 정류장에서 학생들과 함께 버스를 기다리면 유심히 나를 쳐다보면서 살피시는 모습이 역력했다. 그리고 때로는 나에게 누구누구와의 결혼을 권유하셨다.

나는 그분이 총장으로 안 계셨다면 이미 오래 전에 이화여대를 떠났을지도 모른다. 남자 교수라면 누구나 한 번쯤은 갖는 회의 때문에 전직을 고려하게 되는데 나 역시 취임 몇 해 뒤에 몇 번에 걸쳐 이화여대를 그만둘 결심을 하고 선생님께 의논드린 적이 있었다. 선생님은 충분히 이해가 간다면서 만류도 하지 않으시더니 어느 날 갑자기 나를 학보사 주간으로 발령을 내렸다. 그래서 나는 더 이상 거절도 못한 채 발목이 묶여 학교를 떠나려는 생각의 시간조차 갖지 못하고 지금까지 이화여대에 남아 있게 되었다. 내가 그분을 처음 뵈었을 때 여자대학에서 남자 교수들이 보람을 얻기가 어려울지도 모르니 싫으면 언제라도 그만두라는 말씀까지 하시더니 정작 나가겠다니까 발목을 묶어 버린 분이 바로 그분이었다는 것을 나로서는 어떻게 받아들여야 할지 잘 모르겠다.

사실 그 일이 있고 난 뒤부터 그분의 참다운 사랑이 어떠한지를 정말로 느끼고 깨닫게 되었으며 그 뒤부터 이화를 내 집같이 여기면서 평생을 이화를 위해 바치겠다는 결심과 각오를 새삼스럽게 했다. 그렇게 결심하고 나니 다른 대학에서 오라는 유혹도 단호히 물리친 채 이화를 평생의 집으로 여기면서 마음의 안정을 찾을 수 있었다.

선생님은 확실히 대범하셨다. 학교의 상황이 몹시도 어려운 유신 시절이었다. 그리고 내가 이화여대 학보사의 책임을 맡고 있을 때였다. 학보사 기자들이 외부 상황에 관해서는 제대로 쓸 수 없었기 때문에 학교 내부의 일에 관해서 사사건건 비판의 화살을 무차별하게 던지던 때였다. 선생님은 그와 같은 기사에 조금도 개의치 않고 오히려 학생들의 그런 기사의 경향을 두둔하면서 격려해 주시곤 했다. 유신의 언론 통제 시절에 그렇게라도 해야지 학생들의 숨통이 트이지 젊은이들이 질식 상태에서 어떻게 대학 생활을 할 수 있겠느냐고 말씀하셨다.

정부의 독재 정책이 극에 달했던 70년대 중반에 대강당에서 학생들의 철야 반정부 농성, 이화여대 학보에서 반정부 성명의 게재 등으로 이화여대가 대학들 중에서도 반체제 운동에 앞장설 수 있었던 것도 김옥길 총장 선생님의 은연중의 묵인과 동참의 암시가 없었던들 불가능한 일이었다.

정치적·사회적 불의에 항거하고 체제의 모순을 바로잡기 위해 앞장서야 하는 곳이 대학이라는 논리를 실천에 옮기신 분이 바로 선생님이었음을 나는 70년대 유신 시절에 바로 옆에서 확인할 수 있었다. 나로서는 그때 학보사 주간직이 너무나 어려웠기 때문에 총장실에 가서 선생님께 온갖 불평과 짜증을 모두 털어놓았다. 그럴 때마다 웃으시면서 받아 주시고 나를 타일러 주셨고, 그러고 나면 그렇게 마음이 가벼워지고 후련해질 수가 없었다. 그 자상한 모습이 지금도 눈에 선하다. 시원스럽게 어려운 문제의 실마리를 풀어 주시던 선생님이 새삼 그리워진다.

선생님은 공적인 일뿐만 아니라 사적인 일에도 자상하고 섬세하게 신경을 많이 써주시기 때문에 송구스러울 때가 한두 번이 아니었다. 선생님은 나를 효자로 만들어 주신 분이었다. 73년경으로 기억된다. 선생님이 어느 날 갑자기 집으로 전화를 주시더니 "내 자동차로 아버님을 모시고 온천이나 좀 다녀오라"고 하셨다. 그 당시 자가용은 거의 없던 시절이었는데 나는 총장 승용차로 나의 연로하신 아버님(안신영, 전 배재고 교장, 전 이화재단 이사)을 모시고 선생님의 명령대로 유성온천을 다녀오는 효자 노릇을 해본 적이 있다.

한번은 내가 급환으로 세브란스병원에 입원했을 때의 일이었다. 선생님께서는 병원장에게 직접 전화를 주시어 나를 잘 돌봐주도록 특별 배려까지 해주셨으며, 갑자기 입원한 것을 감안하여 입원비까지 걱정해 주셨다. 선생님은 또한 우리의 주택 문제도 걱정을 많이 해주셨다. 우리가 집이 없을 때 학교 사택에 살도록 해주셨고, 지금 사는 집을 새로 짓도록 적극 지원해 주셨다. 지금은 없어졌지만 학교 사택은 이화유치원 옆에 제법 대지도 넓고 나무가 무성했다. 선생님 덕분에 그곳에서 두 아이들을 잘 키우면서 몇 해 동안 우리는 학교의 좋은 환경을 만끽할 수 있었다.

사택에서 살 때 세 살, 네 살 된 우리집 아이들과 한상에서 저녁을 드시면서 '산토끼'를 함께 부르시던 모습이 새삼스럽게 떠오른다. 선생님이 어린이들을 그렇게 좋아하고 사랑해 주신 분이라는 것은 모두가 아는 사실이다. 부활절 아침마다 선생님 댁에서 열었던 어린이들을 위한 계란 줍기와 아침 예배는 어른들까지도 좋아했던 일이었다. 수안보에 계실 때도 여름에 어린이들을 위한 캠프를 열고 그들과 함께 노래하고 춤추시면서 그들의 앞날을 위해 꿈과 용기와 지혜를 심어 주기 위해 정성을 아끼지 않으시던 모습이 아직도 생생하다.

학교 사택에 살 때 새집을 짓기에 충분한 준비가 안 되어 망설이고 있을 때 선생님께서 오히려 집을 짓도록 추진해 주셨다. 신축 후 우리 집에 오셔서 우리보다 당신께서 더 기뻐하시던 모습이 아직도 눈에 선하다. 새집에 들어갈 때 동네 사람들에게 떡을 해서 나누어 주라는 말씀까지 해주신 그분의 개인적인 세심한 배려를 우리가 어떻게 잊을 수 있겠는가? 불행하게도 새로 지은 우리 집을 비롯해서 봉원동에 있는 학교 선생님들의 집들이 도시계획으로 헐리게 되었을 때 선생님께서는 몸소 주택공사에 찾아가셔서 아파트를 구해 주시는 정성을 쏟기도 하셨다.

선생님은 개인적으로는 따뜻하고 부드러우시면서 격식에 얽매이기를 싫어하는 소탈한 면을 보이고 계시지만, 반면에 공적으로는 무섭고 엄격하게 일을 처리하는 결단성과 지도력이 매우 강한 분이었다. 그분이 문교부장관이었던 시절에 내가 장관실에 들를 기회가 있어 그곳에서 뵈었더니 "이런 데서 나를 보니까 어때?" 하고 그 장관실이 좀 어색한 것 같은 모습을 보이신 적이 있었다. 생각컨대 그때 그 모습이야말로 선생님이 관료적·권위주의적인 것을 자연스럽게 수용하지 못하고 얼마나 싫어하시는가를 나타내는 단적인 표현이자 표정이었다. 그러나 남북적십자회담에서 전국의 방송망을 통해 전 국민에게 설득력 있는 명연설을 한 그분의 정치 사회적 권위는 그 당시 어느 누구도 따라가기 어려운 카리스마적 여성 지도자의 모습이었다. 그런 분이 자택에서는 조카를 등에 업고 키우는 훌륭한 이모의 역할도 잊지 않았다.

추석 때면 만년에 수안보에 계실 때 스스로 농사지은 곡식(무와 배추 등)을 보내 주시던 일이 생각난다. 그리고 사람을 시켜 우리 집 안방에 보일러 점화를 위한 자동시간 조절기를 달아 주신 그분이 기름을 땔 때마다 생각난다. 그처럼 언제나 내 가슴에 잊혀지지 않는 분이다.

주로 나의 개인적인 일에 관해서 많이 썼지만 그분이 반세기 이상을 이화여대를 위해서, 그리고 20년 가까이 총장으로 이화여대의 발전을 위하여 모든 것을 아낌없이 바치신 분이라는 점에서 그분은 이화의 역사뿐만 아니라 이 나라의 교육사에 길이 빛나는 분이다. 이 글을 맺으면서 나는 그분을 '총장선생님'으로 생각하기보다 나를 동생같이 자상하게 돌봐주신 '누님'으로 여기는 것이 혹시 나의 착각이 아닌지 모르겠다.

이화 교가 작곡가의 복권

이화여자대학교 교가의 작사는 정인보, 작곡은 매리영과 안기영으로 되어 있다. 1991년 전까지는 작곡자가 매리영 단독으로 되어 있었으나, 그 이후로는 안기영과 공동으로 나와 있다. 왜 1991년 이후에 안기영의 이름이 나타났는지 대부분의 이화인들은 잘 모를 것이다. 교가가 몇 년에 나왔는지 정확한 기록은 없다. 1920년대 말에서 1930년대 초에 걸쳐 매리영이 이화여전 음악과 과장이었으며, 안기영이 교수로 함께 재직했던 것으로 보아 그 시기의 작곡이었을 것으로 추정된다. 그런데 왜 안기영의 이름이 없어졌다가 나타났는가 하면 좀 복잡한 사연이 있었기 때문이다. 이미 몇 번 언급했지만 안기영 선생은 나의 백부이다.

독실한 기독교인이었던 그는 미국 선교사의 주선과 지원으로 미국에서 음악 공부를 마치고 1928년에 귀국하여 이화여전 음악과 교수로 부임, 5년 동안 성악·화성학·대위법·음악사 등을 가르쳤다. 그는 서양음악을 공부하고 온 우리나라의 음악 선구자로서, 미남의 성악가이면서 이화여전의 교수로서 인기 절정이었다. 이화 재직시 그의 음악적 공적은 특히 우리의 민요 멜로디와 서양음악 화성을 결합시켜 한국 민요 음악의 정체성을 확립한 음악인이었다. 1930년 이화여전 전국 순회공연에서 글리클럽 이화합창단은 민요를 위주로 부르면서 대단한 인기를 누렸고 조선·동아일보가 극찬했다. 안기영은 "나는 학생들과 함께 지방에서도 그처럼 우리 노래에 경청한 중에도 열렬한 태도에 대하게 됨을 볼 때 감격한 눈물을 흘리며 '이제는 조선에도 생명이 온다'고 기뻐 뛰었다" 고 『동광』 잡지(1931. 5월호)에 쓴 적이 있다.

1931년에 그는 『조선민요합창곡집』을 발간했으며, 그 뒤로 민족적 색채가 강한 명가곡으로 불리는 『그리운 강남』·『마이태자』·『작별』 등의 주옥 같은 가곡 작곡집 3권을 발간했다. 그는 또한 「콩쥐팥쥐」·「견우직녀」·「에밀레종」 등 향토 가극(한국적 오페라)을 작곡하여 한국의 향토 음악 보급에 앞장섰다. 이 같은 음악적 재능이 정상을 발휘할 때 그에게 불행이 닥쳐왔다. 제자와의 스캔들이 일어나서 사회적 물의를 일으켰던 것이다. 1930년대에 여자 전문학교에서, 더욱이 선망의 대상이 되는 이화여전 음악과에서 기혼의 교수와 학생 사이의 스캔들은 용납될 수 없는 일이었다. 그는 이화여전 음악과의 훌륭한 역사와 전통을 세우는 데 크게 기여했지만 사회윤리적 책임을 지고 이화에서 물러나지 않을 수 없었다. 그 사건 뒤에 교가에서 그의 이름은 지워지고 말았다. 그리고 그는 6·25사변 때 월북하여 평양 음악무용학교 교수를 지내고 1980년에 일생을 마쳤기 때문에 월북 음악인으로서 그의 작곡은 남한에서 금지 대상이 되었다. 그럼에도 불구하고 안기영 선생이 작곡한 이화여고 교가는 계속 작곡자 이름이 존속한 채로 불려졌다.

한편 1988년에 월북 작가 및 작곡가들의 작품 해금 조치가 이루어지면서 남한에서 안기영의 노래도 허용되었고, 따라서 이화 교가에서 그동안 사라졌던 작곡자 이름의 부활 문제가 제기되기 시작했다. 어느 날 저녁에 갑자기 정의숙 총장께서 우리 집으로 전화를 주셔서 안기영 선생에 관한 것을 한 시간 여에 걸쳐 여러 측면에서 물어보는 것이었다. 그리고 우리 집안과 이화와의 관계 등등을 물으셔서 아마 복권을 위한 검증 작업이 아닌가 하는 생각이 들었다. 김활란·서은숙·김영의 선생님 세대는 안기영 선생과 함께 일하고 그 당시의 상황이 어떠하였는가를 너무나 잘 알고 있었겠지만 김옥길 선생님 세대만 해도 당시의 자세한 상황은 잘 모르셨을 것이다.

정의숙 총장님과의 통화 뒤에 얼마 동안은 복권과 관련하여 진전된 것이 없었다. 그러나 동아일보를 비롯한 언론에서 안기영 선생의 교가 작곡가 복권을 크게 거론했으며, 안기영 선생의 큰딸 안영식 씨(소프라노 김영미 모친)가 당시 윤후정 총장께 복권을 요청했던 것으로 알고 있다. 윤후정 총장께서 학교의 관련자들과 안기영 선생의 조카인 나와 윤정옥 교수, 그리고 안영식 씨를 불러서 모임을 갖고 복권 조치

1996년 안광식 교수 정년퇴임 겸 출판기념회 때 '첫사랑의 제자' 5회 신방과 동창들과 함께

를 결단했던 것으로 알려졌다. 유감스럽게도 나는 그날 밖의 회의가 있어 참석하지 못했다. 드디어 1991년 5월 31일 이화 창립 기념일을 기해서 교가에서 안기영의 이름이 매리영과 공동 작곡가로 부활되었다. 나는 교가 복권 조치에 관하여 정의숙 명예이사장, 윤후정 이사장 두 분께 이 글을 통해서 특별히 심심한 사의를 드리는 바이다. 복권은 당연한 일이겠지만 수십 년 동안 불가능했던 일을 정의숙·윤후정 두 분의 총장 시대에 논의, 단행하였다는 것을 안기영 선생의 조카로서 감사하게 생각한다는 것이다.

교가 작곡과 관련하여 아직도 한 가지 의문이 제기되는 것은 매리영과 안기영 두 분의 공동 작곡인가의 여부이다. 정인보 선생의 교가 작사는 우리말로도 좀 난해한 데가 있다. 미국 선교사였던 매리영 선생이 어떻게 어려운 우리말을 이해할 수 있었겠느냐는 의문이 가기도 하다. 그러나 이 문제는 앞으로 음악 학자들이 김궁해서 해결해야 할 과제로 남아 있다.

정년 퇴임 이후와 맺는 말

나는 1996년 정년 퇴임 후에도 아직까지 이화대학 근처에서 살고 있다. 34년 동안 살고 있는 우리 집에서는 이화의 서쪽에 위치한 캠퍼스가 모두 한눈에 보인다. 푸른 산 밑에 있는 이화의 공대 건물을 비롯해서 사범대·인문대·사회대·자연대, 멀리는 국제관까지의 캠퍼스를 바라보면서 살고 있다. 나는 또한 이화 캠퍼스에 거의 매일같이 드나들고 있다. 구내에 있는 은행·매점·우체국·사진관·안경점·서점·구두방 등에 가야 할 일들이 거의 매일 생긴다. 명예교수의 특혜로 받은 자동차 스티커를 달고 공짜로 드나들고 있다. 학교가 나의 집의 한 부분같이 되고, 또한 나의 생활의 터전이 되고 있기 때문에 사실상 퇴직을 했다는 느낌이 들지 않는다. 다만 강의실에 가지 않고 학생들에게 수업만 하지 않을 뿐이다. 일요일에는 대학교회에 계속 나간다. 아마 나는 이변이 없는 한 평생을 이렇게 이화와 더불어 살 것 같다.

전에는 이대 뒷산과 연대 뒷산의 한가운데 위치한 쾌적한 이 동네에 적지 않은 이대 교수 식구들이 살았었는데 많이 떠나고 또는 사별해서 이제는 몇 분 남지 않았다. 젊은 세대의 교수들은 안 보이고, 정년 퇴임 교수들만 남아서 학교 옆에서 수십 년째들 살고 있다. 이것이 '이화와의 운명적 결연의 삶'인 것 같다. 그리고 이화대학에서 평생을 지낸 임숙자 교수(전 생활환경대학장, 의류직물학과 명예교수)가 나의 일생의 동반자였다는 것 또한 이화와의 인연을 더욱 공고하고 깊게 만들고 있다.

퇴임 후에도 나는 '이화여대 명예교수'라는 간판을 달고 언론중재위원·국회방송자문위원·방송위원회 심의위원장 등의 일을 맡아 보면서, 그리고 세미나 주제 발표, 집필, 강연 등을 하면서 한국 언론의 발전을 위해 여생을 바치고 있다. 특히 정년 후에도 나의 전문 분야와 관련해서 보람을 느꼈던 것은 2002~2004년에 대한언론인회가 3년간 연속 주관한 '한국의 언론자유 평가'를 하는 프로젝트에서 편찬회의 공동대표의장으로 주도적 역할을 수행한 것이었다. 우리 대학의 최선열 교수가 첫 해에 조사 연구 책임을, 이재경 교수가 연구위원으로 참여함으로써 언론자유 평가 작업 중에 우리를 '이화학파'라고 지칭하는 말을 처음으로 듣고 기뻤으며, 앞으로 계속 유능한 언론학의 '이화학과'가 조성되어 언론학 연구에 크게 기여해 주기를 바라고 싶다. 나는 2008년에 『한국 언론과 투표 행태 연구 ― 대통령 선거를 중심으로』 제하의 연구 서적을 출간했다.

언론·홍보·영상학부(전 신문방송학과)가 이배용 총장의 축하 메시지 속에, 그리고 학부 교수진과 문은희 동창회장을 비롯한 동창들의 성심성의 속에, 올해로 50주년을 맞은 것을 무엇보다 대견하고 자랑스럽게 여기면서 그 반세기 역사 중 30년의 비중을 차지했던 교수로서 자긍심을 갖게 된다. 우리 학부가 50년의 연륜을 쌓으면서 우리 대학에서뿐만 아니라 우리 사회에서 '높게 평가'되는 학부로 성장했다는 것과, 언론계를 비롯하여 각계각층에서 여성 지도자로서 활약하는 훌륭한 동창생들을 볼 때 이화여대 신문방송학과 교수로 지냈다는 것에 새삼 만족하고 큰 보람을 느낀다.

정년 후에도 우리 동료 교수들은 가끔 만나서 비빴던 재임시에 맺지 못한 교분을 새롭게 나누고 있다. 나의 경우는 다음과 같이 이화 동료들과 만남의 기회를 지속하고 있다. 신문방송학과에서 수십년간 동고동락했던 김동철·윤희중 교수와 전국 언론학 퇴임 교수 모임인 한국언론연구회에서, 이 책의 집필자들(김영일·김영호·김재은·서광선·안광식 교수)이 양띠 모임에서 만난다. 양띠는 아니지만 김순겸 교수가 함께 모인다. 30년 전부터 모임을 지속하고 있는 소위 '서교동파'들이 있다. 나는 몇 해 전부터 참석하는데 유봉호·김순회·전찬화·김영호 교수들과 회동한다. 초등학교 때부터 절친했던 성두영 교수와 그리고 대학과 해병대 동기인 유태영 교수와 함께 매주 교외에 나가서 공치기 운동으로 체력 단련을 하고 있다. 운동을 만끽하면서 하루 종일 차를 타고 오가는 길에서 60~70년 전에 있었던 풍성한 추억을 화제로 잡담의 세미나를 열고 있다. 이상의 즐거운 모임들은 우리가 수십 년을 이화인으로서 함께 살아왔던 공통된 분모의 가치가 형성되어 있기 때문에 퇴직 후 이 나이에도 유쾌한 친분이 가능하다고 생각된다.

마지막으로 내가 30대 후반에 이화에 부임하여 정치 사회적 격동기를 거치면서 30년 동안 언론학을 가르치고 연구할 수 있는 터전을 마련해 준 이화여자대학교에 먼저 고맙게 생각한다. 정년 후에도 15년 동안이나 이화여대 명예교수로 사회활동에 참여할 수 있었던 것 또한 감사하게 생각한다. 124년의 훌륭한 이화의 역사와 전통이 없었던들 내가 과연 30년의 이화 생활에 스스로 만족하고 보람을 느꼈다고 자부할 수 있을지 의문이다. 이화는 확실히 한국의 대학 사회에서 여성교육의 최고의 전당으로서 선도적 역할을 수행하여 왔으며, 우리나라의 해방과 독립, 근대화와 민주화를 성취하는 데 크게 한몫을 기여해 왔다. 그리고 이화는 열악했던 한국 여성의 지위를 당당하게 높여 놓았다.

이화의 가치는 무엇보다도 기독교 정신에 입각해서 그 이념을 구현하는 것이며, 올바른 역사의 방향을 추구하기 위해 부정과 불의에 항거하고, 세계의 공통된 최상의 가치를 추구해 왔다. 이같이 자랑스럽고 숭고한 교육적 환경이 조성된 이화에서 오늘날까지 거의 반세기를 몸담고 있다는 것이 행운이 아닐 수 없다. 내가 아름다운 이화의 캠퍼스에서 수십 년 동안 자유주의와 낭만주의, 그리고 사회 개혁을 한결같이 주장하면서 교육과 연구, 그리고 사회참여에 전념하여 나의 삶을 풍요롭게 할 수 있었던 것은 내가 이화에 있었기 때문에 가능했다고 본다.

지금껏 이화가 추구해 온 사회교육적 가치와 내가 지향해 온 개인적 이념의 가치가 합치되었기 때문에 나는 이화에서의 생활에 흡족하고 보람을 느꼈다고 할 수 있지만, 앞으로 이화가 가야 할 길은 확실히 변화된 새로운 미래를 위한 최상의 국제적 공동의 가치를 추구해야 할 것이다. 그것이 바로 우리 다음 세대의 이화인들이 찾아서 풀어야 할 과제라는 것을 남겨 두고, 우리 양들의 세대는 이만 물러나면서 이화의 찬란한 미래의 역사가 창조되기를 기원하는 바이다.

찾아보기

팔순 양띠 교수들

이화사랑 반세기

펴낸날 | 1판 1쇄 2010년 12월 15일
2쇄 2011년 2월 20일

지은이 | 김영일·김영호·김재은·서광선·안광식

펴낸이 | 최민숙

펴낸곳 | 이화여자대학교출판부

주소 | 서울특별시 서대문구 대현동 11-1(우 120-750)

등록 | 1954년 7월 6일 제9-61호

전화 | 02) 3277-2965, 362-2966(편집)
02) 3277-3164, 362-6076(영업)

팩스 | 02) 312-4312

전자우편 | press@ewha.ac.kr

인터넷서점 | www.ewhapress.com

책임편집 | 정경임

디자인 | 신성문화사

찍은곳 | 네오프린텍

ISBN 978-89-7300-903-9 03040
값 15,000원

* 잘못된 책은 바꾸어 드립니다.